명문대 입학을 위해
반드시 읽어야 할

생기부
고전
필독서
30

| 역사 편 |

명문대 입학을 위해 반드시 읽어야 할

생기부 고전 필독서 30

필독서

30

송수연 지음

> 역사 편 <

데이스타
Daystar

《생기부 고전 필독서 30》
시리즈를 내며

　우리는 빠른 속도로 변하는 사회에 살고 있습니다. 그 사이 정보는 폭발적으로 증가하고, 내용과 형식 면에서 더욱 다양해지고 있습니다. 이에 반해 정보의 생명력은 날이 갈수록 짧아지는 모습입니다. 이에 따라 우리 사회가 요구하는 인재상도 달라지고 있습니다.

　현대 사회는 단순히 한 분야만을 전문으로 하는 인재보다는 다양한 능력과 가치를 동시에 지니며 공동체 내에서 활발히 소통하고 협력할 수 있는 전인적이며 통합적인 인재를 원합니다. 스스로 새로운 가치를 창출하고 이를 증명할 창의적이고 종합적인 사고력을 지닌 인재를 요구하는 것입니다. 이는 단순히 인지적 능력만이 아니라 정서적 능력, 실천 능력, 의사소통 능력, 창의적 능력 등 다방면의 능력과 공동체 역량까지 골고루 발달시켜야 한다는 의미이기도 합니다.

현대 사회가 요구하는 인재를 키우기 위해서는 무엇이 필요할까요? 의외로 다시 옛것으로 돌아가는 것이 요청됩니다. 변화하는 세상 속에서 변하지 않는 것을 찾는 일이지요. 바로 고전古典 읽기입니다. 고전은 시간과 공간을 초월하여 인류 문화의 보편적 가치를 담고 있습니다. 인류의 정수를 담은 보고와도 같습니다. 고전을 읽고 탐구하는 것은 단순히 지식을 습득하는 과정을 넘어서 그 시대의 문화, 사상, 가치는 물론 인간이 마주한 근본적인 질문과 답을 찾는 과정입니다. 고전은 시대를 대표하는 천재들의 사유를 포함하며, 이를 통해 학문의 발전에 기여하고 인류 발전의 원동력이 되어 왔습니다.

복잡다단한 현대 사회를 살아가며 우리가 맞닥뜨리는 문제를 해결하는 데에도 고전이 필요합니다. "나는 어떻게 살아야 하는가?", "내가 원하는 게 무엇인가?", "어떤 삶이 올바른 삶인가?", "어떤 선택을 하는 것이 도움이 되는가?"와 같이 본질적인 문제에 대해 고전이 훌륭한 조언을 줄 수 있습니다. 고전에는 시간이 흘러도 변치 않는 인류의 지혜와 통찰이 담겨 있기 때문입니다.

시대를 살아오며 많은 이들이 고민해 온 보편적인 문제들, 그 문제들을 바라보고 해결하는 과정, 그 속에서 나의 가치관을 세우는 시간. 고전을 읽다 보면 자연스럽게 경험할 수 있는 것들입니다. 이는 창의성과 비판적 사고력을 키울 수 있는 가장 좋은 방법입니다. 또한 고전을 읽다 보면 다양한 감정과 상황에 대한 이해를 넓혀 갈 수도 있습니다. 이는 자신과 타인에 대해 깊이 이해할 기회가 됩니다. 고전을 읽는 것은 단순히 책을 읽는 것이 아니라 인생을 읽고 삶의 의미를 탐구하는 일입니다.

최근 교육의 흐름도 바뀌고 있습니다. 통합적 전인적 인재 양성이 중요해짐에 따라 고교학점제가 도입되고, 문이과가 통합되었습니다. 이에 따라 학생들은 스스로 진로를 탐색하고 결정하여 교과목을 선택해야 합니다. 이번 《생기부 고전 필독서 30》 시리즈는 2022 개정 교육과정과 2028 대입 개편안에 따라 학교생활기록부에 교과 세부 능력 및 특기사항의 중요성이 커지고 있는 교육 현장의 변화를 반영하여 기획되었습니다.

고전의 중요성에 공감하는 현직 교사 6명이 한국문학, 외국문학, 경제, 과학, 역사, 철학 등 다양한 분야의 대표적인 고전 작품 180편을 엄선하여 소개합니다. 국내 굴지의 대학들이 제시하는 권장 도서 혹은 필독 도서를 중심으로 학생들이 반드시 살펴보아야 할 대표적인 작품을 담았습니다. 이렇듯 다양한 영역의 고전 독서는 학생들이 선택의 방향을 잡는 데 나침반이 되어 줄 것입니다.

이 책에는 고전에 대한 소개뿐 아니라 학생들의 학업 역량을 향상시킬 수 있는 내용, 심화 탐구 활동 가이드를 함께 제공함으로써 단순히 독서 활동에서 끝나지 않고 학업과 연계될 수 있도록 심혈을 기울였습니다. 핵심 내용을 통해 학생들이 고전 읽기에 대한 심리적 허들을 낮추고 한결 편안하게 고전을 받아들일 수 있도록 하였으며, 작품에 대한 꼼꼼한 해설로 내신 대비도 가능하도록 했습니다.

한 단계 더 나아가 교과별로 고전과 연계하여 찾아볼 탐구 주제와 방향 등을 제시하여 학생들이 고전 독서를 학교생활기록부 교과 세특과 연계하여 반영할 방법을 예시를 통해 안내하였습니다. 이는 독서를 통해 학생부종합전형을 대비할 수 있는 최고의 방법이 되어 줄 것입니다.

고등학교의 생활기록부는 그 학생의 명함이나 마찬가지입니다. 자신의 진로를 위해 준비해 나가는 모습을 고스란히 담은 것이 바로 학교생활기록부입니다. 현직 교사로서 학교생활기록부의 중요성을 크게 체감하고 있습니다. 진로가 확고하든 확고하지 않든 가장 안전하고 편안하게 접근할 수 있는 방법이 바로 독서입니다. 더구나 그것이 양질의 독서라면 더할 나위 없을 것입니다. 나만의 포트폴리오를 만드는 방법으로, 고전 독서를 통해 학교생활기록부의 로드맵을 그려 보길 추천합니다.

이 책을 통해 학생들이 독서의 즐거움과 삶의 가치를 배우고, 학부모님들은 자녀가 독서를 통해 풍부한 경험과 지식을 쌓도록 도울 방법을 찾길 바랍니다. 교사들 또한 학생들에게 독서를 장려하는 효과적인 방법을 찾을 수 있으면 더욱 좋겠습니다.

이 고전 시리즈가 여러분의 독서 여정을 돕고, 그 기록이 학교생활기록부를 통해 더욱 빛나기를 바랍니다. 그 과정에 이 시리즈가 도움이 되기를 기원합니다. 감사합니다.

《생기부 고전 필독서 30》
역사 편을 내며

1. 역사를 왜 알아야 하는가

우리는 역사를 왜 알아야 할까요? 이에 대한 답은 다양하겠지만, 고등학교 역사 교사인 저는 학생들에게 특히 세 가지 이유를 강조하곤 합니다.

첫째, 역사는 세상을 이해하는 문해력^{Literacy}을 기르는 데 매우 효과적인 학습 도구입니다. 복잡한 시대적 배경과 인물의 삶을 분석하는 과정에서 학생들은 텍스트를 깊이 있게 해석하고, 그 속에서 중요한 의미를 찾아내는 능력을 키울 수 있습니다. 둘째, 역사 공부는 고차원적인 사고력, 특히 비판적 사고력$^{Critical\ Thinking}$을 향상시킵니다. 학생들은 과거의 선택과 행동을 분석하면서 다각도의 시선을 통해 사건을 평가하고 자신만의 역사관을 형성합니다. 셋째, 역사는 우리가 인간임을 깨닫게 해 주는 학문입니다. 다양한 사람들의 삶을 통해 우리는 인간으로서의 자기 삶을 성찰하고 주체적으로 설계할 힘, 즉 주도성Agency을 함양할 수 있습니다.

이 책은 위와 같은 관점에서 학생들이 읽어야 할 30권의 역사 고전을 엄선하여 소개하고 있습니다. 각각의 고전은 그저 과거의 사건을 나열하는 것이 아니라, 오늘날의 복잡한 문제들을 깊이 있게 이해하고 비판적으로 톺아보며 주체적으로 미래를 준비하는 데 필요한 통찰을 제공하고 있습니다.

2. 역사 고전을 읽는 방법은 무엇인가

역사 고전을 읽을 때는 '내용'을 이해하는 것을 넘어, 그 책이 위치한 시대, 저자의 삶, 그리고 다루고 있는 사실을 둘러싼 역사적 맥락을 깊이 있게 살펴야 합니다. 역사 고전은 그 자체로 시대의 산물이자 역사가의 삶이 담겨 있기에, 이를 온전히 이해해야 그 가치를 제대로 알 수 있기 때문입니다. 또한, 끊임없이 질문을 던지고 사유를 멈추지 않는 것이 매우 중요합니다. 역사는 우리의 삶과 결코 동떨어진 것이 아니며, 우리는 역사 고전이 오늘날 우리에게 주는 의미와 가르침을 스스로 성찰할 수 있어야 합니다.

나아가 역사는 역사가의 주관이 반영된 기록입니다. 따라서 이를 그대로 받아들이기보다는 비판적인 사유를 통해 내면화하는 태도가 중요합니다. 역사가가 지닌 권위에 눌리지 않고, 의문을 제기하며 읽어 나갈 수 있어야 합니다.

이 책은 학생들이 역사 고전을 쉽게 이해하고, 자신의 삶과 연계하여 비판적으로 읽어 갈 수 있도록 많은 노력을 기울였습니다. 각 고전을 이해하는 데 필요한 개념이나 이론을 정리하고, 시대와 맥락을 파악할 수 있도록 하였으며 줄거리에 천착하기보다는 저자가 왜 이런 책을 썼고, 이 책을 통해 이야기하고자 하는 바가 무엇이었고, 그에 대한 평가는 어떠했는지를 다루는 데 집중했습니다. 그리고 역사가의 메시지를 어떻게 자신의 삶에 적용할지 깊이 생각할 수 있도록 다양한 질문을 던지고자 하였습니다.

3. 어떤 역사 고전을 읽어야 하는가

학교에서 학생들을 지도하다 보면, 어떤 역사책을 읽고 그 내용을 생활 기록부에 적는 것이 꽤 위험할 수 있다는 생각이 들 때가 있습니다. 학생들이 저자의 해석에 기초한 역사 기록을 접할 때, 제대로 된 방향에서 역사관을 정립하며 읽을 수 있도록 돕는 가이드가 필요하다는 것을 느꼈습니다.

이에 책의 목차 구성에 꽤 공을 들였고, 출판 직전까지도 심사숙고를 거듭했습니다. 목록의 *고전*들은 역사란 무엇인가에 대한 고찰을 시작으로, 고대 문명에 대한 통찰에서부터 문화와 예술로 시대를 읽는 법, 인권과 평화를 위한 기억과 기록, 그리고 한국의 근현대를 빚어온 이야기까지 다양한 주제를 아우르고 있습니다. 학생들의 생기부를 더 풍성하게 만들 뿐만 아니라 지금 우리가 살고 있는 세상을 깊이 이해하고, 앞으로 어떤 방향으로 나아가야 할지 중요한 혜안을 얻을 수 있는 책들을 추천하고자 했습니다.

역사 고전은 인간의 경험을 총체적으로 담아내며, 그 속에서 인간의 본질과 사회의 구조, 그리고 시간의 흐름 속에서 변하지 않는 가치를 발견하게 합니다. 과거에 대한 지식 축적을 넘어 세상을 넓게 성찰하고 깊게 바라보는 힘을 길러 주지요.

그러다 보니 역사 고전을 읽어 내는 일은 결코 쉽지 않은 과제입니다. 하지만 어렵다고 하더라도 도전해 보길 바랍니다. 고전과 씨름하는 그 골치 아픈 과정이야말로 앞선 경험을 지닌 선각자와 깊이 연결되고 다양한 역량을 성장시키는 길입니다. 시대를 초월하는 가르침을 담아 세상으로부터 인정받은 '고전'인데, 그럴 만한 가치가 있습니다.

모든 내용을 처음부터 완벽하게 이해하려는 부담을 가질 필요는 없습니다. 읽히는 부분부터 발췌해서 꾸준히 질문을 던지며 읽어 보세요. 역사 고전을 읽는 가장 중요한 태도는 처음부터 끝까지 다 이해하겠다는 욕심보다는 '생각하면서 읽는 것'에 있습니다. 끊임없이 사유하고, 내면화하여 새로운 세계를 발견하는 과정에서 여러분은 더 지혜로워지고, 더 넓은 시야를 갖게 될 것입니다. 이 책이 여러분의 그러한 여정에 작은 도움이 되기를 바랍니다.

차례

역사란 무엇인가

E. H. 카 ▸ 까치

"역사란 무엇인가?"

중학교 역사 교과서의 첫 단원은 역사의 의미를 묻는 단원입니다. 그래서 위와 같은 질문이 주어지곤 합니다. 그리고 이 질문에 많은 학생들은 다음과 같이 대답합니다. "역사란 과거와 현재의 끊임없는 대화입니다."

이 문장은 역사에 관해 가장 널리 알려진 명제로, E. H. 카^{Edward} $^{Hallett\ Carr,\ 1892\sim1982}$의 저서 《역사란 무엇인가》에서 비롯되었습니다. 역사에 관심이 없는 사람이라도 한 번쯤은 들어봤을 법한 책인 《역사란 무엇인가》는 역사학계의 대표적인 베스트셀러 중 하나입니다. 그러나 엄청난 유명세에도 불구하고, 정작 이 책을 처음부터 끝까지 제대로 읽어 본 사람은 많지 않습니다. 역사학의 철학적 본질과 이론적 논의를 밀도 있게 다루고 있어 내용이 워낙 쉽지 않은 데다가, 유럽 역사와 정치에 대한 해박한 배경지식을 어느 정도 갖추고 있어야 깊이 있는 이해가 가능하기 때문일 것입니다.

허나 이 책이 전하려는 메시지는 사실 매우 간명하고 설득력이 상당합니다. 특히 저자가 어떤 사람인지, 그래서 하고자 하는 이야기가 무엇인지를 제대로 알고서 이 책을 읽으면 한결 수월해집니다. E. H. 카는 1892년 영국 런던에서 태어났습니다. 케임브리지대학교 트리니티 칼리지에서 고전을 전공하고, 졸업 후인 1916년에는 영국 외무부의 외교관이 되었지요. 특히 제1차 세계 대전 이후 모스크바로 파견된 걸 계기로 러시아 혁명과 소련에 큰 관심을 두게 되었고, 14권에 달하는 소련사 책을 저술할 정도로 해당 주제의 전문가가 됩니다. 그러다 1936년 외교관직을 그만두고 학계로 전향하는데요. 이후 케임브리지대학교와 옥스퍼드대학교 등에서 역사학과 국제 관계를 가르쳤습니다.

《역사란 무엇인가》는 1961년 1월부터 3월까지 케임브리지대학교에서 여섯 차례 강연한 것을 묶어 출간한 책입니다. 그래서 목차도 6개의 강의 형식으로 구성되어 있지요. 강의 원고를 정리한 것이다 보니 장별로 논점이 명확한 편입니다. 크게 1장부터 4장까지는 역사를 연구하는 과정과 그 의미에 관련된 문제들을, 5장과 6장은 역사를 바라보는 관점과 인식에 관한 내용을 다루고 있습니다.

1장 '역사가와 그의 사실들'에서는 역사적 사실이란 무엇인지, 역사가와 역사적 사실 사이의 관계가 어떠한지를 이야기합니다. 카는 역사가가 단순히 과거의 사실을 그대로 기록하는 사람이 아니라 그 사실을 선택하고 해석하는 주체이며, 역사적 사실은 이러한 과정의 산물이라고 말합니다. 2장 '사회와 개인'에서는 역사가가 사회적 맥락에서 개인과 사회의 관계를 어떻게 이해해야 하는지를 다룹니다. 그는 개인과 사회는 분리될 수 없으며, 역사가 또한 역사를 서술하고 있는 지금, 그 시점의 사회를 무의식적으로 반영하고 있다고 말합니다. 따라서 특정 시대의 역사를 이해하기 위해서는 그 시대를 살았던 역사가를 이해하는 게 필수라고 주장합니다.

3장 '역사, 과학 그리고 도덕'을 통해서는 역사를 과학과 비교하면서 역사학의 본질을 탐구하고 있습니다. 카는 역사학도 자연 과학, 사회 과학과 마찬가지로 과학의 범주에 속한다고 말하면서 역사학을 과학으로 보지 않는 반론들을 반박합니다. 특히 4장 '역사에서의 인과 관계'를 통해 역사가 역시 자연 과학자와 다르지 않게 '왜?'라는 질문을 끊임없이 던지며 원인을 '연구'한다고 강조합니다.

카는 5장 '진보로서의 역사'에서 말하듯 한 세대의 지식과 기술이 다음 세대로 전승되며 역사가 점진적으로 진보한다고 보았습니다. 그러나 마르크스와 같은 역사가들의 주장처럼 진보의 시작과 끝, 그 조건을 단정하는 것은 경계합니다. 진보의 미래는 결코 결정된 것이 아니라 개인들의 힘과 노력이 이끌며 만들어가는 '유동적인 것'이라 주장합니다. 이러한 그의 관점은 6장 '지평선의 확대'에서 보다 확장됩니다. 20세기 중반의 급격한 변화 속에서 역사의 역할과 진보에 대한 새로운 이해를 탐구합니다. 그러고는 사회적 깊이와 지리적 범위가 이전보다 훨씬 확장되고 있으므로 역사가는 더 넓고 포괄적인 시각에서 시대를 이해할 수 있어야 한다며 역사가는 끊임없이 움직이는 세계에 대해서 언제나 충분한 감각을 유지하는 노력을 기울여야 한다고 질책합니다.

E. H. 카는 이 책을 통해 역사가 무엇인지, 역사가의 역할은 무엇인지에 대한 근본적인 질문을 던지며 그에 대한 자기 나름의 답을 정리하고 있습니다. 그에게 역사 연구란, 역사가가 현재의 입장에서 역사적 사건을 선택하고 관련된 사료를 해석하여 인과 관계를 고려해 재구성하는 것이고, 그 작업을 바탕으로 생성한 의미를 탐구하는 것입니다. 카의 이러한 관점은 기존 랑케식의 실증주의 역사학과는 차별화됩니다. 실증주의는 역사가가 과거의 사실을 있는 그대로 재현해야 한다고 주장했지만, 카는 역사가가 주관적 시각을 통해 사실을 선택하며 해석한다고 보았습니다. 즉, 역사란 현재의 필요와 관심에 따라 재구성되는 것이라 주장하였습니다.

한편으로는 현재의 요구나 이해에 맞춰 과거를 도구적으로 재해석하거나, 현재의 관점을 절대화하여 과거의 사건을 평가하는 현재주의 역사관 또한 경계하는 모습을 보입니다. 카는 역사 연구 과정 중 인과 관계 분석의 중요성을 강조합니다. 그는 역사가가 증거(사료)를 통해 사건의 원인과 결과를 분석하고, 그 속에서 인간의 행위와 선택이 어떤 영향을 미쳤는지를 파악해야 한다고 말합니다. 더불어 사료 해석을 통해 현재의 문제 해결과 미래 예측을 시도하는 '과학'으로서의 역사학을 고민하는 측면도 엿보입니다.

카의 '진보'에 대한 시각 역시 주목할 점이 있습니다. 그는 인류가 앞선 시대의 축적된 경험을 토대로 서서히 발전해 나간다고 보았습니다. 그의 이러한 시각은 단순한 낙관론이 아닌, 참담한 역사적 경험을 딛고 일어서려는 인류의 가능성에 대한 신념에서 비롯된 것입니다. 제1, 2차 세계 대전 등의 비극을 겪으며 만연했던 인간에 대한 회의주의와 비관주의를 극복하고 역사의 진보를 향한 희망을 잃지 않는 게 핵심이었던 겁니다.

E. H. 카의 역사관은 많은 학자들에게 큰 영향을 미쳤지만, 동시에 비판의 대상이 되기도 했습니다. 특히 그의 주관적 역사 해석이 역사적 객관성을 해칠 수 있다는 우려가 있었습니다. 일부 학자들은 카의 역사관이 지나치게 유럽 중심적이라는 지적과 함께, 정치적인 편향성을 띠고 있다는 비판을 제기하기도 했습니다. 이러한 비판에도 불구하고, 카의 역사관은 여전히 중요한 학문적 논의를

촉발하며 역사학의 본질에 대한 깊이 있는 성찰을 이끌어 내고 있습니다.

《역사란 무엇인가》는 민주화 운동을 하던 1980년대 대학생들 사이에서 필독서로 자리 잡았으며, 그 영향력 때문인지 금서禁書로 지정되기도 했습니다. 영화 '변호인'에서는 이 책을 읽었다는 이유로 불온 단체로 낙인찍힌 청년 독서 모임에 관한 이야기와 변호인이 이 책의 진정한 가치를 변호하는 장면이 인상 깊게 그려지지요. 이는 역사가 그저 과거 사실을 기록한 것이 아니라, 시대를 반영하고 사회를 변화시키는 강력한 힘을 지닌 텍스트임을 보여 줍니다.

독재 정권은 왜 이 책을 읽는 걸 두려워했을까요? 이 책은 어찌하여 그 많은 사람들에게 영향을 미치게 되었을까요? 과거와 현재 사이의 대화라는 카의 역사 인식은 과연 어떤 역사적 의미를 지닐 수 있을까요? 차분히 책을 읽으면서 스스로에게 질문하는 시간을 가져도 좋을 것 같습니다. 여러분에게 "역사란 무엇입니까?"

도서 분야	역사	관련 과목	세계사, 역사로 탐구하는 현대 세계	관련 학과	역사학과, 철학과, 정치외교학과, 인문학부, 역사교육과

고전 필독서 심화 탐구하기

▶ 역사를 보는 다양한 관점 살펴보기

역사관		내용과 특징
실증주의 사관	학자	랑케(Leopold von Ranke)
	주장	역사가는 과거의 사실을 '있는 그대로' 기록해야 한다.
	내용	랑케는 역사학의 목적이 과거의 사실을 객관적으로 기록하는 데 있다고 보았다. 그는 역사가 주관적 판단을 배제하고, 오직 사실만을 기록해야 한다고 주장했다. 랑케는 특히 원사료의 중요성을 강조하며, 이를 통해 객관적 사실에 도달할 수 있다고 믿었다.
	비판	랑케의 실증주의 사관은 역사적 사실을 지나치게 객관적으로 다루려는 경향이 있어, 역사가의 해석과 주관적 판단은 이미 역사적 사실의 선택과 기록 과정에서 배제될 수 없다는 점에서 비판받는다. 또한, 역사적 사건의 복잡성과 다양한 관점을 충분히 고려하지 않는다는 점에서 한계가 지적된다.
현재주의 사관	학자	크로체(Benedetto Croce), 콜링우드(Robin G. Collingwood)
	주장	모든 역사는 진정한 의미에서 현대사다.
	내용	크로체는 역사가 항상 현재의 시각에서 해석되며 과거의 사건들이 현재의 관점에서 재구성된다고 보았다. 그는 역사가 고정된 기록이 아니라 시대와 상황에 따라 변하는 것이며 절대적인 진리는 존재하지 않는다고 믿었다. 따라서 역사가의 현재적 관심이 역사 서술의 중심이라 보았다.
	비판	현재주의 사관은 과거의 사실을 지나치게 현재의 시각에서 해석하려는 경향이 있어 과거 사건이 왜곡될 위험이 있다는 비판을 받는다. 또한, 현재의 필요와 관심에 따라 과거를 재구성하는 것이 객관성을 훼손할 수 있다는 우려도 제기된다.

	학자	화이트Hayden White, 데리다Jacques Derrida, 푸코Michel Foucault
포스트 모더니즘 사관	주장	모든 역사 서술은 주관적이고 상대적이다.
	내용	포스트모더니즘 사관은 절대적이고 고정된 역사적 사실의 의미를 부정하며, 역사 서술은 권력과 이데올로기의 영향을 받아 형성된다고 주장한다. 헤이든 화이트는 역사 서술이 서사적으로 구성되며, 문학적 형식에 따라 역사적 사실을 기록해 서술자에 의해 의미가 부여된다고 주장했다. 자크 데리다는 해체를 통해 역사 텍스트의 불안정성과 언어의 한계를 강조하며 고정된 의미가 존재하지 않는다고 주장했다. 이들은 역사적 진리의 절대성을 부정하며, 다원적이고 비판적인 접근을 장려한다.
	비판	포스트모더니즘 사관은 역사적 사실의 객관성을 지나치게 부정하여, 역사 연구의 기준과 목표를 모호하게 만든다는 비판을 받는다. 또한, 모든 해석이 상대적이라는 주장으로 인해 진리나 사실에 대한 회의주의를 초래할 수 있다는 점에서 논란이 된다.

▶ 시대적 배경 및 사회적 배경 살펴보기

'역사란 무엇인가?'는 1961년에 처음 출간되었으며 제1차 세계 대전과 제2차 세계 대전, 그리고 냉전이라는 격동의 시대 속에서 탄생한 책이다. 이 시기는 두 차례의 전쟁으로 인해 유럽 전역이 폐허가 되었고, 서구 사회 전반적으로 인간에 대한 회의주의와 비관주의가 깊게 뿌리내린 시기였다. 전쟁의 참혹한 결과와 정치적 불안정은 기존의 가치관과 세계관에 대한 도전을 불러일으켰다. 이러한 시대적 배경 속에서도 E. H. 카는 역사의 진보에 대한 깊은 신뢰와 함께 역사가 단순히 과거의 기록에 머무르지 않고 현재와 미래를 연결하는 중요한 학문임을 강조하였다. 1987년 사후 출간된 개정판(2판)에서는 카가 수정판을 위해 남긴 노트와 함께 R. W. 데이비스의 서문이 추가되었으며, 이 서문은 냉전의 긴장과 급변하는 문화적 변화 속에서도 역사적 진보에 대한 희망을 잃지 말아야 한다는 메시지를 담고 있다. 이 개정판은 특히 20세기 후반 지성인들 사이에 만연했던 비관적인 전망에 대한 카의 비판을 반영하고 있다.

현재에 적용하기

'과거와 현재의 대화'라는 역사 정의의 의미를 고찰하고, 교과서나 다양한 역사 서적에서 동일한 역사적 사건이 어떻게 다르게 서술되고 있는지를 비교 분석한다. 이를 통해 역사 서술이나 역사적 사건을 다룬 콘텐츠를 이해할 때 어떠한 태도로 이해할 것인지를 생각해 보자.

생기부 진로 활동 및 과세특 활용하기

▸ 책의 내용을 진로 활동과 연관 지은 경우(희망 진로: 미디어영상학과)

'역사란 무엇인가(E. H. 카)'를 읽고, 미디어에서 역사를 다루는 방식에 대해 탐구하는 보고서를 작성함. 카의 역사관을 바탕으로 다큐멘터리, 영화, 뉴스 등에서 역사적 사건이 관련 사료로부터 어떻게 재해석되고 재구성되는지를 분석함. 특히, 미디어가 역사를 전달할 때 발생할 수 있는 주관성을 탐구하고, 다양한 시각을 비교하여 미디어 제작자가 역사를 다룰 때 주의해야 할 점을 정리함. 여러 미디어 형식에서의 역사적 서술 방식을 비판적으로 분석함으로써, 콘텐츠 제작 과정에서의 책임감과 윤리적 접근에 대한 깊은 통찰을 보여 주었음. 미디어에서 역사적 사실이 어떻게 표현되고 해석되는지에 대한 깊은 이해를 바탕으로, 역사적 사건을 다루는 콘텐츠를 기획하고자 하는 미디어 제작자로서의 진로를 구체화함.

▸ 책의 내용을 영어 교과와 연관 지은 경우

'역사란 무엇인가(E. H. 카)'를 읽고, 그가 주장한 '과거와 현재의 대화'로서의 역사를 탐구한 후, 이를 주제로 한 영국 다큐멘터리의 영어 자막을 제작함. 다큐멘터리에서 사용된 역사적 개념과 카의 주장에 대한 해석을 바탕으로, 자막 번역 과정에서 발생하는 문화적, 언어적 차이를 분석하고 기록하였음. 다큐멘터리 내에서 사용된 복잡한 역사적 용어와 개념을 학생들이 이해하기 쉽게 번역하고, 자막 작업을 통해 영어 학습뿐만 아니라 역사적 개념 이해를 심화함. 이후 자막 제작 과정과 번역의 어려움을 반영한 번역 에세이를 작성하여 제출함. 뛰어난 언어적 감각과 분석력을 발휘하여 자막 제작 및 에세이 작성 과정에서 복잡한 개념을 쉽게 전달하는 능력을 보여 주었으며, 문화적 맥락을 고려한 섬세한 접근이 돋보임.

후속 활동으로 나아가기

▸ 특정 역사적 사건을 선택하여 그 사건이 일어난 배경, 원인, 결과를 조사하고, E. H. 카의 역사관을 바탕으로 사건의 인과 관계를 분석한 보고서를 작성해 보자.

▸ 역사적 사건에 대한 서로 다른 2개의 서술을 비교 분석하고, 각 서술에서 나타나는 주관성과 객관성을 평가한 후 이를 바탕으로 토론을 진행해 보자.

▸ 역사 서술에서의 윤리적 문제를 조사하고, 역사가가 특정 사건을 다룰 때 윤리적 책임이 무엇인지 분석한다. 이를 바탕으로 현대의 논란이 되는 역사 서술 사례를 조사하여 비판적인 에세이를 작성해 보자.

▸ 역사학자나 역사 교육자와의 인터뷰를 통해 역사가의 역할과 역사 서술의 책임에 대해 질문하고, 그들의 관점을 정리해 영상 콘텐츠를 제작해 보자.

함께 읽으면 좋은 책

조지형 《랑케&카》 김영사, 2006.

이상신 《레오폴트 폰 랑케와 근대 역사학의 형성》 고려대학교출판문화원, 2021.

베네데토 크로체 《사고로서의 역사 행동으로서의 역사》 새문사, 2013.

조지 이거스 《20세기 사학사》 푸른역사, 1999.

김기봉 《'역사란 무엇인가'를 넘어서》 푸른역사, 2000.

사라 마자 《역사에 대해 생각하기》 책과함께, 2019.

역사를 위한 변명

마르크 블로크 ▸ 한길사

1944년 6월 16일 저녁 8시, 나치 독일군은 리옹 몽뤼크 감옥에 수감되어 있던 프랑스 저항군들을 끌고 나왔습니다. 그러고는 두 명씩 짝을 지어 수갑을 채우고 마을 밖의 빈 들판으로 데리고 갔지요. 곧 일어날 일이 두려웠던 16살의 어린 소년은 사시나무처럼 몸을 부르르 떨면서 "무척 아프겠지요."라고 말했습니다. 그러자 58세의 나이가 든, 둥근 안경을 쓰고 있던 작은 남자는 손을 뻗어 아이의 손을 따뜻하게 감싸안으며 "그렇지 않단다, 얘야. 조금도 아프지 않을 거야."라고 도닥여 주었습니다. 그는 곧 나치 독일군의 총격을 받고 "프랑스 만세!Vive la France"를 외치며 쓰러졌습니다.

나치 독일과 프랑스 비시 정권에 저항하던 레지스탕스이자, 수건과 지팡이를 들고 안경을 낀 나이 많은 작은 남자는 이토록 장렬하게 최후를 맞이했습니다. 그의 이름은 마르크 블로크^{Marc Bloch,} ^{1886~1944}, 역사를 빚은 위대한 행동가이자 역사학자였습니다. 프랑스 스트라스부르 인문과학대학은 이 작은 남자의 이름을 따 '마르크 블로크 대학'으로 명칭을 변경하기도 했지요. 학문하는 자세와 신념을 자신의 삶으로 증명하는 그의 고매한 정신을 기리기 위함이었습니다.

　마르크 블로크는 1886년 프랑스 리용에서 태어났습니다. 그의 아버지는 로마사 전문가였고, 유복한 유대인 이민자였습니다. 어렸을 때부터 역사를 공부하기에 더할 나위 없이 좋은 환경이었던 셈입니다. 그러다 1894년, 블로크의 역사적 감수성에 큰 영향을 미친 '드레퓌스 사건'이 시작되었습니다. 그는 이 사건을 통해 '사실'에 입각한 역사 연구의 중요성, 그리고 그보다 더 큰 '위험성'을 깨닫게 되었습니다. 또한, 역사는 사회 정의와 진실을 추구하는 역할을 해야 한다는 강력한 신념을 갖게 되었지요. 이후 블로크는 독일과 프랑스에서 역사학을 공부했으며, 소르본대학교에서 경제사 교수로 재직했습니다. 이 시기, 그는 지적 동반자이자 동료 역사가였던 뤼시앵 페브르^{Lucien Febvre}와 함께 아날학파를 창시했습니다.

　1939년, 제2차 세계 대전이 발발하자 당시 53세의 노교수, 그리고 여섯 자녀의 아버지였던 블로크는 '프랑스에서 가장 나이 많은 대위'로서 자원입대합니다. 1940년 프랑스가 독일에 점령되어 비시 괴뢰 정권이 수립된 이후에는 레지스탕스 운동에 참여하여 독일에 저항하는 활동을 이어갔지요. 그러다 1944년 3월, 독일군에 체포되었고 같은 해 6월, 리옹 북동쪽의 생 디디에 드 포르망 근처 벌판에서 처형되었습니다.

《역사를 위한 변명》은 블로크가 나치의 포악한 권력에 짓밟힌 조국 프랑스를 바라보며 1941~1943년까지 집필한 책입니다. 어려움 속에서도 그가《역사를 위한 변명》을 쓰기 시작한 건 두 가지 질문에 나름대로 답하기 위해서였습니다. 하나는 각별하게 사랑했던 아들의 요청이었습니다. "아빠, 도대체 역사란 무엇에 쓰는 것인지 저에게 설명을 해 주세요." 또 다른 하나는 1940년 6월, 파리를 점령당한 프랑스의 동료 장교가 읊조리던 말 때문이었습니다. "역사가 우리를 배반한 것일까?"

요컨대 이 책은 '어른의 고뇌와 소년의 호기심, 두 가지 모두에 대답하려는' 시도의 산물입니다. 역사의 정당성과 효용성에 관한, 이 중대한 두 질문에 블로크는 묵직한 책임감을 느끼고 역사란 무엇인지, 왜 중요한지, 어떻게 연구해야 하는지를 정리합니다. 즉, 이 책은 평생에 걸쳐 발전시켜 온 그의 역사 인식과 연구 방법론을 정리하고 체계화한 결과물이라 볼 수 있습니다.

원래 7개의 장으로 계획되었던 내용은 그의 죽음으로 끝까지 마무리되지 못하였습니다. 《역사를 위한 변명》은 그의 동료 페브르가 1949년 유고를 정리하여 출간한 것입니다. 비록 서론과 4개의 장, 1개의 미완성 원고 형태이지만, 블로크가 책을 통해 역사학의 본질에 대해 제기한 질문과 방법론은 이후 역사학계에 깊은 영향을 미쳤습니다.

책의 내용을 살펴봅시다. 마르크 블로크는 역사를 '시간 속의 인간을 대상으로 하는 학문'으로 정의하면서 역사 연구는 다음과 같이 인간의 본질을 이해하는 데 그 목적이 있다고 주장하였습니다. "눈에 보이는 풍경 뒤에, 도구나 기계 뒤에, 정형화된 서류 뒤에, 그리고 그것을 만든 사람과 얼핏 보면 전혀 관계 없는 것처럼 보이는 기관이나 제도 뒤에 인간이 있다. 역사가 파악하려는 것은 바로 이 인간들이다."

또한 '인간학'으로서의 역사학을 위해, 역사가가 과거를 연구하는 방법에 대해서도 깊이 고민하여 정리합니다. 블로크는 역사가들이 죽은 사람의 주머니를 뒤져 유물을 찾고 전시관에 보관하는 행위에서 벗어나, 역사적 감수성을 토대로 역사적 사실을 탐구하는 사람이 되어야 한다고 주장합니다. 즉, 역사가는 다양한 자료를 면밀히 관찰하고 비판적 접근을 통해 허위와 오류를 판별하며, 이를 바탕으로 한 심도 있는 분석을 통해 역사적 사건의 의미를 밝혀야 한다고 강조합니다. 이와 같은 관점에서 역사적 인과 관계를 이야기하는 마지막 장은 다음과 같이 끝납니다. "한마디로 말해, 다른 경우와 동일하게, 역사에서의 원인은 가정되는 것이 아니라 탐구되어야 하는 것이다."

블로크는 역사적 사실이란 그 자체로 의미를 가지는 것이 아니라, 그것을 연구하고 해석하는 과정에서 의미를 획득한다고 설명합니다. 그렇기에 역사가는 사건의 연대기적 나열을 넘어 사건들의 상호 연관성을 분석하고, 이를 통해 더 깊은 역사적 의미를 찾을 수 있어야 한다고 주장했습니다. 특히 현재에 관심을 기울이지 않는 한 과거에 대한 이해가 불가능하다고 확신했던 블로크는, 현재와 현대 사회를 빚어온 과거를 심층적으로 파헤치고자 하였습니다. 즉, 과거의 사건들이 현재와 미래에 어떤 영향을 미치는지를 이해하는 데 중점을 둬야 한다고 역설하며 현재로부터 역사 연구를 출발해야 한다고 이야기합니다.

아울러 사회 경제적 요인들이 역사적 사건에 미치는 영향을 강조하며, 역사를 연구할 때는 다양한 학문을 통해 접근하는 것이 필요하다고 주장합니다. 블로크가 보기에 인간은 고립된 개체가 아니고 사회적 존재이자 집단과의 연관 속에서 파악될 수 있는 존재였습니다(구조사). 따라서 인간을 탐구하는 역사는 장기간에 걸쳐 다양한 인간적 삶의 전체를 복합적으로 살펴야만 하는 것이었습니다(장기

지속의 역사).

　이러한 블로크의 역사에 관한 견해는 그의 또 다른 연구에서도 고스란히 나타납니다. 그는 《기적을 행하는 왕》을 통해 왕권과 신성성의 관계를 깊이 있게 탐구하였고, 《봉건사회》에서 중세 사회 구조를 체계적으로 분석하였습니다. 이는 전통적인 정치사 중심의 역사 서술에서 벗어나, 사회사, 경제사 등 다양한 관점에서 총체적으로, 폭넓게 역사를 연구하는 방향으로 전환을 시도한 것이라 볼 수 있습니다. 역사는 복합적인 사회적 맥락 속에서 이해될 수 있어야 한다는 이러한 경향은 이후 '아날학파'로 이어지는 역사학의 새로운 흐름에 큰 영향을 미쳤습니다. 아날학파는 이후 페르낭 브로델, 조르주 뒤비, 자크 르 고프 등을 거치며 20세기 가장 영향력 있는 역사학파 가운데 하나로 자리 잡습니다.

　블로크의 연구는 '인간'에 대한 애정을 바탕으로 그를 둘러싼 세계를 다각적이고 종합적으로 탐구하려는 시도로 가득 차 있습니다. 그는 역사가가 과거를 연구하는 데 그치는 것이 아니라, 그 연구를 통해 얻은 통찰을 바탕으로 현재와 미래의 우리를 위한 실천을 고민할 수 있어야 한다고 강조했습니다. 그리고 자신의 신념에 따라 역사의 현장에 직접 뛰어들어 실천적 지식인으로서의 삶의 의미를 몸소 보여 주었습니다.

　그의 묘비에는 1941년 그가 미리 유서에 적어둔 유언에 따라

"진리를 사랑했다."라고 쓰여 있습니다. 《역사를 위한 변명》이라는 마르크 블로크의 유산, 그리고 그의 인생은 진리를 사랑하는 삶이 정녕 어떤 모습이어야 하는가를 여실히 보여 줍니다. 둥근 안경을 낀 작은 남자의 숭고한 이야기를 보면서 여러분은 무엇을 느끼고, 무슨 생각을 했으며 어떤 다짐을 하게 되었나요?

도서 분야	역사	관련 과목	세계사, 역사로 탐구하는 현대 세계	관련 학과	역사학과, 고고학과, 사회학과, 철학과, 역사교육과

▶ **블로크의 역사 연구 방법론 살펴보기**

개념	의미
사회 경제사적 접근	블로크는 역사를 연구할 때 단순히 정치적 사건에만 초점을 맞추는 것이 아니라, 사회와 경제의 구조적 변화에 주목해야 한다고 본다. 사회 경제사는 이러한 맥락에서 다양한 사회적 계층, 경제적 조건, 그리고 이들의 상호 작용을 분석하는 접근법이다. 이는 역사가가 인간 삶의 모든 측면을 이해하려면 경제적, 사회적 요인을 포함해야 한다는 생각에서 출발한다.
비교사적 접근	블로크는 다양한 사회와 문화를 비교함으로써 역사적 사건의 보편성과 특수성을 이해하려 한다. 비교사는 특정 사회나 시기에 국한되지 않고, 여러 문화와 시기를 비교하면서 그들 간의 유사점과 차이점을 분석하는 접근법이다. 이를 통해 역사가들이 다양한 역사적 맥락에서 유사한 현상이 어떻게 다르게 전개되었는지를 이해할 수 있다.
전체사적 접근	전체사는 역사 연구의 대상이 되는 모든 요소를 통합적으로 분석하려는 접근 방식이다. 정치, 경제, 사회, 문화 등 역사적 사건과 구조를 분리된 개체로 보는 것이 아니라, 이 모든 요소가 상호 작용을 하면서 역사적 현실을 형성한다고 본다. 블로크는 이러한 통합적 접근을 통해 역사의 복잡성과 다층적 구조를 이해하려 한다.
아날학파	블로크와 뤼시앵 페브르가 창시한 아날학파는 전통적인 역사 연구 방법에서 벗어나, 사회사, 경제사, 문화사 등을 포함한 다학문적 접근을 시도한다. 아날학파는 사건 중심의 정치사 대신 구조와 장기적인 사회적 변화를 중시하며, 인간의 일상생활과 물질문화에 대한 연구를 포함한 폭넓은 역사 연구를 강조한다.

▶ 시대적 배경 및 사회적 배경 살펴보기

- **드레퓌스 사건**: 1894년 프랑스 육군 장교 알프레드 드레퓌스Alfred Dreyfus는 독일을 위해 스파이 활동을 했다는 누명을 쓰고 체포되었다. 그의 기소는 유일한 증거였던 익명의 문서를 기반으로 이루어졌는데, 이 문서는 나중에 조작된 것으로 밝혀졌다. 당시 군당국은 드레퓌스가 유대인이라는 이유만으로 그를 유죄로 몰았고, 그는 군사 재판에서 유죄 판결을 받고 유배되기까지 했다. 이 사건은 프랑스 사회를 크게 분열시켰고, 반유대주의와 권위주의에 대한 논쟁을 촉발시켰다. 특히 에밀 졸라는 그의 유명한 공개서한인 '나는 고발한다'를 통해 군부의 부정과 불의를 강력히 비판하며 드레퓌스의 무죄를 주장했다. 유대인 이민자 가족이었던 마르크 블로크 가족 또한 알프레드 드레퓌스의 구명 운동에 참여하였다. 1906년이 되어서야 드레퓌스는 무죄를 판결받아 명예를 회복할 수 있었다.

- **프랑스 비시 괴뢰 정권**Régime de Vichy: 1939년 제2차 세계 대전이 발발하였고, 1940년 프랑스는 독일에 의해 점령당했다. 패전 이후 프랑스에는 페탱이 이끄는 비시 괴뢰 정권이 수립되었다. 이 정권은 독일의 통제 속에서 프랑스 남부를 지배하였는데 나치 독일에 협력하여 반유대주의 정책을 시행하고, 레지스탕스 활동을 탄압하였다. 마르크 블로크는 프랑스의 자주성과 자유가 억압되는 상황에서 저항 운동에 가담하였고, 이는 그가 역사가로서 사회적 책임과 역할에 대해 깊이 고민하게 만든 중요한 배경이 되었다.

현재에 적용하기

블로크는 역사가가 사회적 책임을 지닌 학자로서의 역할을 수행해야 한다는 점을 강조했다. 작은 역사가가 되어 직면한 사회, 경제, 정치적 문제들을 역사적으로 탐구해 보자. 예컨대 세계의 경제 불평등이나 한국의 교육 서열화 문제 등의 역사를 탐구함으로써 그 원인과 결과를 파악하고, 이를 바탕으로 해결책을 고민해 본다.

▶ 책의 내용을 진로 활동과 연관 지은 경우(희망 진로: 교육학과)

'역사를 위한 변명(마르크 블로크)'을 읽고 역사가의 역할에 대해 탐구함. 역사가가 단순히 과거를 기록하는 것이 아니라 현재와 미래의 문제 해결에 기여해야 한다는 블로크의 주장에 주목함. 현대 교육에서 역사의 역할에 대해 고민하며, 2022 개정 교육 과정에서 역사 교육이 학생들에게 어떻게 현재 사회의 문제를 이해하고 비판적으로 사고하는 능력을 키울 수 있도록 편제되었는지 연구함. 메타 역사의 관점에서 역사를 비판적으로 파악하는 역량을 강조하고 있음을 분석하고, 생태환경사적 감수성이 반영된 내용을 도표로 정리함. 또한, 블로크의 역사 연구 방법론을 바탕으로, 교육 제도의 역사적 변천 과정을 정리하고 교육 정책의 변화가 사회적 불평등에 미치는 영향을 비판적으로 분석하여 교육자로서 미래 교육의 방향성을 제시함. 이 과정에서 교육 사회학 관련 논문을 탐독하며, 교육 현장에서의 역사적 사고력 함양의 중요성을 강조함.

▶ 책의 내용을 사회 교과와 연관 지은 경우

'역사를 위한 변명(마르크 블로크)'을 읽고 역사적 연구 방법론이 현대 사회의 구조적 문제를 이해하는 데 어떻게 적용될 수 있는지를 탐구함. 현대 사회의 불평등 구조와 그 원인을 분석하며, 사회 경제적 배경이 개인의 삶에 미치는 영향을 심도 있게 조사함. 현재 한국 사회에서 나타나는 교육 불평등, 고용 불안정, 소득 격차 등의 문제를 분석하고, 블로크가 말한 '시간 속의 인간'을 연구하는 역사학의 역할을 현대 사회 문화 현상에 접목해 과거의 사회적 맥락이 현재에 어떻게 영향을 미치는지를 이해하고자 함. 또한, 아날학파의 '장기 지속' 개념을 활용하여, 한국 사회에서의 장기적인 사회적 불평등 구조와 그 지속성을 분석하고, 이러한 문제를 해결하기 위한 정책적, 제도적 방안을 제시함.

후속 활동으로 나아가기

▸ 마르크 블로크와 같은 실천하는 지성인으로서의 역사가들을 조사하고, 그들의 삶을 소개하는 카드 뉴스를 제작해 보자.

▸ 역사적 사건의 사회적, 경제적 맥락을 분석하고, 이를 바탕으로 사회적 책임을 실천하는 방안을 제시하는 보고서를 작성해 보자.

▸ 블로크의 역사관에 대한 비판적 시각을 탐구하고, 이를 바탕으로 역사 서술의 주관성과 현재성에 대한 토론을 진행해 보자.

▸ 블로크와 다른 역사학자들의 연구 방법론을 비교 분석하는 학술 에세이를 작성한다. 특히 역사가의 사회적 책임에 대한 시각을 비판적으로 분석, 정리해 보자.

▸ 기존의 정치사 위주로 쓰인 역사 교과서를 고찰하고, 사회사적 시각으로 '역사 교과서 다시 쓰기'를 진행해 보자.

함께 읽으면 좋은 책

김응종 《아날학파의 역사세계》 아르케, 2001.

마르크 블로크 《이상한 패배》 까치, 2024.

마르크 블로크 《서양의 장원제》 한길사, 2020.

마르크 블로크 《프랑스 농촌사의 기본성격》 사회평론아카데미, 2023.

페르낭 브로델 《프랑스의 정체성》 푸른길, 2021.

뤼시앵 페브르, 앙리 장 마르탱 《책의 탄생》 돌베개, 2014.

여 성 의 역 사 4

조르주 뒤비, 미셸 페로 ▸ 새물결

주변에 세계의 역사를 다룬 책이나 세계사 교과서가 있다면, 그 속에서 다룬 전체 여성의 숫자를 세어 보세요. 그리고 남성의 숫자와 비교해 봅시다. 전쟁을 이끈 장군, 나라를 세운 왕, 혁명을 이끈 지도자 등 대부분 남성이 주인공이었음을 어렵지 않게 알 수 있습니다. 분명 지구상에 남성만 있었던 건 아니었을 텐데 그럼 그 시기 여성들은 어디에서, 어떻게 살고 있었을까요?

역사 속에 여성은 없지만, 여성은 있었다. 《여성의 역사》는 이러한 맥락에서 정치와 남성 중심의 전통적인 역사 서술이 간과했던 여성의 삶을 문화적·사회적으로 조명한 책입니다. 이 책은 선사 시대부터 현대까지의 서양 여성사를 총 5권으로 구성한 대작으로, 여러 연구자가 20년에 걸쳐 연구한 내용을 엮은 결과물입니다. 프랑스 역사학자 조르주 뒤비Georges Duby, 1919~1996와 미셸 페로Michelle Perrot, 1928~가 총 책임 편집을 맡았고, 68명의 공동 집필자가 참여하였습니다. 이 책은 여성을 역사의 주체로 바라보지 않았던 기존의 연구 경향에 정면으로 도전하고 있습니다.

우리나라에서는 5권의 시리즈 중 프랑스 혁명부터 산업 혁명, 제1차 세계 대전까지를 다룬《여성의 역사 4》가 가장 먼저 번역, 출판되었습니다. 아마도 '혁명으로 시작해 전쟁으로 끝나는' 19세기부터 20세기 초반까지를 주목했기 때문이지 않을까 추측되는데요. 이 시기는 여성들이 오랜 시간 억압받던 구조 속에서 자신의 권리를 자각하고, 사회적 주체로서 목소리를 내기 시작한 중요한 변혁의 시기였습니다.

《여성의 역사 4》는 굵직한 근대 역사의 흐름 속에서 특정 개인, 소규모 집단의 일상적 경험과 구체적 사례를 통해 역사 변화를 세밀하게 탐구하는 '미시사적인 접근'을 시도합니다. 이를 바탕으로 여성들이 어떤 일상을 살았는지, 그들이 어떻게 능동적으로 살아가고자 노력했는지, 그들을 보는 시선은 어떠했는지를 사회적·문화적으로 분석하고 있습니다. 아울러 여성의 역사를 복원하는 데 그치는 것이 아니라, 남성과 여성 간의 관계, 시대와 구조의 맥락에서 살피는 관점 등을 통해 당시 사회에서 여성의 위치와 역할이 어떻게 변화하는지를 탐구하는 데 중요한 통찰을 제공하고 있습니다.

프랑스 혁명 당시, 여성들은 혁명에 직접 참여하며 자신들의 현실을 재인식하게 되었습니다. 혁명의 슬로건인 자유, 평등, 박애가 여성들에게도 적용되기를 바랐지만, 혁명 후에도 여성의 권리와 역할은 크게 달라지지 않았습니다. 여전히 많은 여성은 가정 내에서 전통적인 아내와 어머니의 역할에 머물러야 했고, 공적 영역에서는 배제되었지요.

그와 달리 19세기 산업 혁명은 여성들에게 새로운 기회를 제공했습니다. 기술의 발전과 도시화의 진전, 경제적인 필요에 의해 여성들은 가정 밖에서 일할 기회를 얻고 노동 시장에 진입하게 되었습니다. 비록 남성보다 낮은 평가를 받고 가정의 제약에서 벗어나기도 어려웠지만, 여성들은 점점 더 스스로를 경제적 주체로 인식하게 되었고, 이는 여성에게 덧씌워진 전통적인 역할에 도전하는 계기가 되었습니다.

《여성의 역사 4》는 여성들이 노동을 통해 독립성을 자각하고, 불평등한 사회 구조를 직시하며 이를 극복하려는 자각이 어떻게 이루어졌는지에 주목합니다. 19세기 후반에서 20세기 초반, 여성들은 교육, 법률, 정치 영역에서 권리를 주장하며, 페미니즘 운동의 발전과 함께 목소리를 높여 갔습니다. 책은 그러한 여성들의 이야기를 구체적인 사례와 함께 담아냅니다.

책은 여성들의 투쟁과 권리 운동을 기록하는 것을 넘어, 여성들이 자신들의 정체성을 어떻게 인식하고 발전시켰는지를 다루려고 합니다. 각기 다른 집필자들이 쓴 글들을 모은 것임에도 불구하고, 일련의 역사적 사실들을 유기적으로 잘 연결하고 있습니다.

이 책은 결국 여성들이 사회적 억압 속에서도 어떻게 자신들의 가능성을 발견하고, 이를 바탕으로 새로운 미래를 설계할 수 있었는지에 대한 중요한 통찰을 제공합니다. 여성들의 정체성 발견은 단순한 개인의 변화가 아닌, 사회적 구조를 재편하는 중요한 힘으로 작용했던 것이지요.

물론 이 책은 몇 가지 비판을 받기도 합니다. 일부 비평가들은 이 책이 서양 중심적 시각에 치우쳐 있다는 점을 지적하며, 여성의 경험이 문화적 배경에 따라 다를 수 있음을 강조했습니다. 또한, 전체적으로 주로 중상류층 여성들의 경험을 중심으로 다루고 있다는 비판도 있습니다. 이러한 점들은 여성사 연구가 지금보다도 더 넓고 깊은 시각에서 다루어져야 함을 시사합니다.

그럼에도 불구하고 《여성의 역사》는 기존의 역사학에서 다루지 않았던 여성들의 역할을 조명함으로써, 여성사라는 독립적인 연구 분야를 확립하는 데 중요한 기여를 했습니다. 전통적인 정치사나 군사사와 달리, 여성사는 사회적, 문화적, 경제적 측면에서 여성들의 삶을 탐구합니다. 이는 역사를 더 넓고 균형 있게 이해하는 데 중요한 역할을 합니다. 이러한 방법론적 차이는 현대 역사학에서 다양한 사회 집단의 역할을 이해하는 데 필수적인 접근으로 자리 잡고 있습니다.

여성들의 경험과 목소리를 역사에 포함시키는 게 왜 중요할까요? 역사 속에서 여성들은 오랫동안 소외되어 왔습니다. 그러나 그들은 스스로의 삶을 만들어가는 능동적인 주체로서 계속되어 왔어요. 그러한 여성의 이야기가 무시되어 온 건 역사를 바라보던 방식의 문제였습니다. 배제된 목소리에 집중하도록 관점을 전환시킨 《여성의 역사》는, 오늘날 우리가 직면한 사회적 불평등과 문제를 이해하는 데에도 중요한 단서를 제공합니다. 역사 속에서 잊혔던 사람들의 이야기를 다시 찾아내는 건 곧, 우리 자신을 보다 깊이 이해하는 과정이기도 합니다.

여러분은 역사가 누구의 이야기라고 생각하나요? 스스로 질문을 던져 봅시다. 그리고 여성의 역사를 복원하려던 사람들의 노력처럼 '또 다른 답'을 찾고자 했던 다양한 관점들을 찾아봅시다. 역사의 진정한 면모를 이해할 수 있을 겁니다.

도서 분야	역사	관련 과목	세계사	관련 학과	역사학과, 역사교육과, 사회학과, 문화인류학과, 여성학과

고전 필독서 심화 탐구하기

▶ 목차별 주요 내용 살펴보기

목차	내용
1부	**(1~4장) 정치적 단절과 담론의 새로운 질서** 프랑스 혁명은 기존의 사회 구조를 해체하며 정치적 변화를 불러왔으나, 여성들은 여전히 공적 참여에서 배제되었음. 혁명 이후 근대 민주주의는 남성 중심으로 더욱 공고해졌으며, 여성들은 가정에 머물도록 강요받았음. 그러나 이 과정에서 여성들은 자신의 사회적 지위를 재인식하고 기존 질서에 도전하기 시작함. 1부는 이러한 여성들의 초기 움직임과 정체성 형성의 시작을 다룸.
2부	**(5~12장) 여성(성)의 생산, 상상과 현실** 19세기 내내 여성은 남성 중심의 시각에서 형성된 이미지로 규정되었음. 사회와 문화 속에서 여성들은 '성모', '요부' 등의 상징으로 표현되었으며, 이는 여성의 정체성을 억압하는 역할을 했음. 그러나 이 시기에 여성들은 고정된 이미지에 맞서 자신들의 정체성을 재정립하려는 노력을 지속함. 2부는 여성 정체성의 형성과 그에 따른 상징의 변화를 중점적으로 다룸.
3부	**(13~16장) 여성도 시민이다, 공적인 것과 사적인 것** 산업화가 진행되면서 여성들은 공적 영역으로 진출하게 되었으나, 여전히 남성에 비해 열악한 대우를 받았음. 3부는 산업화 시대 여성 노동자들의 현실과 권리문제를 조명함. 성별에 따른 노동의 분리와 불평등 구조를 분석하며, 가정 내 노동의 가치가 사회적으로 어떻게 저평가되었는지를 강조함. 이를 통해 여성들이 겪었던 차별과 그들이 이에 어떻게 대응했는지를 다룸.

4부	**(17~19장) 현대(성)-모더니티** 19세기 후반 모더니티의 도래는 여성들에게 새로운 기회를 열어 줌. 여성들은 사회 활동에 적극 참여하며 자신의 권리를 주장하기 시작함. 4부는 여성들이 노동조합에 가입하고 파업에 참여하는 등 사회 변화에 적극적으로 대응하는 과정을 다룸. 이를 통해 여성들은 사회의 불합리한 구조를 인식하고, 페미니즘의 초기 물결을 일으키게 됨.
5부	여성은 독립을 주장해서는 안 된다는 사회적 인식을 극복하고 시대의 상징이 된 제르멘 드 스탈, 루 살로메 두 여성의 목소리를 담음.
학생 추천	**1장 '자유의 딸과 혁명적 여성 시민'**: 프랑스 혁명 시기의 여성들이 어떻게 혁명에 참여하고 어떤 역할을 했는지 상세하게 설명함. **2장 '전환점으로서의 프랑스 혁명'**: 혁명이 여성의 권리와 지위에 어떤 영향을 미쳤는지 검토하고 생각해 볼 수 있음. **12장 '여성의 표상'**: 다양한 그림, 사진 자료를 통해 여성의 이미지를 어떻게 인식하고 있었는지 생동감 있게 이해할 수 있음. **15장 '여성 노동자'**: 산업 혁명 시기 여성 노동자의 삶과 열악한 노동 조건을 다룸.

▶ 시대적 배경 및 사회적 배경 살펴보기

'여성의 역사'가 출간된 시기는 역사학이 정치사 중심의 남성 편향적 서술에서 벗어나 다양한 사회적 그룹, 특히 여성의 역사적 경험을 재조명하려는 시도가 활발하게 이루어지던 시기였다. 1960년대 이후 여성 운동의 확산과 함께 여성사 연구가 활발히 진행되었으며, 이는 기존의 역사 서술이 남성 중심적이라는 비판을 받아들이고, 여성들이 역사에서 어떤 역할을 했는지 새로운 시각으로 탐구하는 연구로 이어졌다. 이 책은 특히 1970년대 중반 이후 사회적·문화적 역사 개념인 '젠더'가 도입되면서, 여성사 연구의 방법론적 틀이 확대된 배경 속에서 쓰였다. 역사학에서 여성과 남성의 관계, 젠더와 권력 구조를 복합적으로 분석하는 시각이 대두되었고, 이는 기존의 역사적 틀을 넘어 새로운 해석을 가능하게 했다. 요컨대 '여성의 역사'는 여성사 연구의 성과를 집대성한 결과물로, 역사 속 여성들의 삶과 공헌을 재조명함과 동시에 그들의 경험이 역사적으로 어떻게 기록되고 해석되었는지 보여 주고 있다.

현재에 적용하기

책을 통해 여성들이 역사 속에서 겪어온 도전과 성취를 이해하고, 이를 통해 현대 사회의 여성 문제를 고민해 보자. 예를 들어, 과거 여성들이 사회적 억압에 맞서 권리를 쟁취하려 했던 노력이 오늘날 미투#MeToo 운동과 어떻게 연결되는지를 분석하고, 이를 바탕으로 현재의 성폭력 및 성희롱 문제를 해결하는 방안을 모색할 수 있다. 또한, 여성들의 경제적 역할 변화가 오늘날의 사회적 불평등 문제와 어떻게 연관되어 있는지를 고민해 볼 수 있다.

생기부 진로 활동 및 과세특 활용하기

▸ 책의 내용을 진로 활동과 연관 지은 경우(희망 진로: 사회학과)

'여성의 역사 4(조르주 뒤비 외)'를 읽고, 19세기 여성들의 정치적·사회적 참여가 제한되었음을 탐구함. 프랑스 혁명 이후 여성들이 민주주의 체제에서도 시민권을 제대로 누리지 못하고, 남성 중심의 법과 제도에 억압된 구조를 이해하게 됨. 특히 서프러제트 운동과 그 이후의 여성 참정권 운동을 탐구하며, 페미니즘이 단순한 권리 요구를 넘어 사회 전반의 구조적 변화를 요구했던 중요한 흐름이라는 것을 인식함. 이를 종합해 '여성의 정치적 권리와 사회적 지위 향상을 위한 제도적 변화'의 주제로 보고서를 작성하고 과거와 현대의 페미니즘 운동을 비교 분석함. 여성과 관련된 법적·사회적 문제를 연구하고, 젠더와 권력관계를 중심으로 다양한 사회 구조적 문제를 고찰함. 이처럼 사회 구조 속 성평등과 불평등의 문제를 탐구하면서 사회학적 시각에서의 성평등 실현 방안을 고민하게 되었고, 앞으로도 다양한 관점에서 젠더 연구를 심화해 나갈 계획을 세움.

▸ 책의 내용을 사회 교과와 연관 지은 경우

수업 중 프랑스 혁명 이후 민주주의가 발전하는 과정에서 여성들이 정치 참여에서 배제되었음을 학습하고, '여성의 역사 4(조르주 뒤비 외)'를 읽음. 혁명 이후에도 남성들만이 시민으로 인정받으며 정치적 권리를 행사할 수 있었고, 여성들은 가정과 사적 영역에 국한되었음을 알게 됨. 이에 독서 후 질문 만들기 활동에서 '민주주의의 발전이 남성만을 위한 것이었는가?'라는 질문을 만들고, 당시의 민주주의가 남성 중심의 권리 체제로 머물렀던 이유와 그 배경에 대해 탐구함. 여성들이 정치적 권리를 배제당한 과정을 살펴보며, 이러한 배제가 제도적인 문제를 넘어서 사회적·문화적 배경에서 어떻게 정당화되었는지를 분석함. 이어 현대 사회에서 여성의 정치적 권리와 참여가 어떻게 보장되고 있는지 탐구함. 여성 참정권 운동의 사례를 조사하고, 여성 참정권이 민주주의 발전에 미친 영향을 발표하며, 현재 여성의 정치적 참여와 관련된 현대 사회 문제를 제기함.

후속 활동으로 나아가기

▶ 여성의 참정권 운동과 페미니즘 운동이 사회에 미친 영향을 바탕으로, 현대 사회에서 성평등을 위한 제도적 변화에 관해 토론하는 활동을 기획해 보자.

▶ 현대 정치에서 여성들의 참여가 확장된 과정과 여전히 남아 있는 문제를 분석하는 보고서를 작성해 보자.

▶ 19세기 여성들이 정치 참여를 위해 벌인 운동들을 참고하여, 현대 사회에서 성평등과 여성 정치 참여를 확대하기 위한 정책을 제안하는 모의 활동을 기획해 보자.

▶ '여성의 역사 4'에서 다룬 예술과 문학 속 여성의 표상에 주목하여, 19세기와 현대 문화 속에서 특정한 성별, 직업군, 역할 등 인물을 상징하는 이미지가 어떻게 변화했는지를 탐구하여 발표해 보자.

함께 읽으면 좋은 책

시몬 드 보부아르 《제2의 성》 을유문화사, 2021.
버지니아 울프 《자기만의 방》 민음사, 2016.
주디스 버틀러 《젠더 트러블》 문학동네, 2024.
주진오 외 《한국 여성사 깊이 읽기》 푸른역사, 2013.
하워드 진 《미국민중사》 이후, 2008.
장하준 《사다리 걷어차기》 부키, 2020.

녹색 세계사

클라이브 폰팅 ▸ 민음사

어느덧 2000년대가 시작된 지도 한 세대가 지나갔습니다. 이제 태어날 아이들은 아마도 22세기까지 살아갈 가능성이 크겠지요. 100세 시대를 고려하면 2100년까지 80년도 채 남지 않았으니까요. 그런데 22세기의 지구는, 과연 지금과 같은 모습일까요? 여러분은 미래의 지구를 어떻게 상상하시나요?

많은 학자는 지구가 앞으로도 지금처럼 인류와 다양한 생명체가 공존하는 '녹색 별'로서 제 기능을 할 수 있을지 우려하고 있습니다. 지구 온난화, 자원 고갈, 생물 다양성 감소 등의 문제의 심각성이 더해가고 있기 때문이지요. 이제 우리는 환경과 인간의 관계를 보다 깊이 이해하고, 지속 가능한 미래를 위한 해답을 찾아야 할 필요가 있습니다. 바로 이러한 시대적 과제를 정면으로 다룬 책이 클라이브 폰팅Clive Ponting, 1946~2020의 《녹색 세계사》입니다.

　클라이브 폰팅은 영국의 역사학자이자 환경 문제에 깊은 관심을 가진 학자로, 영국 정부 국방성의 고위 관리로 일하기도 했습니다. 그의 연구는 주로 생태환경사와 환경 정책에 중점을 두고 있습니다. 《녹색 세계사》는 그러한 대표작으로 기존의 서구 중심, 인간의 정치 업적 중심의 전통적인 역사 서술을 넘어, 인간과 자연의 상호 작용을 중심으로 한 새롭고도 종합적인 역사적 시각을 제시하여 많은 독자에게 깊은 인상을 남겼습니다. 그는 20세기 후반의 급격한 산업화와 경제 성장이 환경에 미친 부정적인 영향이 단지 현대의 문제가 아니라 인류 역사의 과정에서 지속적으로 발생해 온 현상이라는 점을 강조하며, 이를 역사적 시각에서 재해석하고자 하였습니다.

목차	제목	목차	제목
1장	이스터섬의 교훈	10장	질병과 죽음
2장	역사의 기초	11장	인구의 무게
3장	인류 역사의 99퍼센트	12장	제2의 대전환
4장	최초의 대전환	13장	도시의 성장
5장	파괴와 생존	14장	풍요로운 사회의 창조
6장	기나긴 투쟁	15장	오염되는 세계
7장	사상의 변천	16장	지구 환경의 위협
8장	약탈되는 세계	17징	과거의 그림자
9장	불평등의 기초		

이러한 폰팅의 의도는 《녹색 세계사》의 이색적인 목차에서도 분명히 드러납니다. 책은 방대한 영역과 시대를 아우르며 모두 17장으로 구성되어 있는데 각 장은 환경과 인류의 상호 작용을 다양한 시각에서 조명하는 주제사로 구성되어 있습니다.

특히 1장 '이스터섬의 교훈'은 이스터섬 문명의 몰락을 통해 지구라는 닫힌 체계 속에서 인간 문명이 직면할 수 있는 환경적 위기를 상징적으로 보여 줍니다. 이 책 전체를 아우르는 메시지라고도 할 수 있지요. 남태평양 한가운데 위치한 작은 섬, 이스터섬은 거대한 석상 '모아이'로 유명합니다. 폰팅은 이 석상이 이스터섬 문명의 멸망과 긴밀하게 연결되어 있음을 밝혀냅니다. 섬의 주민들은 모아이를 세우기 위해 대규모로 숲을 벌목하였고, 이는 결국 섬의 생태계를 파괴하는 결과를 초래했습니다. 환경이 파괴되면서 농업과 수렵이 불가능해졌고, 부족 간의 갈등과 전쟁으로 이어져 결국 이스터섬 문명은 붕괴하고 말았습니다.

이 이야기는 단지 과거의 사건이 아니라, 현재 우리가 직면한 환경 위기의 축소판입니다. 폰팅은 이스터섬을 '지구 역사의 미니어처'로 비유하면서 우리에게도 이와 같은 비극적 결말이 기다리고 있음을 경고합니다. 자원을 무분별하게 사용하고, 생태계를 파괴하는 방식이 계속된다면, 결국 인류 문명도 종말에 이를 수 있다는 것이지요.

이어서 2장과 3장에서는 초기 인류가 자연과 공존하며 생존해 온 역사를 생태학적 관점에서 설명합니다. 인류는 수백만 년 동안 자연에 순응하며 채집과 수렵 생활을 했지만, 농업이 등장하면서 큰 전환점을 맞이합니다. 그러고는 농업의 확산과 이로 인해 발생한 초기 문명들의 흥망성쇠를 다루며 수메르, 인더스 문명 등의 몰락이 환경 파괴와 밀접하게 연관되어 있음을 설명합니다. 이어지는 6장부터는 인류가 직면한 식량 문제와 기후 변화, 그리고 유럽의 팽창이 가져온 사상의 변화를 설명하며 경제학과 진보 개념이 환경 문제에 어떻게 영향을 미쳤는지 조명합니다.

8장 '약탈되는 세계'와 9장 '불평등의 기초'는 유럽의 제국주의적 팽창이 어떻게 전 세계의 자원과 생태계를 약탈하고, 경제적 불평등을 심화시켰는지를 분석합니다. 16세기부터 시작된 유럽의 대항해 시대와 식민주의는 지구의 자연환경을 급속도로 변화시켰습니다. 유럽인들은 아메리카 대륙에서 자원 착취와 환경 파괴를 일삼으며, 원주민 사회를 무너뜨렸습니다. 예를 들어, 스페인의 침략으로 멕시코의 인구는 16세기 초 2,500만 명에서 한 세기 만에 100만 명으로 급감했습니다. 인간 사회를 붕괴시켰을 뿐만 아니라, 대규모 광산 개발과 산림 파괴 및 토양 오염, 농업 방식 변경으로 인한 생태계 붕괴 등 자연 역시 큰 상처를 입었습니다. 폰팅은 이를 통해 자연을 착취해 온 유럽 중심의 제국주의가 발전과 진보라는 이름으로 정당화되었음을 비판합니다.

10장부터 16장은 인구 증가, 질병, 도시화, 에너지 사용, 산업화로 인한 오염과 환경 위협 등 현대 문명이 직면한 다양한 문제들을 다루며 이로 인한 생태적 위기를 경고합니다. 이처럼《녹색 세계사》는 각 장에서 인류 문명과 자연이 상호 작용을 하며 변화해 온 역사적 흐름을 다양한 측면에서 서술하고 있으며, 이를 통해 우리가 현재 직면한 생태학적 위기에 대한 깊은 통찰을 제시하는 책입니다.

이 책은 '환경'의 시야에서 세계와 역사를 바라보고 그간 당연하게 여겨온 여러 관점을 비트는 데 집중합니다. 예를 들어 3장은 인류 역사의 99퍼센트를 차지했던 수렵 채집 사회에 대한 기존의 통념을 비판하는데요. 흔히 수렵 채집 생활은 '미개'하고 '불안정한' 것으로 여겨졌습니다. 하지만 저자는 최근 인류학 연구를 바탕으로 수렵 채집 사회가 생각보다 훨씬 안정적이고 풍요로운 삶을 영위했음을 강조합니다. 수렵 채집 사회는 자연과 공생하며 필요한 만큼만 자원을 소비했고, 이를 통해 생태계와 조화를 이루는 생활 방식을 유지할 수 있었다는 것입니다.

이에 반해, 농업의 발달과 함께 시작된 인류 문명은 생태계의 파괴를 가속화하는 전환점이 되었습니다. 농업은 단기적으로는 더 많은 식량을 생산할 수 있었지만, 장기적으로는 토양의 황폐화와 자원의 고갈을 불러왔습니다. 폰팅은 이러한 변화가 결국 인간 사회의 불평등을 심화시키고, 자연을 지배하려는 태도를 낳았다고 분석합니다.

나아가 마지막 17장 '과거의 그림자'를 통해 우리가 현재 겪고 있는 생태 위기가 현대만의 문제가 아니라, 인류가 오래전부터 자연을 파괴하면서 스스로 초래한 결과라는 점을 상기시킵니다. 지속 가능한 미래를 위해서는 이제라도 자연과 공존할 수 있는 방법을 찾아야 한다고 강조하지요.

이 책은 1991년 처음 출간되어 계속해서 재판되고 있습니다. 기후 변화와 같은 개념이 오늘날처럼 널리 인식되지 않았던 당대를 상기해 보면, 현재 우리가 마주하는 문제들을 선제적으로 다루어 온 그의 통찰력은 놀라움을 넘어 경이롭기까지 합니다. 당시 그의 역사관은 현대의 환경 문제에 대한 심각성을 경고하면서도, 동시에 그 접근이 지나치게 비관적이며 인간의 환경 개선 노력을 간과하고 있다고 비판받기도 하였는데요.

그러한 비판을 비웃듯 최근 몇 년간 세계는 폰팅이 《녹색 세계사》에서 예견한 환경 파괴의 영향을 눈앞에서 목격하며 현실로 경험하고 있습니다. 역사상 가장 강력한 엘니뇨가 전 세계적으로 기후 재앙을 초래했고, 북극과 남극의 빙하가 급속도로 녹아 해수면 상승을 부추기고 있지요.

과연 우리는 22세기를 맞이할 수 있을까요? 현재 우리의 선택은 미래 세대의 생존 여부를 결정짓고 있습니다. 매년 심각해지는 기후 위기에도 멈추지 않는 산림 파괴, 녹아내리는 빙하를 보면서도 끊임없는 탄소 배출. 이미 넘지 말아야 할 한계점을 지나고 있는지도 모릅니다. 이 책은 단순한 역사의 기록이 아닌, 인류에게 던지는 절박한 메시지입니다. 우리는 지금, 여기서 변화를 시작해야만 합니다.

도서 분야	역사	관련 과목	세계사	관련 학과	역사학과, 환경공학과, 사회학과, 지리학과

▶ **생태 위기와 관련된 주요 개념 살펴보기**

개념	의미
지구 온난화	주로 인간 활동으로 대기 중 온실가스가 증가하여 지구 평균 기온이 상승하는 현상이다. 화석 연료 사용, 산업화, 삼림 파괴가 주요 원인으로 꼽히며, 그 결과 빙하가 녹고 해수면이 상승하며 극단적인 기후 현상이 빈번해진다. 특히 2023년에는 엘니뇨의 영향으로 전 세계의 고온 현상이 심화되었고, 티핑 포인트에 해당하는 산업화 이전 대비 1.5도 이상의 기온이 여러 지역에서 기록되었다.
생태계 파괴	인간 활동으로 인해 자연 서식지가 파괴되고 생태계가 급격히 변형되는 현상이다. 도시화, 산업 개발, 농업 확장 등이 주요 원인으로 꼽힌다. 이는 동식물의 서식지 상실뿐만 아니라, 토양 황폐화와 물 부족 등 다양한 환경 문제를 초래한다. 생태계가 파괴되면 그로 인해 생태계 서비스가 감소해 인간도 직접적인 피해를 볼 수 있다.
생물 다양성 감소	지구 온난화는 주로 인간의 활동, 특히 화석 연료 사용과 산업화로 인해 대기 중 온실가스가 증가하면서 지구의 평균 기온이 상승하는 현상을 의미한다. 이로 인해 극단적인 기후 현상이 빈번해지며, 빙하가 녹고 해수면이 상승하고 있다. 지구 온난화는 단순한 기온 상승을 넘어 전 세계의 생태계에 심각한 영향을 미치고 있으며, 특히 생물 다양성 감소와 해양 산성화를 가속화하는 원인 중 하나다.
해양 산성화	대기 중의 이산화탄소가 해양으로 흡수되면서 바닷물이 산성화되는 현상이다. 이로 인해 산호초와 같은 해양 생물들이 크게 위협받고 있으며, 이는 해양 생태계 전체에 악영향을 미친다. 해양 산성화는 생물 다양성을 감소시키고, 어류 자원의 감소로 이어져 어업에도 부정적인 영향을 미친다.

플라스틱 오염	플라스틱 폐기물은 해양 생태계를 포함한 전 세계의 자연 생태계를 심각하게 오염시키고 있다. 특히 미세 플라스틱은 해양 생물들의 건강에 치명적인 영향을 미치며, 먹이 사슬을 통해 결국 인간에게도 영향을 미친다. 플라스틱 오염 문제는 전 세계적으로 심각한 환경 문제로 대두되고 있으며, 이를 해결하기 위한 국제적인 노력이 필요하다.
티핑 포인트	티핑 포인트는 지구의 기온이 임계점을 넘으면 기후 시스템에 급격하고 불가역적인 변화가 일어나는 시점을 의미한다. 산업화 이전 대비 지구의 평균 기온 1.5도 상승이 넘어가는 시점이 이러한 티핑 포인트 중 하나로 지목되며 이를 넘기면 북극 해빙이 급속히 감소하거나, 해양 순환이 붕괴되는 등 치명적인 결과를 초래할 수 있다. 이미 2023년 1년 평균 기온이 1.5도 상승에 도달했음이 보고되었다. 현재 과학자들은 지구가 티핑 포인트에 도달했다고 경고하고 있으며, 이를 피하기 위한 즉각적인 행동이 크게 요구되고 있다.

▸ 시대적 배경 및 사회적 배경 살펴보기

'녹색 세계사'가 집필된 20세기 후반은 산업화와 경제 성장이 가속화되면서 환경 문제에 대한 인식이 크게 확산된 시기였다. 특히 1960년대 시작된 환경 운동은 중요한 전환점으로 작용했다. 1962년 레이첼 카슨의 '침묵의 봄'은 화학 살충제 DDT의 위험성을 경고하며 대중에게 환경 보호의 중요성을 알렸다. 이를 계기로 1970년대에는 '지구의 날 Earth Day' 운동이 시작되었고, 전 세계적으로 환경 문제에 대한 관심이 급격히 증가하였다. 이는 폰팅이 지적한 자원 남용과 환경 파괴의 문제를 다시금 되돌아보게 하는 중요한 배경이었다.

또한, 1987년 유엔 보고서 '우리 공동의 미래Brundtland Report'는 지속 가능한 발전이라는 개념을 제시하며, 자원 보존과 미래 세대를 위한 환경 보호의 필요성을 강조했다. 이 보고서의 발표는 폰팅의 연구와도 일맥상통하며 그가 제시하는 역사적 시각을 뒷받침한다. 1990년대 초반 냉전이 끝나고 세계화가 본격화되면서 자원 남용과 환경 파괴가 더욱 심화되었고, 이에 대한 경각심이 고조되었다. 폰팅은 이러한 배경 속에서 인류가 자연과의 관계를 재고하지 않으면 문명의 종말을 맞이할 수 있다는 경고를 던졌다.

현재에 적용하기

'녹색 세계사'는 오늘날의 기후 위기와 자원 고갈 문제에 대해 강력한 메시지를 전달하며 그 시사점은 더욱 커지고 있다. 책을 통해 생태 위기의 심각성을 인식하고, 우리가 일상에서 환경 문제 해결을 위해 어떻게 실천할 수 있을지를 고민해 본다. 폰팅이 경고한 환경 파괴의 영향을 바탕으로 생활 속 작은 변화를 실천하며, 지구의 미래를 위해 구체적인 행동 방안을 모색해 보자.

생기부 진로 활동 및 과세특 활용하기

▶ 책의 내용을 진로 활동과 연관 지은 경우 (희망 진로: 환경공학과)

'녹색 세계사(클라이브 폰팅)'를 읽고, 환경사가 현대 사회에서 지속 가능한 발전을 이해하는 데 기여할 방법을 분석하는 보고서를 작성함. 15장에서 지적한 산업화로 인한 오염과 그로 인해 발생하는 다양한 환경 위기, 특히 대기 오염과 독성 폐기물 문제를 분석함. 이를 통해 환경 공학적 접근으로 오염을 해결하기 위한 물질 개발 및 처리 기술에 대한 연구 필요성을 제시함. 대기 중의 이산화탄소 제거 기술, 토양 및 수질 오염 정화 기술 등 구체적인 해결 방안을 모색하며, 이러한 기술이 환경 공학 분야에서 어떻게 발전할 수 있을지 고민함. 또한, 지속 가능한 발전을 위해서는 단순히 기술적 해결에 그치지 않고, 사회적 인식 변화와 정책적 대응이 필수적이라는 점을 강조함. 환경 문제 해결은 다학문적 접근이 필요하며, 과학적 연구와 더불어 시민들의 참여와 정부의 강력한 규제 정책이 함께 이루어져야 함을 인식하게 됨. 환경 문제에 대한 실천적 해결책을 제안하며, 미래의 환경 공학자로서 진로를 구체적으로 구상함.

▶ 책의 내용을 과학 교과와 연관 지은 경우

환경 변화와 인간 활동의 상관관계에 관심을 두고, '녹색 세계사(클라이브 폰팅)'를 읽음. 16장 '지구 환경의 위협'을 참고해 지구 환경의 변화를 추적하는 활동을 진행함. 이 장에서는 오존층 파괴, 지구 온난화, 산성비, 대기 오염 등의 다양한 환경 위협이 언급됨. 이를 바탕으로 대기 오염 및 지구 온난화가 생태계와 지질 변화에 미친 영향을 조사하는 프로젝트에 참여함. 학생들과 함께 산성비 측정 실험을 진행하고, 오염 물질의 농도와 그로 인한 토양, 물의 변화를 관찰하며 지역 환경 보호 캠페인 활동을 계획하고 실천함. 학교 내외에서 '대기 오염 저감 및 산성비 영향 알리기' 활동을 전개하고, 관련 자료를 제작하여 지역 주민에게 배포함으로써 적극적인 실천 역량을 강화함.

후속 활동으로 나아가기

▸ 지역 사회의 환경 문제(예: 공기 오염, 탄소 배출)를 조사하고 개선 방안을 제시하는 프로젝트를 진행해 보자.

▸ 책의 주요 주제(환경 파괴, 문명의 몰락 등)를 바탕으로 독서 토론을 전개해 보자.

▸ 기후 위기와 자원 고갈에 대한 분석을 바탕으로 지역 사회나 학교에서 시행할 수 있는 환경 정책을 제안하는 활동을 진행해 보자.

▸ OTT에서 제공하는 환경 문제를 다룬 다큐멘터리(예: An Inconvenient Truth, Before the Flood)를 감상하고, 책과 비교해 분석적인 비평을 작성해 보자.

▸ 매년 4월 22일, 지구의 날에 맞춰 교내 환경 보호 활동을 기획하고 주도해 보자.

함께 읽으면 좋은 책

제임스 러브록 《가이아》 갈라파고스, 2023.

레이첼 카슨 《침묵의 봄》 에코리브르, 2024.

E. F. 슈마허 《작은 것이 아름답다》 문예출판사, 2022.

마크 라이너스 《최종경고: 6도의 멸종》 세종서적, 2022.

데이비드 월러스 웰즈 《2050 거주불능 지구》 추수밭, 2020.

조효제 《침묵의 범죄 에코사이드》 창비, 2022.

헬레나 노르베리 호지 《오래된 미래》 중앙북스, 2015.

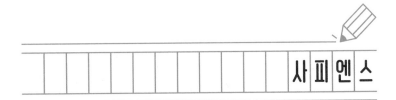

사피엔스

유발 하라리 ▸ 김영사

유발 하라리의 《사피엔스》는 단순히 과거를 서술하는 것을 넘어, 오늘날 우리가 직면한 문제들과 밀접하게 연결되어 있습니다. 기후 위기, 인공 지능의 부상, 사회적 불평등 등 현대 사회의 거대한 도전들은 인류가 수천 년에 걸쳐 선택해 온 길의 결과입니다. 하라리는 인류가 어떻게 현재의 위치에 이르렀는지 탐구하며, 앞으로 우리가 어디로 나아가야 할지 통찰을 제공합니다. 그는 "우리는 어디서 왔고, 어디로 가야 할까요?"라는 질문을 던지며, 독자들이 그 답을 고민하게 합니다. 《생기부 고전 필독서 30 역사 편》역시 이러한 질문에 답을 모색하는 과정에서 쓰인 책입니다. 역사 고전은 과거를 돌아보게 하고, 미래를 준비하는 길잡이 역할을 합니다. 하라리의 통찰과 역사 고전은 과거 이야기가 아닌,

우리가 마주한 현실과 다가올 미래에 대한 고민을 이끌어 내는 매개체입니다.

윗글은 이 책의 저자인 제가 쓴 글이 아닙니다. 제 입장에서 쓰도록 주문을 받은 인공 지능이 쓴 글이지요. 놀라울 정도로 자연스럽지 않나요? 유발 하라리Yuval Noah Harari, 1976~도 최근 《사피엔스: 유인원에서 사이보그까지, 인간 역사의 대담하고 위대한 질문》 출판 10주년 기념 서문을 인공 지능으로 시작하며 독자들에게 이와 같은 충격을 선사했습니다. 우리는 이처럼 인공 지능이 인간의 영역이라 자신해 왔던 '창작'을 완벽하게 대신할 수 있는 시대에 살고 있습니다. 이제 문학, 예술, 심지어 인간의 감정 표현에 이르기까지 인간이 아닌 기계가 작성할 수 있다는 사실은 우리의 간담을 서늘하게 합니다. 《사피엔스》는 인류가 인지 혁명, 농업 혁명, 과학 혁명을 거쳐 지금의 문명을 이루었음을 설명했지만, 오늘날 우리는 다시 새로운 혁명의 문턱에 서 있습니다. 과연 우리가 만든 이 인공 지능은 우리의 도구로 머물게 될까요, 아니면 우리의 창의성을 넘어 결국 우리의 존재를 혁명적으로 바꾸게 될까요?

유발 하라리는 1976년 이스라엘에서 태어났으며 옥스퍼드대학교에서 중세 전쟁사로 박사 학위를 받았습니다. 그러나 그의 관심은 중세에만 머물지 않았고, 인류 전체의 역사로 확장되었습니다.

《사피엔스》는 그가 전 세계 독자들에게 인간의 역사와 진화 과정을 폭넓고 통합적으로 바라볼 수 있도록 제시한 책입니다. 2011년 이스라엘에서 처음 출간되었으며, 전 세계적으로 50개 이상의 언어로 번역되어 큰 반향을 일으켰습니다.

《사피엔스》는 인류의 기원부터 현대에 이르기까지의 여정을 다루며, 호모 사피엔스가 이 세계에서 가장 지배적인 종으로 자리 잡게 된 과정을 설명합니다. 철학, 생물학, 인류학, 역사학 등 다양한 학문적 접근을 결합하여 인간의 본성과 사회를 이해하고자 하는 시도를 보여 주고 있습니다.

이 책은 4개의 주요 혁명, 즉 '인지 혁명Cognitive Revolution', '농업 혁명Agricultural Revolution', '인류의 통합', 그리고 '과학 혁명Scientific Revolution'을 중심으로 인간의 역사를 풀어내고 있습니다.

첫 번째는 '인지 혁명'입니다. 약 7만 년 전, 사피엔스는 복잡한 언어와 상상력을 통해 다른 종들과 구별되는 독특한 능력을 얻었습니다. 이를 통해 인간은 거대한 사회 구조를 만들 수 있었고, 협력을 통해 빠르게 발전했습니다. 하라리는 인간이 허구적 개념을 믿는 능력, 그러니까 상상력이 집단적 협력을 가능하게 했다고 설명합니다. 이를 통해 우리는 국가, 법, 돈과 같은 인위적인 체계를 만들고, 복잡한 사회를 구축할 수 있었다는 것입니다.

두 번째로 다루는 '농업 혁명'은 인류에게 새로운 도전을 가져왔습니다. 농업 혁명은 사피엔스가 자연을 지배하고자 한 시도였습니다. 하지만 이 혁명은 역설적으로 인간의 고통을 심화시켰습니다. 수렵 채집 사회에서 벗어나 농업에 의존하게 되면서 인간은 정착 생활을 시작했지만, 노동 시간이 늘고 영양 상태는 오히려 악화되었습니다. 하라리는 이 혁명을 '역사상 가장 큰 사기'라고 표현하며, 사피엔스를 피라미드의 하층으로 몰아넣어 지배와 착취를 강화했다는 비판적 관점에서 설명합니다.

세 번째는 '인류의 통합'을 다룹니다. 자본주의와 종교, 제국이 어떻게 서로 다른 인류를 거대한 사회적 네트워크로 통합시켰는지를 탐구하는데요. 상상의 질서는 여러 부족과 국가를 넘어선 신뢰 체계를 만들어 냈고, 그 대표적인 예가 바로 '돈'입니다. 돈은 거의 모든 문화를 넘어서는 신뢰 시스템으로, 인류가 경제와 교역을 통해 더 넓은 세계로 통합될 수 있게 만들었습니다. 또한 제국주의는 이러한 인류의 통합을 가속화했습니다. 유럽인들은 새로운 영토를 탐험하고 지배하는 동시에, 과학과 지식을 함께 확산시키며 전 세계를 하나로 묶었지요. 종교는 이 과정에서 큰 역할을 합니다. 특히 일신교는 강력한 신앙 체계를 통해 사회를 결속시켰습니다.

마지막으로, '과학 혁명'과 인류의 미래를 이야기합니다. 16세기부터 시작된 과학 혁명은 인간이 미래를 예측하고, 그 예측을 바탕으로 기술과 사회 체계를 구축하는 과정을 의미합니다. 과학은 제국주의와 자본주의에 결합하여 인류에게 새로운 힘을 부여했습니다. 근대 과학은 지구의 지배권을 장악하는 데 중요한 역할을 했고, 인간은 자연을 통제하며 자본을 축적해 갔지요. 하라리는 여기에서 현대 과학 기술이 인간의 삶을 급격히 변화시키고 있으며, 유전자 조작, 인공 지능, 생명 공학 등이 인간의 본질을 바꾸고 있다고 주장합니다. 그러고는 이러한 발전이 결국 인류의 자멸을 초래할 수 있다며 우리가 앞으로 맞이할 도전과 기회에 대해 깊이 있는 성찰을 요구하고 강조합니다.

《사피엔스》는 '우리가 알고 있다고 생각했던' 인간다움에 대한 모든 것에 도전하는 책입니다. 우리의 신념, 우리의 행동, 우리의 힘, 우리의 미래 모든 것에 의문을 표현하지요. 사피엔스라는 종의 역사를 통섭적으로 이해하고자 하는 시도는 매우 큰 호평을 받았지만, 일부 학자들은 하라리가 역사적 사실을 지나치게 단순화하거나 과도한 일반화를 시도했다고 비판하기도 합니다. 또한, 인간의 본성과 사회 구조에 대한 하라리의 해석이 비약적이거나 개인적인 견해에 크게 의존하고 있다는 지적도 있습니다. 그럼에도 불구하고 이 책은 인류의 역사와 발전 과정을 새로운 시각에서 바라볼 기회를 제공하며, 독자에게 깊은 사유를 촉발하는 중요한 저작으로 평가받고 있습니다.

하라리는 《사피엔스》를 통해 인간은 '허구'를 통해 협력하고, 사회를 발전시키며 권력을 구축해 왔음을 강조하면서 상상력의 힘을 중시합니다. 인간은 수백, 수천, 수억 명이 서로 전혀 알지 못하는 상태에서도 신화나 종교 같은 상상의 질서를 만들어 내어 유연하게 협력할 수 있었습니다. 이를 통해 도시, 제국, 국가가 탄생했고, 현재 우리가 살고 있는 세계로 진화했습니다.

하지만 하라리가 말했던 것처럼, '인류가 이전의 도구들을 통해 힘을 얻을 수 있었던 건 도구에게 스스로의 용도를 결정할 능력이 전혀 없었기 때문'입니다. 여기서 결정권은 언제나 인류의 특권이었지요. 그러나 우리가 새롭게 만나는 인공 지능은 다릅니다. 단순한 도구를 넘어 스스로 학습하고, 결정하는 능력을 지니고 있습니다. 계속되는 기술의 진보는 우리를 새로운 혁명의 문턱에 세웁니다. 우리는 이제 인공 지능이라는 새로운 혁명을 어떻게 맞이해야 할까요? 이 혁명은 인류를 어떻게 바꿔 나갈까요? 호모 사피엔스만이 지닌 '상상력', 그리고 그것을 바탕으로 한 '이야기하는 동물'로서의 사피엔스의 강점을 떠올리면서 '인간은 어떻게 또 다른 역사를 만들어 가야 하는가?' 생각하는 시간을 가져 봅시다.

도서 분야	역사	관련 과목	세계사	관련 학과	역사학과, 역사교육과, 철학과, 문예창작학과, 인문학부

▶ 사피엔스의 미래 '호모 데우스' 살펴보기

개념	의미
호모 데우스	하라리는 기술 발전을 통해 인간이 '신적인 인간(호모 데우스Homo Deus)'으로 진화할 가능성을 제시한다. 인간은 자연 선택에서 벗어나 생명 공학, 인공 지능을 통해 스스로 진화를 설계하고, 죽음과 같은 한계를 극복할 수 있다고 본다. 이 과정은 인류의 미래를 근본적으로 변화시킬 것이라 보고 있다.
트랜스 휴머니즘	하라리의 사피엔스는 기술로 인간의 능력을 향상시키는 트랜스휴머니즘 Transhumanism에 관한 논의를 포함하고 있다. 인류는 신체적, 정신적 한계를 뛰어넘고자 하는 욕망을 바탕으로 불멸성, 지능 향상 등의 새로운 능력을 탐구하게 된다. 이러한 변화는 인류의 미래 모습을 새롭게 정의할 가능성을 제기한다.
인공 지능과 인간의 의식	사피엔스에서 하라리는 인공 지능이 인간의 의식을 가질 수 있는지에 대한 철학적 질문을 던진다. 인공 지능이 인간과 같은 자율적 의식을 지닌다면, 인류의 윤리적 선택과 인공 지능의 역할이 재정립될 필요가 있음을 시사한다.
데이터교	사피엔스 후반부에서 하라리는 데이터교Dataism를 논의한다. 모든 현상을 데이터로 설명하려는 사상으로, 인간의 자유 의지와 개인성을 위협할 수 있음을 경고한다. 데이터는 점점 인간의 결정과 선택을 좌우하며 인류의 미래에 강력한 영향을 미칠 수 있다.
진화 심리학과 인간 행동	하라리는 인간 행동이 진화 과정에서 형성되었다고 보며, 인간의 본능과 심리적 패턴이 과거 생존에 맞춰진 적응의 결과임을 논의했다. 사피엔스에서 설명한 진화적 적응은 인간의 미래 행동에도 큰 영향을 미칠 수 있다. 이는 인류가 새로운 환경에 적응해 나가는 방식이다.

▸ 유발 하라리의 역사관 이해하기

유발 하라리는 이스라엘 출신의 역사학자로, 예루살렘히브리대학교에서 중세 및 군사 역사를 전공했다. 그의 관심사는 인류 전체의 역사와 미래로 확대되었고, 이를 통해 인류 문명 전반에 걸친 근본적인 질문들을 탐구하기 시작했다. 하라리의 연구는 전통적인 역사학을 넘어서 생물학, 인류학, 경제학, 심리학 등의 다양한 학문적 통찰을 통합하여 인간 존재의 본질과 미래를 고찰하려는 시도를 담고 있다.

하라리는 특히 인간 중심주의를 비판하며, 인류가 다른 생명체들과의 관계 속에서 자신의 위치를 재평가해야 한다고 주장한다. 이는 현대 사회에서 인간의 역할과 책임에 대한 새로운 인식을 요구하는 목소리와 맞닿아 있다. 환경 위기와 기후 변화, 생태계 파괴 등의 문제는 인간이 더 이상 지구의 주인이 아닌, 그 일부로서 다른 생명체들과 공존해야 한다는 인식을 확산시키고 있다.

'사피엔스'가 주목받은 이유 중 하나는 하라리가 인류의 역사적 과정을 단순히 과거의 사건들의 나열이 아닌, 인간이 어떻게 현재의 복잡한 세계에 이르게 되었는지를 총체적으로 설명하려고 시도했기 때문이다. 그는 인류의 진화 과정에서 일어난 주요 사건들을 통찰력 있게 분석하며, 인간이 신체적, 지적, 사회적으로 진화해 온 과정을 설명한다. 이는 현대 사회에서 인간의 위치와 역할, 그리고 미래의 가능성을 재고찰하는 데 중요한 시사점을 제공한다. 그가 제기한 질문들은 21세기 초반의 사회적, 기술적, 환경적 변화와 밀접하게 연결되어 있다. 인간이 자신의 역사와 미래를 어떻게 이해하고, 어떤 방향으로 나아가야 하는지에 대한 이 책의 논의는 학문적 담론을 넘어서 인류 전체가 직면한 과제와 도전에 대한 중요한 통찰을 제공하고 있다.

현재에 적용하기

현재의 사회적 시스템(예: 금융 시스템, 법률 시스템 등)이 어떻게 형성되었는지 조사하고, 하라리의 주장을 바탕으로 이러한 시스템이 허구에 기반한 것인지, 그렇다면 어떤 의미를 가지는지 분석해 보자. 이를 통해 인공 지능 등 기술의 진보 현상에서 인간은 어떤 존재로 거듭나야 할지 생각해 보는 시간을 가져 볼 수 있다.

생기부 진로 활동 및 과세특 활용하기

▶ 책의 내용을 진로 활동과 연관 지은 경우 (희망 진로: 법학과)

'사피엔스(유발 하라리)'를 읽고 법의 발전 과정을 탐구함. '상상의 질서' 개념을 활용하여 법과 제도라는 허구적 체계가 인간의 협력과 통합을 이끄는 주요 도구로 작용했음을 설명함. 법의 역사적 발전 과정을 분석하며 고대부터 현대까지 법이 사회적 질서를 유지하고 인간 간의 갈등을 해결하는 데 어떻게 기여했는지를 분석함. 하라리가 주장한 바와 같이 법이 단순한 규칙이 아닌, 인류가 상상으로 만들어낸 공동의 믿음에 기초한 것임을 이해함. 이를 통해 법이 현실 세계를 넘어 인간 사회를 조직화하고 유지하는 데 필수적인 역할을 한다는 점을 깊이 있게 고찰함. 또한, '인류 문명의 발전과 법의 역할' 연구 프로젝트를 수행하여 데이터교와 인공 지능의 발전이 법체계와 윤리적 기준에 미치는 영향을 논의하며, 미래 사회에서 법학자의 역할을 구체적으로 탐구함. 미래 모의 법정 활동을 수행, 미래 데이터법의 적용을 경험하고, 데이터 기반 법체계의 윤리적 딜레마에 대한 발표도 수행함.

▶ 책의 내용을 기술·가정 교과와 연관 지은 경우

'사피엔스(유발 하라리)'를 읽고, 인간 사회의 발전이 기술과 깊이 연관되어 있음을 깨달음. 특히 농업 혁명, 과학 혁명에서 기술의 발전이 인류의 삶을 근본적으로 변화시킨 점에 주목함. 과학 혁명과 기술적 진보의 영향에 대해 연구하며, 미래 기술이 사회에 미치는 영향을 탐구함. 기술이 인류의 삶을 어떻게 향상시키고, 동시에 새로운 도전을 불러올 수 있는지 고민하게 됨. '미래 기술과 사회의 변화'라는 주제로 프로젝트 발표를 진행함. 사피엔스에서 논의된 과학 혁명과 현대 기술의 발전을 바탕으로, 인공 지능, 나노 기술, 생명 공학 등의 발전이 인간 사회에 미칠 영향에 대해 연구하고, 윤리적 문제와 기술 발전의 균형에 대해 발표함. 기술 발전이 인간이 노동 시장과 사회 구조를 어떻게 변화시킬지를 탐구하고, 기술 윤리의 중요성을 강조함.

▸ '사피엔스'에 제시되거나, 제시되지 않은 인류의 주요 전환점 중 하나를 선택해 그 사건이 현대 사회에 미친 영향을 분석하는 발표를 수행해 보자.

▸ 기술 발전에 따른 윤리적 문제를 중심으로 현대 사회에서 우리가 직면한 윤리적 문제들을 탐구하는 에세이를 작성해 보자.

▸ 하라리의 주장을 바탕으로 미래 사회에서 발생할 수 있는 문제들을 예측하고, 그 해결 방안을 모색하는 탐구 활동을 수행해 보자. 특히 생성형 인공 지능을 적극적으로 활용해 보자.

▸ 인류의 발전 과정과 현재 사회에 대한 다양한 의견을 나누는 토론을 진행해 보자. 이 과정에서 하라리의 시각에 대한 비판적인 관점을 조사하고 자신만의 역사관을 제시해 보자.

함께 읽으면 좋은 책

유발 하라리 《호모 데우스》 김영사, 2017.

유발 하라리 《21세기를 위한 21가지 제언》 김영사, 2018.

재레드 다이아몬드 《총 균 쇠》 김영사, 2023.

스티븐 핑커 《우리 본성의 선한 천사》 사이언스북스, 2014.

칼 에드워드 세이건 《코스모스》 사이언스북스, 2006.

얼 C. 엘리스 《인류세》 교유서가, 2021.

최평순, EBS 다큐프라임 '인류세' 제작진 《인류세: 인간의 시대》 해나무, 2020.

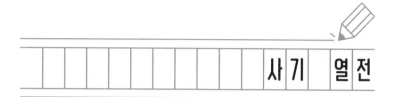

사마천 ▶ 민음사

중국의 역대 왕조에는 왕실이 공인하는 역사책인 정사^{正史}가 있습니다. 한^{漢} 이후부터 중국에서는 이전 왕조의 역사를 그다음 왕조가 정리하여 편찬하는 전통이 있었는데, 이를 정사라고 부른 것입니다. 우리나라로 치면 고려 때 편찬한 《삼국사기》, 조선에서 작업한 《고려사》 등을 떠올릴 수 있습니다. 보통 청^{淸}에서 편찬한 명사^{明史}까지 총 24개의 역사책을 두고 '중국의 정사는 24사'라고 하는데요. 이러한 24사의 시작에는 전한^{前漢} 시대의 《사기^{史記}》가 있었습니다.

그런데 사실 《사기》는 국가가 편찬한 책이 아니라, 사마천^{司馬遷,} $^{BC 145?~BC 86?}$이라는 개인이 집필한 사찬사서^{私撰史書}입니다. 그럼에도 불구하고 정사의 시작으로 일컬어지며, 24사 중에서도 가히 으뜸인 위대한 역사책이라는 평가를 받고 있습니다. 이는《사기》가 단순한 역사 기록을 넘어 당시 중국 문명의 복잡성과 다양한 사회적 계층의 목소리를 충실히 담아냈기 때문입니다. 사마천의 치밀한 조사와 방대한 지식, 그리고 객관적이지만 교훈적인, 통합적 역사 서술 방식은《사기》를 정사에 필적하는 역사서로 만들었으며, 이후 동양 역사서 편찬의 기준이 되었습니다.

《사기》는 중국 문명의 초기 단계이자 전설상의 황제 시대부터 한무제 때까지의 약 2,000년을 기록한 통사通史입니다. 특히 전국시대 7웅(제齊, 초楚, 진秦, 연燕, 위魏, 한韓, 조趙)의 흥망성쇠를 주축으로 하고 있으며, 그 과정에서 활약한 인물들의 역사가 생생하게 그려지고 있습니다.

사마천의 자는 자장子長이며, 지금의 산시성 한청시인 용문 출신입니다. 사마천이 이처럼 훌륭한 역사가가 된 데에는 아버지 사마담司馬談의 역할이 컸습니다. 사마담은 한무제 때 태사령太史令(천문, 역법, 역사의 기록과 저술을 맡았던 관직)을 지냈던 인물이었습니다. 사마천은 10살 때 아버지를 따라 수도 장안(현재 산시성 시안)으로 오게 되면서 옛글을 읽기 시작했습니다. 20살이 되었을 때는 전 중국을 두루 돌아다니며 유람했는데, 이때의 현장 경험이 훗날《사기》를 집필하는 데 큰 도움이 되었던 것으로 보입니다. 사마천이 36살이 되었을 때 사마담은 안타깝게도 병으로 죽었고, 아들에게 '아버지가 완성하지 못한 역사서를 완성해 달라'는 유언을 남겼습니다. 이에 사마천은 3년 후 아버지의 뒤를 이어 태사령에 올랐고, 《사기》를 저술하기 시작했습니다.

그런데 이 작업을 시작한 지 얼마 되지 않아 사마천은 뜻밖의 재앙을 만났습니다. 흉노족 정벌에서 패한 장수 이릉李陵을 변호하다가 옥에 갇히게 된 것('이릉의 화')입니다. 이때 사마천이 살 수 있는 길은 50만 전이라는 엄청난 보석금을 납부하거나 혹은 궁형宮刑(남자의 경우 생식 기관을 절단하거나 손상시키는 형벌)을 선택하는 두 가지 길이 있었습니다. 사마천은 아버지의 유업인 역사책 집필을 위해 목숨만은 부지하기로 결심하고 궁형을 당하게 되었습니다. 훗날 《사기》가 완성된다면 이 치욕과 오명이 충분히 씻기리라 생각한 겁니다.

이처럼 개인적인 고난과 고통 속에서도 사마천이 온 힘을 기울여 완성한 《사기》는 이후 동양의 역사와 문화에 큰 영향을 미친 역작으로 남았습니다. 사마천은 총 130편, 약 52만 6,500자에 달하는 엄청난 분량의 《사기》를 서술하기 위해 치밀한 현지답사와 조사를 병행하였습니다. 자신이 직접 듣거나 몸소 겪어 알아낸 사실과 정보를 통해 내용의 신뢰도를 높였지요.

《사기》는 〈본기〉 12편, 〈세가〉 30편, 〈표〉 10편, 〈서〉 8편, 〈열전〉 70편으로 구성되어 있습니다. 사마천이 고안한 이러한 형태의 역사 서술 방식을 '기전체紀傳體'라 합니다. 제왕들의 연대기를 다룬 〈본기)와 수많은 역사 인물의 이야기인 〈열전〉에서 유래한 이름입니다. 공자의 《춘추春秋》로 대표되는 '편년체編年體' 서술, 즉 역사적 사실들을 연대순으로 묶는 서술 방식과 큰 차이가 있지요. 요컨대 편년체가 사실 중심의 역사 서술이라면, 기전체는 인물 중심의 서술 방식이라 할 수 있습니다.

특히 《사기》가 이전의 역사책들과 다른 점은 바로 《사기》의 백미라 일컬어지는 〈열전〉에 있습니다. 사마천은 서문 격인 '백이 열전'에서부터 마지막 편인 '화식 열전'까지 총 70편, 《사기》의 절반 이상을 〈열전〉에 할애했습니다. 그는 〈열전〉을 통해 왕조 중심의 역사를 서술해 온 기존 역사책들의 틀에서 벗어나 소외되고 보잘것없는, 그렇지만 주체적으로 살아가려고 노력했던 다양한 부류의 중하층민들을 담고자 하였습니다.

예를 들어, '자객 열전'에서는 자신이 지키고자 하는 신념을 위해 목숨을 걸고 임무를 수행한 형가, 예양 등 자객들의 이야기를 다루고 있습니다. '골계 열전'에서는 낮은 지위에도 불구하고 기지와 해학으로 빛을 발한 인물들, 즉 춘추 시대의 정치 풍자를 했던 순우곤, 동방삭 등의 이야기가 나옵니다. 또한, '화식 열전'은 요즘으로 치면 경제인들의 열전이라 할 수 있는데 여기서 화식貨殖은 재물을 불리는 것, 혹은 부를 축적하는 것을 의미합니다. 즉, 일상생활과 경제 활동을 중심으로 부를 축적한 상인 혹은 일반 백성들의 이야기를 통해 경제적 성공이 사회적·정치적 영향력과 연결될 수 있음을 보여 줍니다. 주변 민족인 '흉노', '남월(베트남)', '조선'의 인물에 대한 열전도 다루고 있습니다. 이처럼 《사기》는 역사가 결코 지배자나 권력자의 전유물이 아니라는 것을 보여 주며, 인간의 다양한 모습을 생동감 있게 그려내고 있습니다.

아울러 〈열전〉은 사마천의 뛰어난 문학적 기량이 가장 돋보이는 부분이기도 합니다. 사마천은 〈열전〉에서 인물에 관한 정보를 나열식으로 늘어놓는 것이 아니라, 인물의 특징적인 면모를 중심축으로 삼아 하나의 스토리처럼 구성하고 있습니다. 생동감 있는 필치로 문학과 역사를 자연스럽게 엮어 마치 소설과 같은 흥미진진함과 흡인력을 지니고 있어요. 적재적소에서 반어와 의문문 등을 활용하여 독자에게 공감과 자각을 끌어내기도 합니다. 〈열전〉이 한문학의 산문 갈래인 '전' 문학의 시초가 된 건 그러한 문학성을 인정받은 덕분입니다.

각 편의 말미에 '태사공 왈⁴'로 시작하는 자신의 논평을 덧붙여 인물과 사건에 대한 다면적이고 종합적인 평가를 제시하고 있는 것도 특징입니다. 이는 사마천이 자신의 감정과 생각을 가감 없이 드러내는 창구 역할을 하여 책에 대한 몰입도를 크게 상승시킵니다. 예를 들어 '백이 열전'의 끝에는 백이와 숙제의 고결함을 칭찬하면서도 동시에 그들의 행동이 현실적이지 못하고 지나치게 완고했음을 지적하고, '굴원·가생 열전'에서는 굴원의 '복조부'가 자신의 어려움을 위로해 줬다는 솔직한 공감을 표현하면서, 그의 비참한 죽음에는 '왜 그 같은 재능을 갖고 다른 제후에게 유세하지 않았냐'며 안타까워하였지요.

이에 동양의 여러 학자는 《사기》 특히 〈열전〉을 학습의 대상으로 삼아 문장과 역사, 인간과 삶에 관해 다양하게 공부해 왔다고 합니다. 대표적으로 조선 후기의 시인 백곡 김득신은 자신의 부족함을 극복하고자 꾸준한 독서를 선택했고, 특히 '백이 열전'만 11만 3천 번 읽었던 것으로 유명합니다.

《사기》에 담긴 인물들의 삶은 각기 다른 상황에서 맞닥뜨린 갈등과 고난을 통해 인간의 의지와 선택을 잘 보여 줍니다. 사마천 역시 자신의 신념과 목표를 지키기 위해 어떠한 어려움도 극복하려는 굳은 결의를 보였지요. 그의 삶과 《사기》의 이야기를 통해, 우리는 역사 속에서 나아갈 방향과 삶의 지혜를 배울 수 있습니다. 사마천이 전하려 한 의지와 열정 속에서, 우리 자신에게 주어질 수도 있는 고난과 시련을 어떻게 극복할지 함께 생각해 보는 기회를 가져보는 것도 좋겠습니다.

도서 분야	역사	관련 과목	세계사, 동아시아 역사 기행	관련 학과	역사학과, 역사콘텐츠학과, 중어중문학과, 중국어문화학과

▶ '사기'의 체제 살펴보기

영역	내용과 특징	편
본기	• 제왕들의 연대기와 국가의 역사. • 중국 문명 초기의 오제五帝부터 한무제까지.	12편
표	• 각 시대 역사 연표를 시간순으로 제시. • 세표世表, 연표年表, 월표月表로 구성.	10편
서	• 정치, 사회, 문화, 과학, 민생, 천문학 등에 걸쳐 각종 제도와 문물 기록.	8편
세가	• 제왕보다 낮은 제후와 제후국의 역사. • 춘추 전국 시대 18편, 한대 12편으로 구성.	30편
열전	• 계층을 초월한 다양한 인물들의 전기. • 권력과 인간의 관계를 중심으로 서술, 진정한 인간학의 보고라 평가받음.	70편

▶ 시대적 배경 및 사회적 배경 살펴보기

사마천은 아버지의 유언을 받들어 '사기'를 집필하다 '이릉의 화'의 시련을 겪는다. 전한의 명장이었던 이광의 손자인 이릉이 흉노와 싸우다가 투항하는 사건이 발생한 것이다. 사마천은 이를 두고 이릉이 어쩔 수 없이 투항했을 거라며 적극적으로 그를 변호하였고, 결국 한무제의 진노로 투옥, 1년 뒤에는 궁형에 처하고 말았다. '사기' 편찬 완료 이후 사마천은 본인의 책 속, 한무제의 심기를 거스를 만한 기술들을 우려하여 자신의 딸에게 완성본을 맡겼다고 한다. 이후 '사기'는 오랜 기간 왕실과 역사가들의 비난을 받았다. 우선 한무제에 대한 신랄한 비판으로 왕실의 노여움을 샀으며, 도가와 병가 등 제자백가를 두루 섭렵하고 있다는 점에서 국가 이념인 유교와 배치되고 있어 지식인들에게 배척당하기도 했다. 그러다 당송 시대에 들어서면서 점차 주목을 받기 시작하였고, 이후 다양한 역사서와 문학에 큰 영향을 미쳤다.

현재에 적용하기

'사기 열전'은 자신에게 닥친 불행 등을 극복하고 일어선 다양한 인간들의 전기이다. 현대 사회에서도 불가능해 보이는 상황을 이겨 내고 성취를 이룬 인물들이 많다. 오늘날 열전에 실릴만한 인물이 있는지 조사하고, 그들이 어떻게 어려움을 극복했는지에 대한 이야기를 작성해 보자.

생기부 진로 활동 및 과세특 활용하기

‣ 책의 내용을 진로 활동과 연관 지은 경우 (희망 진로: 경영학과)

'사기 열전(사마천)'의 마지막 편인 '화식 열전'을 읽고, 자신만의 사업 아이디어를 기획하는 사업 계획서를 작성함. 열전에 담긴 경제적 성공을 이룬 인물들의 삶과 재화 번식 과정의 교훈을 정리하고, 결국 '검소하게 아끼면서 정성을 다하는 것'이 사업의 기본 정신임을 도출함. 특히 '사기 서(사마천)'의 '평준서'의 내용과 '화식 열전'을 연계하여 부의 추구와 상업인이 지녀야 할 도덕의 관계를 사마천이 이해한 노장사상의 관점에서 고찰한 점이 돋보임. 이에 모든 생명체의 존엄성을 존중하는 도가적 사업을 위해 지역 사회의 환경 보호를 적극적으로 실천하는 ESG 경영 방식과 실천 방안을 구체적으로 제시함.

‣ 책의 내용을 역사 교과와 연관 지은 경우

'사기 열전(사마천)'을 읽고, 열전에 담긴 사마천의 역사관과 서술 방식을 분석하는 보고서를 작성함. 기존의 역사서들이 왕조 중심의 연대기적 서술을 차용했던 반면, '사기 열전'은 인간 중심의 역사관에 기반하여 인물의 삶에 기반한 역사 서술을 취했음을 사례를 들어 제시함. '맹상군 열전'에서 도둑질을 통해 목숨을 부지했던 맹상군, '평원군 열전'의 진정한 낭중지추였던 모수 등 보잘것없는 인물들을 역사의 주인공으로 만든 사마천의 역사 서술 방식을 높게 평가하면서, 이를 최근 학계에서 주목하는 '일상사'와 연계하여 정리한 점이 돋보임. 역사 기록을 통해 역사가의 서술 의도를 파악하고 비판적으로 이해하는 역사적 문해력이 탁월한 학생임.

후속 활동으로 나아가기

▸ 사마천이 '사기'를 집필하게 된 목적을 조사하고 자신이라면 사마천과 같은 상황에서
   어떻게 했을지 짝과 이야기를 나눠 보자.

▸ '사기 열전' 중 가장 기억에 남는 이야기 3편을 선정하여 역할극 대본을 구성해 보자.

▸ '사기 열전' 중 각 편 마지막에 실린 사마천의 논평을 비판적으로 이해하고 자신만의
   시각을 담은 논평문을 작성해 보자.

▸ '사기 열전' 중 자신의 진로와 연관되어 의미 있는 인물의 열전 1편을 선정하고, 그와 연
   계하여 진로 탐구 보고서를 작성해 보자.

▸ 현대 인물 중 열전에 실릴 만한 인물을 선정하여 그의 삶을 바탕으로 한 '신新 사기 열
   전'을 작성해 보자. 단, 사마천과 같이 본인의 논평을 덧붙여 구성하도록 한다.

함께 읽으면 좋은 책

김원중 《**사기란 무엇인가**》 민음사, 2021.

이성규 《**사마천 사기**》 서울대학교출판부, 2007.

오키 야스시 《**사기와 한서**》 천지인, 2010.

반고 《**한서열전**》 범우사, 2021.

리쩌허우 《**중국고대사상사론**》 한길사, 2005.

역 사

헤로도토스 ▸ 길

　'역사 = History'라는 말은 언제부터 사용되었을까요? 우리가 흔히 사용하는 이 단어는 사실 고대 그리스의 역사가 헤로도토스 Herodotus, B.C. 484?~B.C. 425?가 처음 사용한 것으로 알려져 있습니다. 그는 자신의 저서 《역사》에서 탐구와 조사라는 뜻의 히스토리아 Ιστορίαι 라는 용어를 사용했는데, 이는 인간 사회에서 일어난 주요 사건의 배경과 전개, 문화 등을 탐구하는 과정을 의미했습니다. 우리가 역사를 배우는 방식은 이러한 헤로도토스의 시각에서 출발했다고 할 수 있습니다.

　헤로도토스는 《역사》에서 전쟁이나 정복뿐만 아니라, 다양한 민족과 문화의 차이, 그 상호 작용을 분석하며 인간사의 복잡한 양상을 드러내고자 했습니다. 이 책은 '그리스-페르시아 전쟁(B.C. 499~B.C. 449)'을 중심으로 서술되었지만, 전쟁을 기록한 것에서 넘어서서 사건의 원인과 결과를 분석하고, 그 이면에 있는 인간의 동기와 사회적 배경을 이해하고자 했습니다. 이를 위해 전 세계 여러 민족의 삶과 그들이 만들어 가는 이야기를 기록하며 인간 본성과 문화적 다양성을 깊이 있게 탐구하고 있습니다.

헤로도토스는 기원전 5세기 그리스 할리카르나소스 출신으로, 그리스-페르시아 전쟁을 포함한 당대 주요 사건들을 직접 경험하고 기록한 인물입니다. 그는 그리스 여러 도시 국가를 여행하며 다양한 문화와 사람들의 이야기를 수집했고, 이를 바탕으로《역사》를 집필했습니다. 수많은 여행을 통해 모은 정보와 통찰에 기초해 문명 간의 충돌과 융합을 깊이 있게 탐구했지요. 이러한 답사와 기록 방식은 오늘날 역사 연구의 기본적 방법론이 되었습니다. 그는 과거의 사건들을 개별적인 일화가 아닌 사회적·문화적 맥락에서 이해하고자 했다는 점에서 '역사학의 아버지'라 평가받고 있습니다.

《역사》는 처음엔 그 방대한 분량 때문에 부담스러울 수 있지만, 읽기 시작하면 시간 가는 줄 모르고 몰입하게 되는 매력적인 책입니다. 전체 9권으로 구성되어 있으며, 주로 그리스와 페르시아 간의 전쟁을 중심으로 전개됩니다. 각 권에는 그리스 신화에서 예술과 학문을 관장하는 뮤즈^{Muse}의 이름이 붙어 있습니다. 다만 이러한 구분은 헤로도토스가 직접 한 것이 아니라, 알렉산드리아 시대에 후대 학자에 의해 정리된 것으로 알려져 있어요. 그럼에도 내용이 자연스럽게 연결되어 구분이 어색하지는 않습니다.

1권의 첫머리에서 헤로도토스는 자신의 이름을 밝히며, 이 저술의 목적이 '그리스인과 비그리스인들의 위대하고 놀라운 업적, 그리고 그들이 서로 왜 싸웠는지를 망각되지 않도록 기록하는 것'이라고 설명합니다. 1권부터 4권까지는 주로 페르시아 제국의 역사와 그들이 정복한 여러 지역의 문화를 다루며 리디아, 메디아, 이집트 등 다양한 나라의 풍습과 왕들의 이야기가 포함됩니다. 5권과 6권에서는 이오니아 반란과 마라톤 전투를 비롯한 그리스와 페르시아 간의 첫 충돌을 다루고, 7권부터 9권에서는 크세르크세스의 그리스 침공, 살라미스 해전, 플라타이아 전투 등 결정적 사건들이 전개됩니다.

헤로도토스의 글은 사건을 단순히 나열하는 게 아니라, 인물들의 삶과 감정을 생동감 있게 묘사해 독자들의 눈앞에 펼치듯 전달합니다. 예를 들어, 리디아 사람들이 기근 속에서 발명한 주사위와 공놀이 이야기(1권), 이집트에서 들은 피라미드 건설 방식과 날개 달린 뱀의 전설(2권), 그리고 페르시아 왕 크세르크세스가 인간의 유한함을 느끼며 눈물을 흘리는 장면(7권) 등은 당시 사람들의 세계관을 이해하는 데 중요한 일화입니다. 이들 이야기는 고대사 속 인물들을 생생히 느끼며 독자를 끌어들입니다.

특히 7권에 등장하는 테르모필라이 전투 이야기는 영화 '300'의 배경이 된 서사적 사건으로 유명합니다. 스파르타의 왕 레오니다스와 300명의 용사가 압도적인 페르시아 대군에 맞서 싸우며, 그리스의 자유를 지키기 위해 목숨을 바쳤지요. 영화 속 "This is Sparta!"라는 명대사는 이들의 용맹함과 절대 굴복하지 않는 정신을 상징적으로 담아냈습니다. 헤로도토스의 유려한 서술 덕분에 이 사건은 오늘날까지도 강렬한 인상을 남기고 있습니다.

《역사》는 당대 역사학의 기틀을 다졌다는 점에서 큰 가치를 지닙니다. 물론 신화나 전설과 같은 비사실적 요소를 포함한 그의 기록에 대한 비판도 있습니다. 후대 역사학자 투키디데스는 역사적 증거의 엄격성을 강조하며 헤로도토스를 비판하기도 하였지요. 그러나 헤로도토스의 목적은 역사적 사실을 남기는 것을 넘어 당시 사람들이 믿고 있던 이야기와 그들의 세계관을 기록하는 것에 있었습니다. 그는 "나는 들은 대로 전할 의무는 있지만, 그것을 다 믿을 의무는 없다."며 기록의 성격을 분명히 했습니다. 그의 서술 방식 덕분에 고대인들의 사고방식과 신념을 이해할 수 있는 귀중한 자료가 남게 된 것입니다.

또한 헤로도토스는 그리스 중심의 시각에서 벗어나, 페르시아와 이집트 등 여러 민족의 시각을 균형 있게 담아내려 노력했습니다.

이러한 태도는 다문화적 융합과 글로벌화로 인해 점점 더 복잡해지는 현대 사회에 시사하는 바가 큽니다. 헤로도토스의 역사적 통찰은 우리에게 타인의 삶과 사고방식을 이해하고 존중하는 법을 가르쳐 주며, 갈등을 줄이고 화합을 이루는 데 필요한 지혜를 제공합니다.

《역사》는 그 제목이 가지는 묵직함답게, 깊은 역사적 사유와 통찰을 요구합니다. 다양한 문화와 민족의 시각을 균형 있게 살피면서 그 속에 담긴 인간의 본성과 사회의 복잡성을 깊이 있게 탐구해 보기를 바랍니다.

도서 분야	역사	관련 과목	세계사	관련 학과	역사학과, 역사교육과, 정치외교학과, 국제관계학과

▶ 그리스-페르시아 전쟁 살펴보기

그리스-페르시아 전쟁은 기원전 499년부터 449년까지 약 50년 동안 지속된 전쟁으로, 그리스 도시 국가들과 페르시아 제국 간의 치열한 충돌이었다. 이 전쟁은 페르시아 제국의 영토 확장에 반발한 그리스 이오니아 지방의 반란에서 비롯되었으며, 마라톤 전투, 살라미스 해전, 플라타이아 전투 등 여러 중요한 전투가 벌어졌다. 결국 그리스 연합군은 페르시아를 물리치고 전쟁을 종결시켰고, 이후 페르시아의 재침에 대비하여 아테네를 중심으로 델로스 동맹이 결성되었다. 이를 통해 아테네의 민주주의 체제는 더욱 공고해졌으며, 그리스 세계에서 아테네의 영향력이 확대되었다.

주요 전투

전투명	시기	내용
마라톤 전투	기원전 490년	페르시아의 첫 번째 침략에서 아테네 군이 페르시아 군을 상대로 결정적인 승리를 거둔 전투. 이 승리는 그리스 도시 국가들에 자신감을 심어 주었으며, 그리스 민주주의와 자유의 상징으로 여겨졌다. 아테네의 군사적 전략과 시민들의 결속을 보여 준 대표적인 사례이다.
테르모필라이 전투	기원전 480년	스파르타 왕 레오니다스가 이끄는 300명의 스파르타 용사들이 페르시아 대군에 맞서 싸운 전투로, 그리스의 자유를 지키기 위한 희생적 전투. 비록 패배했지만 그들의 용맹함은 그리스 역사의 영웅적 서사로 남았다.

살라미스 해전	기원전 480년	그리스 함대가 좁은 해협에서 페르시아 대함대를 격파한 전투. 그리스의 전술적 기지와 해역을 이용한 전략이 돋보인 전투로, 페르시아의 해상 지배력을 무너뜨리고 전세를 뒤바꾼 중요한 해전이다.
플라타이아 전투	기원전 479년	그리스–페르시아 전쟁의 마지막 대규모 육상 전투. 그리스 연합군이 페르시아 육군을 상대로 승리하여 페르시아의 그리스 침략을 종결시킨 전투. 이로 인해 그리스는 독립을 유지할 수 있게 되었으며, 페르시아의 침략은 좌절되었다.

▶ 시대적 배경 및 사회적 배경 살펴보기

'역사'는 기원전 5세기, 그리스와 페르시아 간의 긴장이 최고조에 달한 시기에 쓰였다. 당시 그리스는 아테네와 스파르타를 중심으로 한 여러 독립적인 도시 국가들로 이루어져 있었으며, 페르시아 제국은 동방의 거대한 제국으로, 서쪽으로 영토를 확장하면서 그리스와 충돌하게 되었다. 그리스 도시 국가들이 페르시아 제국의 지배에 반발하여 일으킨 반란인 이오니아 반란(기원전 499년)이 일어나자, 아테네와 에레트리아가 이를 지원하면서 그리스와 페르시아 간의 전면전으로 발전하였다.

　이 시기는 또한 그리스 문화가 크게 번영하던 때로 아테네에서는 민주주의가 발전하고 철학과 예술이 꽃을 피웠다. 헤로도토스는 이러한 정치적·문화적 배경 속에서 다양한 문명 간의 충돌과 교류를 기록하며, 그리스뿐만 아니라 페르시아, 이집트 등 다른 문명에 대한 관심을 보여 준다. 그의 기록은 단순한 전쟁시기 이닌, 당시 사회와 문화를 생생하게 담아낸 역사적 자료로 큰 가치를 지닌다.

'역사'에 기록된 것처럼 전쟁은 충돌과 승패의 기록만이 아니라 복잡한 인간사와 문화의 교차점에서 일어난다. 최근에도 세계 곳곳에서 분쟁과 전쟁이 일어나고 있다. 이를 역사적 관점에서 이해하기 위해 전쟁 이면의 정치, 사회, 종교적 맥락을 깊이 있게 분석해 보자.

생기부 진로 활동 및 과세특 활용하기

▶ 책의 내용을 진로 활동과 연관 지은 경우 (희망 진로: 국제관계학과)

'역사(헤로도토스)'를 읽은 뒤, 책이 다루는 고대 그리스와 페르시아 간의 전쟁을 분석하고, 현대 국제 관계의 문제를 탐구함. 고대 전쟁에서 사용된 외교적 전략과 군사적 대응 방식을 비교하며, 현대 국제 사회에서의 외교와 협상 기술이 어떻게 발전해 왔는지 연구함. 국제 관계에서의 협상과 갈등 조정의 중요성을 깨닫고, 이를 바탕으로 현대 외교에서의 다자간 협력과 국제기구의 역할에 대해 깊이 있게 고찰함. 또한, 고대 그리스-페르시아 전쟁이 현대의 강대국 간 갈등과 어떤 점에서 유사한지를 분석하고, 전쟁을 통해 국제 정치에서 힘의 균형이 어떻게 형성되는지 탐구함. 이후 현재 진행 중인 국제적 갈등 사례(우크라이나-러시아 전쟁)를 현대 국제 정치 이론에 적용하여 갈등 해결 방안을 모색하는 보고서를 작성하고, 발표를 통해 국제 관계학에 대한 이해를 심화함.

▶ 책의 내용을 역사 교과와 연관 지은 경우

'세계 고대 문명 책으로 이해하기' 프로젝트를 통해 '역사(헤로도토스)'를 읽고, 고대 이집트 문명에 대한 내용을 탐구하는 활동을 진행함. 헤로도토스가 기록한 이집트 피라미드 건설 방식을 중심으로, 고대 이집트의 건축 기술과 그 사회 구조를 심층적으로 연구함. 피라미드 건설이 단순한 건축물의 제작을 넘어 이집트 사회에서 종교적·정치적 의미를 어떻게 내포하고 있는지, 당시 이집트 사회가 어떻게 조직화되어 있었는지를 분석함. 분석 내용을 바탕으로 피라미드 건설에 참여한 노동자의 계층, 이들이 동원된 방식, 그리고 이를 통해 드러나는 이집트의 정치적·경제적 시스템을 연구하여, 고대 이집트 문명의 사회적 구조와 정치적 이념을 이해했음을 발표함. 발표 후에는 현대 건축과 고대 건축의 차이점과 공통점을 비교 분석하는 짝 토론을 전개하고 관련 내용을 보고서로 제출함.

후속 활동으로 나아가기

▸ 그리스-페르시아 전쟁의 주요 전투를 중심으로, 양측의 전략과 전술, 전투의 상황 등을 보도하는 형태의 역사 뉴스 대본을 작성해 보자.

▸ 헤로도토스의 역사 서술 방식을 투키디데스의 역사 서술과 비교하여, 역사 기록의 본질에 대한 토론을 전개해 보자.

▸ 그리스-페르시아 전쟁의 주요 인물들을 분석하고, 그들의 결정이 전쟁에 미친 영향을 연구한 보고서를 작성해 보자.

▸ '역사'의 내용 중 흥미로웠던 주제를 선택하여 해당 내용을 재구성, 관련 시대상을 그리는 역사 소설을 창작해 보자.

▸ 그리스-페르시아 전쟁의 결과가 이후 그리스 도시 국가들의 정치적·경제적 변화에 미친 영향을 분석하고, 이를 바탕으로 전쟁이 사회 구조에 미치는 장기적 효과를 탐구하는 에세이를 작성해 보자.

함께 읽으면 좋은 책

톰 홀랜드 《페르시아 전쟁》 책과함께, 2006.
투키디데스 《펠로폰네소스 전쟁사》 숲, 2011.
플루타르코스 《플루타르코스 영웅전》 숲, 2010.
에드워드 기번 《로마제국쇠망사》 동서문화사, 2016.
E. H. 카 《역사란 무엇인가》 까치, 2015.
정기문 《처음부터 다시 배우는 서양고대사》 책과함께, 2021.
강선주 《세계사를 보는 눈》 살림출판사, 2018.

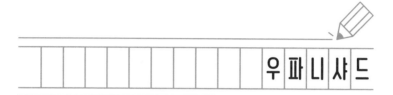

우파니샤드

작자 미상 ▸ 한길사

인도의 고대 마을에 살던 나찌게따는 호기심 많고 용감한 소년이었습니다. 아버지를 따라 사제(브라만)가 되기 위해 성실하게 공부하는 착한 아이였지요. 어느 날, 나찌게따의 아버지가 소를 제물로 바치는 의식을 준비하고 있었는데, 이를 지켜보던 나찌게따가 아버지에게 물었습니다. "아버지, 저는 누구에게 바치실 건가요?" 아버지는 조르듯이 계속 묻는 나찌게따에게 화를 내며 "너를 죽음의 신에게 바치겠어!"라고 소리를 질렀습니다. 이 말을 들은 나찌게따는 어차피 죽어야 한다면 왜 살아야 하는지 알아야겠다며 스스로 죽음의 신 야마를 찾아 떠나기로 결심합니다.

나찌게따는 야마 신을 찾아가는 여정을 떠났고, 마침내 죽음의 신을 만났습니다. 야마 신은 나찌게따의 용기에 감탄하며 그에게 세 가지 소원을 들어주겠다고 약속합니다. 나찌게따는 첫째로 아버지와의 화해를, 둘째로 천상의 복을 받을 수 있는 진실한 방법은 무엇인지를, 셋째로 사람이 죽으면 어떻게 되는지를 물었습니다. 야마는 나찌게따의 소원을 들어주었고, 특히 죽음과 영원한 생명에 대해 계속해서 대화를 나누었습니다. 나찌게따는 이를 통해 진정한 나다움 '아트만'의 진리를 깨닫고 영적인 성장을 크게 이룰 수 있었습니다.

한동안 우리나라에서는 인도 여행이 유행했습니다. 이는 인도 철학의 매력 때문이었는데요. 인도 철학은 자신을 이해하고 내면의 진리를 깨닫는 것을 목표로 삼고 요가Yoga와 명상 등을 통한 내적 진리 체험과 수행을 강조하였습니다. 이에 많은 청년들은 죽음의 신을 찾아간 나찌게따처럼, 일상에서 벗어나 자신을 찾고자 깊은 철학과 영적인 문화를 경험할 수 있는 인도로 떠나곤 했습니다.

《우파니샤드》는 이러한 자아 탐구를 중시하는 인도 철학의 정수를 담은 힌두교의 경전입니다. 베다Veda의 마지막 부분에 해당하여 베다의 끝 혹은 베다의 완성이라는 뜻의 '베단타Vedanta'라고도 불립니다. 인도에서 가장 오래된 종교 문헌인 '베다'는 주로 기원전 1,500년에서 1,200년 사이에 형성된 것으로 추정하고 있습니다. 유목 민족이었던 아리아인들은 인도 대륙에 정착하며 자신들의 종교적 신앙과 생활 방식 등을 찬가(시), 노래, 제사 의식 등의 형태로 구전하여 전수했습니다. 이러한 전통은 수 세기에 걸쳐 계속되다가 《리그베다》, 《사마베다》, 《야주르베다》, 《아타르바베다》의 네 가지로 나뉘어 문헌화되었고, 각 베다는 다시 상히타(본집), 브라흐마나(의례서), 아란야카(의식의 철학적 해석서), 우파니샤드로 구성되었습니다. 이 문헌들은 인도 사회의 종교 의례와 철학적 사유의 기초를 형성하였지요.

《우파니샤드》 또한 구전되어 오던 이야기들을 베다 시대 후기인 기원전 800년에서 기원전 300년경 문헌으로 집대성한 것입니다. 현전하는 우파니샤드는 200여 종에 달하고 있는데, 그중에서도 13종 정도가 고전 우파니샤드로 인정받고 있습니다. 잘 알려진 우파니샤드로는 브리하다란야카[Brihadaranyaka], 찬도기야[Chandogya], 이샤[Isha], 카타[Katha] 우파니샤드 등이 있습니다.

우파니샤드는 작성 시기도 길고 그 수도 방대하기에 다양한 주제를 다루지만, 주로 '개인의 자아(아트만[Atman])'와 '절대적 존재이자 우주의 실체(브라흐만[Brahman])'라는 두 가지 개념을 중심으로 인간과 우주의 본질을 탐구합니다. 인간의 궁극적인 해탈(모크샤[Moksha])을 목표로 하며, 윤회(삼사라[Samsara])의 고리를 끊고 영원한 자유에 이르는 길을 제시하고 있지요. 이러한 접근은 인간의 내면을 탐구하고 그 속에서 우주와의 일치를 찾으려는 시도로, 기존의 베다가 지녔던 형식적이고 의식적인 요소를 넘어 인간 존재의 본질과 깨달음을 강조하는 사상적 전환점을 보여 준다고 할 수 있습니다.

특히 우파니샤드는 인간이 삶의 굴레에서 벗어나기 위해서는 자신의 카르마^{Karma}, 즉 업보를 정화할 수 있어야 한다고 가르칩니다. 카르마는 인간의 모든 행동이 미래의 삶에 영향을 미치는 원인을 제공한다는 법칙으로, 선행과 악행에 따라 다음 생의 운명이 결정됩니다. 또한, 인간이 사는 궁극적인 목적은 '해탈^{Moksha}'이라고 말합니다. 해탈은 산스크리트어로 '해방' 혹은 '자유'를 의미하며, 모든 욕망과 집착에서 벗어나 어떤 속박에도 얽매이지 않고 완전한 자유와 평화를 누리는 상태를 말합니다. 해탈에 이르는 방법은 아트만과 브라흐만의 본질적 일치, 즉 모든 존재가 궁극적으로 하나임을 깨닫는 데 있습니다. 힌두교의 중심 사상인 '아트만은 브라흐만이다$^{Tat\ Tvam\ Asi}$(범아일여梵我一如)'라는 명제로 요약될 수 있습니다.

우파니샤드^{Upanishad}는 산스크리트어로 '곁에 앉다'라는 뜻입니다. 스승의 발치^{Ni}에 가까이^{Upa} 앉아^{Shad} 진리를 듣고 배운다는 뜻으로, 스승이 제자에게 비밀스러운 가르침을 전수하는 과정을 의미합니다. 그래서 경전의 내용도 보통 '리쉬(성자)'를 중심으로 하는 대화 형식으로 구성되어 있습니다. 심오하고 철학적인 내용이긴 하지만, 친근한 대화 형식으로 전개되어 독자들이 쉽게 이해할 수 있도록 도와주고 있습니다.

우파니샤드는 종교 문헌을 넘어, 인류 역사상 가장 심오한 철학적 텍스트 중 하나로 평가받고 있습니다. 힌두교, 불교, 자이나교뿐만 아니라, 인도에서 생겨난 모든 사상들이 우파니샤드를 씨앗 삼아 자라났다고 해도 과언이 아닙니다. 독일의 철학자인 아르투어 쇼펜하우어는 우파니샤드를 '인류 최고의 지혜의 보고'라고 칭송하기까지 했습니다.

우파니샤드는 어떤 체계를 갖고 쓰인 책이 아니기 때문에 이 책을 읽는 방법은 다양할 수밖에 없습니다. 청소년을 대상으로 우파니샤드를 쉽게 풀어 쓴 책인 《우파니샤드: 귓속말로 전하는 지혜》가 있는데, 18종의 우파니샤드 가운데 일부만을 뽑아 열 가지 주제로 다시 구성한 책입니다. 청소년들은 이 책을 먼저 읽어 보기를 추천합니다.

몇 해 전 한 예능 프로그램에서 인도 여행을 하던 패널이 갠지스강에서 직접 물을 마시는 장면이 큰 화제가 되었었지요. 실제로 갠지스강은 인도 사람들에게 신성한 강으로 여겨지며, 그 물을 마시는 행위는 영혼을 정화하고 모든 속박에서 벗어나려는 염원을 담고 있습니다. 이 장면은 단순한 여행 체험을 넘어, 인도 문화와 영적인 전통에 대한 깊은 인상을 남겼습니다.

비록 갠지스강의 물을 마시진 못하겠지만, 우리도 우파니샤드를 통해 일상에서 무엇이 우리를 속박하고 있는지 돌아보는 시간을 가져 봅시다. 여러분은 현재 어떤 욕망이나 집착에 얽매여 있나요? 진정한 자유와 행복을 얻기 위해 여러분은 어떤 선택을 할 수 있을지, 명상을 활용하여 깊이 고민해 봅시다. 그리고 그 여정을 통해 여러분만의 '모크샤'를 찾아나갈 수 있기를 바랍니다.

도서 분야	역사	관련 과목	세계사, 윤리와 사상	관련 학과	철학과, 동양철학과, 종교학과, 인문학부

▶ **인도 철학의 주요 개념 살펴보기**

개념	의미
아트만과 브라흐만	아트만Atman은 개인의 내적 자아, 자신의 참모습을 의미하며, 브라흐만 Brahman은 널리 퍼져 있는 것이라는 뜻으로 세상 즉, 우주의 실체를 말한다. 우파니샤드에서는 이 두 개념이 본질적으로 동일하다고 제시하며(범아일여 梵我一如), 자신과 자신이 포함된 세상 전체를 구분하지 않고 똑같이 여겨야 한다고 가르친다.
삼사라와 카르마	우파니샤드는 사람을 포함한 모든 것은 태어남과 죽음을 반복한다고 본다. 몇 번이고 태어나고 죽는 것을 윤회輪回의 순환, 즉 삼사라Samsara라고 한다. 카르마Karma는 업業으로 이러한 과정에서 각 생애의 행위가 다음 생의 운명에 영향을 미친다는 인과의 법칙을 말한다. 현재의 삶에서 행한 모든 행동은 다음 생에 직접적으로 반영된다는 것이다.
모크샤	해탈解脫을 뜻하는 모크샤Moksha는 윤회의 고리에서 벗어나 영원한 자유와 평화를 얻는 상태를 의미한다. 이는 아트만과 브라흐만의 동일성을 '깨달을' 때 비로소 가능해진다.

▶ **시대적 배경 및 사회적 배경 살펴보기**

'우파니샤드'는 인도 철학과 종교의 중요한 전환기를 반영하고 있다. 베다 시대의 인도에서는 주로 제사를 통해 신들에게 공물을 바치고, 그 축복을 받는 것을 중시했다. 제사와 주술적 의식이 사회와 종교 생활의 중심이었으며, 브라만 계급이 이를 주관했다. 그런데 기원전 800년에서 600년 사이에 인도에서는 중요한 사회적, 경제적 변화가 일어났다.

도시화와 함께 새로운 상업 중심지가 발전하면서 기존의 농경 중심 사회에서 벗어나 새로운 사회 구조가 형성되었다. 이러한 변화는 제의 중심의 종교에 대한 의문을 불러일으켰고, 개인의 영적 체험과 철학적 사유에 대한 관심이 커졌다. 이와 함께 브라만(사제) 계급뿐만 아니라 크샤트리아(전사) 계급에서도 철학적 사유에 대한 관심이 높아졌다. 특히 크샤트리아 계급은 제의 중심의 종교에서 벗어나 보다 개인적이고 내적인 영적 추구에 관심을 두기 시작했다. 이러한 배경에서 우파니샤드는 종교적 제의를 초월하여, 인간 존재의 본질과 우주의 근본 원리를 탐구하는 철학적 문헌으로 자리 잡게 되었다.

현재에 적용하기

카르마와 윤회에 대한 우파니샤드의 가르침을 바탕으로, 자신이 속한 공동체에서 어떤 윤리적 책임을 지고 있는지에 대해 토론해 보자. 그리고 이를 실천하기 위한 구체적인 사회적 행동 계획을 세워, 예를 들어 자원봉사 활동이나 환경 보호 캠페인에 참여하는 등의 방법으로 실천해 보자.

생기부 진로 활동 및 과세특 활용하기

▶ 책의 내용을 진로 활동과 연관 지은 경우 (희망 진로: 영문학과)

영문학에 담긴 철학적 사유를 탐독하는 걸 즐겨하는 학생임. 특히 윌리엄 버틀러 예이츠의 작품을 좋아하고, 그의 시와 산문에서 철학적 요소를 탐구하는 데 탁월한 역량을 발휘함. 예이츠가 신지학과 인도 사상에 끌리게 된 배경을 조사하던 중, '우파니샤드(작자 미상)'가 예이츠의 작품에 미친 영향을 발견하고 깊이 연구하기 위해 책을 찾아 읽음. 예이츠의 영시 'A Dialogue of Self and Soul'에서 우파니샤드의 사상이 어떻게 문학적으로 구현되고 있는지를 분석하는 발제문을 작성하여 발표함. 시의 화자 중 하나인 My Self가 Sato's ancient blade를 언급하며 삶의 신성함을 역설하는 부분에서 우파니샤드의 범아일여와 윤회 개념이 큰 영향을 미쳤을 거라고 추론한 내용이 마치 영문학자의 실제 연구 과정에 비견될 정도로 뛰어나 학우들의 박수를 받음. 이 외에도 동서양 철학이 문학 작품에 미치는 영향을 이해하기 위한 심도 있는 학문적 탐구를 꾸준히 진행함.

▶ 책의 내용을 윤리 교과와 연관 지은 경우

윤리와 사상 교과에 깊은 관심을 가진 학생으로, 특히 윤리적 딜레마 상황에서 동서양 철학의 접근 방식을 비교 연구함. '우파니샤드(작자 미상)'를 읽고 아트만과 브라흐만의 개념을 통해 인도 철학에서의 윤리적 판단 기준을 탐구하였으며, 동시에 서양 실존주의 철학을 연구하여 인간 존재의 의미와 도덕적 선택의 차이를 분석함. 의료 윤리라는 주제를 선택하여 생명 연장 치료에 관한 윤리적 딜레마를 분석하는 보고서를 작성함. 인도 철학에서는 카르마와 윤회의 관점에서 생명 존중과 자연스러운 죽음의 수용이 강조된 반면, 서양 실존주의에서는 인간의 자율성과 선택이 중시됨을 발견하고 두 접근법의 차이를 정리함. 해당 보고서는 수업 중 발표되어 동료 학생들과의 토론과 발전된 논의를 이끌어 냈으며, 철학적 사유의 중요성과 다양한 관점의 융합적 이해가 현대 윤리 문제 해결에 미치는 영향을 역설하는 에세이를 작성해 SNS에 게시함.

후속 활동으로 나아가기

▸ '우파니샤드'의 주요 개념과 철학이 현대 인도 사회에 미친 영향을 조사하여, 이를 바탕으로 현대의 환경 보호 및 지속 가능한 생활 방식과 어떻게 연결되는지를 비교 분석하는 보고서를 작성해 보자.

▸ '우파니샤드'의 특정 구절이나 이야기를 재해석하고, 이를 바탕으로 짧은 애니메이션이나 만화를 제작해 보는 활동을 진행해 보자.

▸ '우파니샤드'의 자연과 인간의 관계에 대한 가르침을 바탕으로, 현대 환경 문제에 대한 자신의 의견을 정리한 반박문이나 에세이를 작성해 보자.

▸ '우파니샤드'의 주요 사상과 관련된 문헌이나 자료를 조사하여, 이를 간략하게 정리한 '우파니샤드 미니북'을 제작해 보자. 주요 개념, 인물, 그리고 현대와의 연관성 등을 담아 독자들에게 쉽게 전달할 수 있도록 한다.

함께 읽으면 좋은 책

이재숙 《우파니샤드, 귓속말로 전하는 지혜》 풀빛, 2005.

이재숙 《인도의 경전들》 살림출판사, 2007.

R. K. 나라얀 《라마야나》 아시아, 2012.

R. K. 나라얀 《마하바라타》 아시아, 2014.

정창영 《바가바드 기타》 무지개다리너머, 2019.

반다나 시바 《누가 세계를 약탈하는가》 울력, 2003.

삼국유사

일연 ▸ 을유문화사

　　삼국 시대를 기록한 역사책이라고 하면 보통《삼국사기》와《삼국
유사》가 거론됩니다. 두 책 모두 국보로 지정되어 있을 만큼 우리나
라 역사에서 차지하는 위상이 크지요.《삼국사기》는 국왕의 명령을
받들어 김부식 등이 편찬한 관찬사서官撰史書(관청[국가]에서 주도하여
편찬한 역사책)입니다. 이와 달리《삼국유사》는 유사遺事(유문遺文과 일사
逸事를 의미. 즉, 전해 오는 역사와 소문 중에 기록에서 누락되거나 드러나지 않
은 것들)라는 제목에서 볼 수 있듯,《삼국사기》에서 다루어지지 않았
던 신화나 전설 등의 내용을 보완하기 위해 일연 개인이 편찬한 역
사책입니다.

▸ 《삼국사기》와 《삼국유사》 비교

	삼국사기	삼국유사
시기	1145년(인종)	1280년대?(충렬왕?)
편찬자	김부식(유학자)	일연(승려)
성격	관찬사서	사찬사서
종교	유교적	불교적
서술 방식	기전체	자유롭게 서술
분량	총 50권(본기·연표·지·열전)	총 5권(9편)
특징	• 현존하는 가장 오래된 역사서 • 신화, 전설 제외 • 신라 중심 사관	• 풍속, 신앙, 설화, 전설, 민담 등을 풍부하게 수록 • 자주적 성격, 단군 신화를 수록하여 민족의 시조로 서술

《삼국유사》는 정사^{正史}가 배제했던 신화, 전설, 설화 및 각종 민담을 풍부하게 싣고 있습니다. 전형적인 역사 서술 방식에 구애받지 않고 자유롭게 항목을 구분, 전해 오는 이야기들을 원형 그대로 서술하고자 노력하였지요. 또한 《삼국사기》에서 국명만 언급되었던 가야와 발해에 대한 내용을 기록으로 남겨 우리 역사의 범주를 명확히 하고 있습니다. 이에 역사, 지리, 문학, 미술, 고고, 종교, 민속학 등 여러 영역에서 귀중한 자료이자 보고라 평가받고 있습니다.

《삼국유사》는 총 9편목 5권으로 구성되어 있습니다. 국가의 일반적인 역사를 다룬 왕력^{王曆}과 기이^{紀異}편, 불교사를 다룬 흥법^{興法}편으로 크게 구분할 수 있으며 흥법 이하에 탑상^{塔像}, 의해^{義解}, 신주^{神呪},

감통感通, 피은避隱, 효선孝善 등의 내용이 수록되어 있지요. 각 편의 내용을 간략히 정리하면 다음과 같습니다.

▶《삼국유사》의 구성

편	내용
왕력	연표
기이	여러 고대 국가의 흥망성쇠와 전설, 신화, 설화, 신앙 등
흥법	불교가 전래된 유래, 고승의 행적 등
탑상	탑, 불상 등에 얽힌 기록 등
의해	신라 고승의 행적
신주	밀교와 이승에 관한 기록
감통	불교 신앙적 경험, 현상
피은	은둔하여 수행하며 높은 경지에 도달한 승려들
효선	효행과 선행 미담

이 책의 저자인 보각국사普覺國師 일연一然, 1206~1289은 고려 무신 정권인 최충헌 집권기에 경주에서 태어났습니다. 9살에 출가해 14살 무렵부터 설악산 진전사에서 본격적인 승려 수업을 받았고, 1227년 승과에 응시하여 합격했습니다.

1236년, 고려에 몽골이 침입해 오자 고려 조정은 강화로 천도하고 장기 항전에 들어갔습니다. 일연 역시 불교의 힘으로 외침에 저항하고자 대장경 간행에 참여하기도 했지요. 그러나 30여 년간 계속된 항쟁에도 불구하고 결국 고려는 몽골에 항복하게 되었고, 그들이 세운 원의 간섭을 받게 됩니다.

원 간섭기인 1270년대 후반, 일연은 충렬왕의 명으로 《삼국유사》를 집필하게 되었습니다. 그는 단군과 고조선을 민족의 시조이자 기원으로 인식하고, 《삼국유사》에 단군의 건국 설화를 실었습니다. 단군 조선 이야기는 같은 왕 때였던 1287년에 이승휴가 지은 《제왕운기》에도 나타납니다.

역사가의 관점에 의해 해석된 세계를 담는 역사서는 당연히 시대적인 산물일 수밖에 없습니다. 이때는 대몽 항쟁이 실패하고 이민족의 간섭을 받게 된 상황으로, 문명의 상징인 주요 문화재들이 파괴되고 국가 자주성이 크게 훼손되었던 원 간섭기입니다. 지속된 전란에 민중의 고통은 이루 말할 수 없었고요.

요컨대 《삼국유사》와 《제왕운기》는 중국의 영향을 받지 않은 단군이라는 독자적인 민족의 기원을 제시하였습니다. 자국의 문화와 전통을 자주적으로 인식하는 역사의식과 자긍심을 고취하고자 한 것이지요.

한편, 《삼국유사》는 '신라 향가' 14수를 전하고 있어 문학적 가치도 매우 큽니다. 향가는 보통 전해 오는 설화와 함께 소개되고 있는데요. 예컨대 미륵사의 이야기를 다루면서 '서동요'가 남겨졌고, 망

해사 설화를 다루다 보니 '처용가'를 기록하고 있지요. 향가와 함께 전하는 설화들은 매우 흥미롭기도 하지만 당시의 사회상을 잘 보여 주고 있어 역사적 의미도 상당합니다. 또한, 일반 민중 사이에 전해 지는 이야기와 민담 등을 여러 편 다루어 당시 서민들의 신앙과 생활을 엿볼 수 있다는 점에서도 중요한 서적입니다. 특히 어려움에 부닥친 서민들이 극락왕생하거나 성불하는 설화들을 곳곳에 배치하고 있는데요. 일연이 가장 낮은 곳에 있던 민중의 삶에 관심을 두고, 그들에게 희망을 주고자 하였음을 알 수 있습니다.

그러다 보니 일부 학자들은 이 책에 기록된 신화나 전설들이 실제 역사적 사실과 혼재되어 있어 그 신뢰성에 의문을 제기하기도 합니다. 또한 불교적 관점에서 역사를 서술하다 보니 특정 사건이나 인물에 대한 평가에 종교적 색채가 가미되었다는 지적도 있지요. 그러나《삼국유사》는 당시 사람들의 세계관과 민족적 정체성을 이해하는 데 더 큰 가치를 가진 책으로 문장 그대로를 받아들여 역사를 왜곡하고 있다고 폄하해서는 안 됩니다.

《삼국유사》는 조선 시대 때 재간행되었으며, 임진왜란 때 일본군에 의해 도쿠가와 이에야스에게 완질이 바쳐져 막부 내에서 여러 번 읽혔다고 합니다. 이후 비장秘藏(다른 사람이 모르게 감추어지거나 간직됨)되어 오던 것을 1904년 동경대에서 새롭게 간행하였는데요. 이러한 동경대 판본을 육당 최남선六堂 崔南善이 국내에 새롭게 소개하면서 그 사료적 가치가 재조명될 수 있었습니다. 최남선은 '조선의 생활, 문화의 원형을 보여 주는 것은 오직《삼국유사》뿐'이라 평가하기도 하였습니다.

《삼국유사》는 고대 사회의 생활상이나 정신세계를 이해하는 데 필수적인 자료라 할 수 있습니다. 우리는 그러한 이야기들 속에서 인간과 사회에 대한 통찰력을 얻을 수 있고, 현대 사회의 문제를 바라보는 새로운 관점도 발견할 수 있습니다. 고려 당시에 쓰여진 불교적인 관점의 이야기들이 자칫 허무맹랑해 보일 수 있지만, 그 속에 담긴 의미와 가치관을 깊게 탐구하는 자세야말로 역사를 제대로 공부하는 방법이라 할 수 있겠습니다.

도서 분야	역사	관련 과목	한국사	관련 학과	역사학과, 국사학과, 국문학과

▶ 단군 신화를 서술하여 국가의 정통성을 강조한 역사 서적 살펴보기

도서명	저자	내용
삼국유사	일연	몽골의 침략으로 국가가 위기에 처한 상황에서 단군을 고조선의 시조로 내세워 민족적 자부심을 고취시키며, 국가의 정통성과 고유성을 강조함.
제왕운기	이승휴	고려 말기에 쓰였으며, 단군 신화를 유교적 가치관을 반영하며 기록함. 원 간섭기 당시, 단군을 중국의 삼황오제와 동등하게 그려 자주성을 회복하고자 시도함.
동국통감	서거정	조선 초기의 역사서로 단군을 고조선의 시조로 기록함. 단군 신화를 역사적 맥락 안에서 통합하려는 시도. 조선 시대 역사학자들이 단군 신화를 정통 역사로 받아들였음을 보여 줌.
동사강목	안정복	조선 후기 안정복은 단군을 통해 한국 역사의 시작을 명확히 하며 민족의 정체성을 확립하고자 함. 고조선, 기자 조선, 위만 조선의 역사적 흐름을 정리하며 단군 신화를 보다 구체적이고 역사적인 시각으로 설명함.

▶ 시대적 배경 및 사회적 배경 살펴보기

고려는 유교적 서술 체계 확립 및 인쇄술 발달을 바탕으로 역사서 편찬에 힘을 기울였다. 고려는 건국 초부터 왕조실록을 편찬해 왔으나 현전하지 않고 있으며, 인종 시기에 김부식에 의해 편찬된 '삼국사기'가 현존하는 우리나라 최초의 역사서로 인식되고 있다. 무신정변 이후 몽골의 침략을 받으면서 민족의식이 고취되고 전통문화를 중시하는 경향의 역

사서들이 등장했는데, '동명왕편', '삼국유사', '제왕운기'가 대표적이다. 이규보의 '동명왕편'은 고구려의 시조인 동명왕을 칭송하는 서사시로, 고구려 계승 의식을 반영하고 있다. 일연이 '삼국유사'를 편찬한 시기는 충렬왕 때로, 당시 고려는 30여 년의 항쟁 끝에 결국 몽골에 굴복하고 그들이 세운 원의 간섭을 받고 있었다. 이에 일연은 '단군'을 우리 민족의 시조로 서술하여 자주적인 역사 인식을 내보였다. 비슷한 시기에 이승휴가 편찬한 '제왕운기' 역시 단군에서부터 우리 역사를 서술하여 중국사와 대등하게 파악하고 있다.

현재에 적용하기

단군 신화를 통해 민족적 기원을 강조하려는 시도는 고려 말기의 혼란 속에서 민족 정체성을 강화하는 데 도움을 주었지만, 오늘날 이러한 전승이 정치적 목적이나 이데올로기에 의해 사용될 수 있음을 주의해야 한다. 특히 해방 후 현대사에서 역사적 정통성에 관한 다양한 논의를 조사해 보고, 이면에 담긴 정치 및 권력관계를 면밀하게 분석해 보자.

생기부 진로 활동 및 과세특 활용하기

▶ 책의 내용을 진로 활동과 연관 지은 경우(희망 진로: 미디어영상학과)

백제 시대를 배경으로 하는 역사 드라마를 흥미 있게 시청하고, 역사와 같은 인문학적 소재를 다루는 문화 콘텐츠 제작에 관심을 가짐. 2005년에 방영된 55부작 드라마 '서동요'가 기존의 '서동 설화'를 어떻게 전용하고 있는지를 분석하고자 '삼국유사(일연)'를 읽고, 드라마가 역사 이야기를 재조직하는 방식에 대해 탐구함. 역사 이야기를 활용할 때 유의할 점을 사실성과 핍진성의 조화, 캐릭터 서사의 극대화, 시대적 배경 등에 대한 철저한 고증으로 분석하였음을 발표함. 역사 문화 콘텐츠 제작과 관련하여 '삼국유사'의 설화들이 지닌 다양한 삶의 방식들은 문화 콘텐츠 스토리텔링의 소재로서 적격이라 평하면서 '거타지 설화', '비형랑 설화' 등의 설화를 사례로 들어 창작하고자 하는 콘텐츠를 체계적으로 소개하는 기획서를 작성하여 제출함. 콘텐츠를 분석하는 역량이 뛰어나며, 적용하고 보완할 점을 찾아내어 내재화하려 노력하는 모습이 인상적임.

▶ 책의 내용을 국어 교과와 연관 지은 경우

한국 고전 시가에 관심이 생겨 '삼국유사(일연)'를 읽음. 고전 시가의 시대적 배경과 고대사에 대한 심층적인 이해를 도모함. 그중 신라 향가 '처용가'에 대한 문학 탐구 보고서를 작성하여 제출함. 내용을 정리하는 중 신라 향가 '처용가'와 고려 가요 '처용가'가 상이함을 인식하고, 이를 처용-역신과의 관계가 상징하는 질병성의 강화, 전승 과정에서의 주술적 성격 확대, 향가와 고려 가요의 특징 비교 등으로 고찰하여 제시한 점이 인상적임. 특히 '삼국유사' 기이 하편 '원성대왕'을 읽고 '처용가'와 연결, 서역인이라 전해지는 처용의 용모를 지난 방학 중 가족 여행으로 다녀온 괘릉 앞 무인상의 모습과 유사할 거라는 개연성 있는 추측을 담아 '처용의 얼굴'이라는 동시를 지어 보고서 말미에 덧붙이고 이를 SNS에 공유해 학우들의 극찬을 받음.

▸ 김부식의 '삼국사기'와 일연의 '삼국유사'의 내용 중 동일한 시기와 인물을 다룬 이야기를 사례로 들어 두 역사서를 비교 분석하는 보고서를 작성해 보자.

▸ '삼국유사'에 실린 설화의 배경이 되는 유적지 등을 조사하여 '삼국유사 답사 계획서'를 기획하고 실행해 보자.

▸ '삼국유사'의 내용 중 일부를 자기 나름대로 재해석하고, 이를 페이퍼 애니메이션으로 제작해 보자.

▸ '삼국유사'에 편성된 '말갈 발해조'의 내용을 포함하여 관련 자료를 조사하고, 중국의 동북공정 프로젝트를 반박하는 반박문을 작성해 보자.

▸ '삼국유사'에 실려 전해 오는 신라 향가 14수의 내용과 특징을 간략하게 조사하여 '신라 향가 미니북'을 제작해 보자.

함께 읽으면 좋은 책

이어령 《이어령의 삼국유사 이야기》 서정시학, 2006.

문성화 《삼국사기와 삼국유사의 역사인식과 역사의식》 소명출판, 2015.

일연, 표정옥 《지도 위 삼국유사》 이케이북, 2024.

이탈리아 르네상스의 문화

야콥 부르크하르트 ▸ 한길사

'르네상스Renaissance'라는 단어가 있습니다. 긍정적인 의미에서 특정 분야나 주제가 다시 부흥하거나 새롭게 주목받을 때 종종 사용되는데요. 원래 프랑스어로 '재생'을 의미하는 이 단어는 14~16세기 유럽의 '르네상스 시대'를 가리키는 개념이기도 합니다. 이 시대는 그리스와 로마의 고전 문화가 재발견되고, 예술, 학문, 철학, 과학 등에서 새로운 발전이 이루어진 시기였습니다. 르네상스 시대를 중세와 완전히 구분된 새로운 시대로 규정하는 데 큰 영향을 준 인물이 바로 스위스의 역사학자 야콥 부르크하르트Jacob Burckhardt, 1818~1897입니다. 그의 저서 《이탈리아 르네상스의 문화》는 르네상스 연구의 필독서로 평가받고 있지요.

부르크하르트는 르네상스를 단순한 예술적 부흥이 아닌 인간 정신의 재발견과 사회적 변화의 시기로 이해했습니다. 그는 르네상스를 통해 인간이 자아를 자각하고, 사회적 제약에서 벗어나 개인의 개성을 표현하기 시작했다고 보았습니다. 이러한 변화가 근대 유럽의 형성에 결정적인 역할을 했다는 게 부르크하르트의 핵심 주장입니다. 르네상스를 근대 사회의 출발점으로 삼고, 인간의 자유로운 사고와 창조적 능력이 폭발적으로 성장한 시기로 보았던 것입니다.

특히 부르크하르트는 역사적 사건을 사회적, 문화적 맥락에서 이해하려는 접근 방식을 취했습니다. 그는 르네상스를 고대 문명의 부활로 여기며, 그리스와 로마의 고전 문화가 재발견된 이탈리아가 왜 르네상스의 중심이 되었는지 깊이 탐구했습니다. 그는 이탈리아 도시 국가들의 정치적 분열, 경쟁과 갈등 속에서 예술과 학문이 발전했다고 설명합니다.

부르크하르트의 이 책은 총 6부로 구성되어 있습니다. 1부 '인공물로서의 국가'에서는 이탈리아 르네상스 시기의 정치적 배경을 설명합니다. 부르크하르트는 피렌체, 베네치아, 제노바 등과 같은 이탈리아의 도시 국가들이 번성하거나 쇠퇴하는 과정을 묘사하며, 이러한 정치적 구조가 예술과 문화에 미친 영향을 설명합니다. 그는 이 도시 국가들이 마치 '예술 작품'처럼 인공물로 만들어졌다고 비유하면서, 정치가들의 권력 투쟁이 곧 도시의 발전과 쇠락을 이끌었다고 주장합니다.

2부 '개인의 발전'에서는 르네상스가 개인주의와 자아의 발견을 촉진한 시기임을 강조합니다. 특히 인문주의는 개인의 자율성과 창의적 표현을 중시하며, '만능인L'uomo universale'의 개념을 발전시켰습니다. 이는 학문과 예술을 넘나드는 다재다능한 인간상을 이상으로 삼은 것입니다.

3부 '고대의 부활'에서는 고대 그리스와 로마의 문화가 재발견되고, 이를 통해 인류의 새로운 문화를 창조한 과정을 다룹니다. 부르크하르트는 이 시기의 학자들이 고전 문헌을 탐구하고, 인문주의적 관점을 통해 인간의 본질을 새롭게 정의했다고 설명합니다.

4부는 '세계와 인간의 발견'을 주제로 르네상스 시기에 인간이 어떻게 자연과 자신을 새롭게 인식하게 되었는지 설명합니다. 신 중심의 세계관에서 벗어나 인간 중심의 사고방식이 확립되었고, 이는 과학적 탐구로 이어졌습니다.

5부 '사교와 축제'에서는 르네상스 상류층의 화려한 축제 문화와 사교 생활을 다룹니다. 당시 축제는 단순한 오락이 아니라 사회적 지위와 권력을 드러내는 중요한 장이었습니다.

마지막 6부는 '윤리와 종교'를 주제로, 르네상스 시기에 여전히 중요한 역할을 했던 종교와 종교적 변화에 관해 설명합니다. 부르크하르트는 르네상스를 세속화된 시기로만 보지 않고, 종교적 신념과 도덕적 가치관이 여전히 중요한 역할을 했음을 강조합니다.

부르크하르트는 이탈리아 르네상스가 인류 역사에서 중요한 전환점이라고 설명합니다. 정치적, 사회적, 문화적 변화를 포함한 전방위적 운동이었다는 것입니다. 이탈리아 르네상스는 예술과 학문뿐만 아니라 정치사상, 자연 과학, 사회적 변화의 원동력이 되었습니다. 부르크하르트는 이 점에서 르네상스가 인류의 역사에서 중요한 시대였으며, 그 영향은 오늘날까지 이어지고 있음을 강조합니다.

물론 부르크하르트의 해석은 여러 비판도 받고 있습니다. 그는 르네상스를 주로 상류층 지식인과 예술가 중심으로 바라보며, 대중의 삶과는 괴리된 면이 있다고 평가받습니다. 그의 개인주의 강조 또한 상류층에 국한된 것이며, 당시 대다수의 사람은 여전히 중세적 사고방식과 공동체 중심의 생활을 유지했다는 점에서 비판을 받습니다.

그럼에도 불구하고, 부르크하르트의 저서는 르네상스 연구에서 중요한 전환점을 제공한 고전으로 남아 있습니다. 이 책은 방대한 역사적 자료와 세밀한 분석을 바탕으로, 이탈리아 르네상스를 이해하는 데 있어 필수적인 참고서로 자리 잡았습니다. 그는 르네상스를 근대의 시작으로 규정하면서 인간의 자각과 자유로운 사고가 사회 변화를 이끈 중요한 계기임을 분명히 했습니다.

그런데 이에 대해서 깊이 있게 고찰할 부분이 있습니다. 네덜란드의 역사학자 요한 하위징아는 그의 저서《중세의 가을》에서 중세를 단순히 쇠퇴의 시대가 아니라, 화려한 문명이 저물어가는 시기로 묘사합니다. 하위징아는 중세가 르네상스의 밑거름이 된 문화적 기반을 제공했음을 강조하면서, 중세와 르네상스를 연속적인 흐름으로 설명합니다. 그는 중세 말기의 복잡한 문화적 정서와 사회적 변화를 통해 르네상스가 자연스럽게 발전했다고 보았습니다.

따라서 시대를 구분할 정도의 변화가 있었다 하더라도, 앞선 시대와의 '단절'을 지나치게 강조하는 것은 역사적 연속성을 간과하게 하는 위험이 있을 수 있습니다. 그럼에도 불구하고 '르네상스 시대'가 갖는 상징적인 의미는 무시할 수 없습니다. 이탈리아 르네상스의 대표적인 유적과 유물을 찾아보고, 그 시대의 화려함과 혁신을 체험해 보는 건 분명 값진 경험이 될 것입니다.

도서 분야	역사	관련 과목	세계사	관련 학과	역사학과, 예술학과, 미술학과, 사회학과, 문화콘텐츠학과

▶ 이탈리아 르네상스의 시대적 배경 살펴보기

이탈리아 르네상스의 배경에는 여러 사회적, 정치적 요소가 복합적으로 작용하였다.

① 14세기 말부터 유럽을 휩쓴 흑사병으로 인해 유럽 인구의 약 3분의 1이 사망하였으며, 이는 사회 구조와 경제에 큰 변화를 일으켰다. 흑사병 이후 노동력이 감소하면서 도시가 성장하고, 봉건 제도가 약화되었으며 경제 활동이 부활하였다. 이 과정에서 부유한 상인 계층이 등장하였고, 그들은 예술과 학문에 대한 후원을 통해 사회적 지위를 높이고자 하였다.

② 특히 이탈리아는 피렌체, 베네치아, 밀라노와 같은 도시 국가들이 중심이 되어 상업과 무역의 번영을 통해 경제적 부를 축적하였다. 피렌체는 메디치 가문과 같은 유력한 후원자들을 통해 르네상스 예술과 학문의 중심지로 발전하였으며, 이탈리아 전역에서 예술과 학문의 발전이 이루어졌다.

③ 또한, 이탈리아는 고대 로마 제국의 유산을 물려받은 지역으로, 고대 그리스와 로마의 문헌, 예술, 철학에 대한 관심이 다시 일어나게 되었다. 인문주의자들은 고전 문헌을 연구하고, 이를 바탕으로 인간 중심의 새로운 사상과 문화를 발전시켰다. 이들은 고대 문명의 재발견을 통해 인간의 능력과 잠재력을 강조하였고, 이러한 사상은 르네상스 예술과 학문에 큰 영향을 미쳤다.

④ 이탈리아는 정치적으로 여러 도시 국가들이 경쟁하는 구조로 되어 있었다. 각 도시 국가는 독립된 정치체로서 서로 경쟁하면서도 동맹을 맺고, 외교적 교류를 활발히 하였다. 이러한 정치적 경쟁은 예술과 학문의 발전을 촉진하는 역할을 하였으며, 각 도시 국가는 자신들의 위상을 높이기 위해 예술가와 학자들을 후원하였다.

이처럼 이탈리아 르네상스는 사회적, 경제적, 정치적 변화가 복합적으로 작용한 결과로 나타난 문화적 부흥이었다. 고대 문명의 유산을 바탕으로 인간 중심의 새로운 사상과 문화를 발전시켰으며, 이는 이후 유럽 전역에 큰 영향을 미쳤다.

▶ 이탈리아 르네상스와 북유럽 르네상스의 비교

	이탈리아 르네상스	북유럽 르네상스
시기	14~16세기	15~16세기
중심지	피렌체, 로마, 베네치아 등 이탈리아 도시들	플랑드르(현재의 벨기에), 독일, 네덜란드, 잉글랜드 등 북유럽
중심 사상	인문주의Humanism: 인간의 자아 발견, 고대 그리스·로마 문화 부흥	기독교 인문주의Christian Humanism: 종교 개혁과 윤리적 교훈 중심
예술적 특징	· 고전 그리스·로마의 이상적 인체 비례 및 아름다움 강조 · 원근법, 자연스러운 공간감과 빛의 표현 · 세속적인 주제 및 신화적 주제 강조	· 사실적인 세부 묘사와 텍스처 표현 · 종교적 주제가 중심, 도덕적 교훈 강조 · 일상적이고 평범한 삶의 장면을 상세히 묘사
대표적 예술가 및 작품	· 레오나르도 다 빈치: 모나리자, 최후의 만찬 · 미켈란젤로: 다비드상, 천지창조 · 라파엘로: 초원의 성모, 아테네 학당 · 보티첼리: 봄	· 얀 반 에이크: 얀 더 레이우의 초상 · 히에로니무스 보스: 쾌락의 정원 · 피터르 브뤼헐: 바벨탑 · 에라스무스: 우신예찬

종교 철학의 영향	•플라톤주의 및 스토아 철학 등 고대 그리스 철학의 부흥 •고대 문헌 부활과 해석	•종교 개혁의 영향(루터파와 칼뱅파 확산) •윤리적 가치와 도덕성 강조

현재에 적용하기

부르크하르트는 르네상스 시대가 '개인'을 발견한 시기임을 강조하였다. 르네상스적인 개인의 발견이 주는 의미가 무엇인지 생각해 보고, 이를 자신의 삶에 어떻게 적용할 수 있을지 구체적으로 정리해 보자.

생기부 진로 활동 및 과세특 활용하기

▶ 책의 내용을 진로 활동과 연관 지은 경우 (희망 진로: 미술사학과)

'이탈리아 르네상스의 문화(야콥 부르크하르트)'를 읽고, 르네상스 시대가 미술사에서 갖는 중요한 의미를 깊이 있게 탐구함. 대표적인 르네상스 예술가들의 작품 속에 나타난 인간 중심의 세계관을 분석하는 데 집중함. 르네상스 예술이 개인의 자아를 발견하고 표현하는 데 기여한 방식과 그 시대의 문화적 맥락이 어떻게 예술사적 변화를 이끌었는지에 대한 보고서를 작성하여 제출함. 르네상스 예술의 핵심인 '개인주의'와 '고전 문화의 부활'이라는 개념을 현대 미술사 연구에 적용한 점이 돋보임. 이를 통해 앞으로 미술사학도로서 유럽 근세의 예술이 현대 예술에 남긴 영향을 탐구하고, 다양한 미술사적 해석을 더하는 것을 목표로 삼음. 또한 르네상스 시대가 미술사적으로 중요한 전환점임을 인식하며, 관련 미술 전시회와 유적 답사를 통해 실제 예술 작품을 체험하려는 구체적인 장래 계획을 세움.

▶ 책의 내용을 과학 교과와 연관 지은 경우

'이탈리아 르네상스의 문화(야콥 부르크하르트)'를 읽고 르네상스 시대의 과학적 혁신을 탐구함. 르네상스가 예술과 철학뿐만 아니라 과학적 사고에도 혁명적인 변화를 일으켰다는 점을 중심으로, 갈릴레오 갈릴레이, 코페르니쿠스, 레오나르도 다 빈치 등의 과학자들이 이룬 업적을 깊이 있게 연구함. 코페르니쿠스의 지동설과 갈릴레오의 천문학적 연구에서 영감을 받아 태양계 모형을 제작하고, 지동설과 천문 관측의 원리를 실험적으로 재현하는 프로젝트를 진행함. 과학적 방법론을 적용해 가설을 세우고 이를 검증하는 과정에서 르네상스 시대 과학 혁명이 현대 과학적 탐구의 기초를 어떻게 형성했는지를 구체적으로 경험하고 기록함. 또한, 르네상스가 과학적 사고의 변곡점이었음을 인식하며, 현대 천문학 및 우주 탐사와 연결하는 콘텐츠 기획서를 만들어 제출함. 이를 통해 과학적 탐구 능력을 더욱 확장하고, 근대 과학의 기초가 된 르네상스의 과학적 혁신이 현대의 과학 연구에 미치는 영향을 분석하는 기회를 가짐.

후속 활동으로 나아가기

▶ 르네상스 시대의 철학과 예술이 현대 예술에 미친 영향을 탐구하는 보고서를 작성해
보자.

▶ 르네상스 시대의 예술 작품을 현대적 관점에서 재해석하는 온라인 전시회를 기획하
고 운영해 보자.

▶ 부르크하르트의 '이탈리아 르네상스의 문화'를 바탕으로 철학 탐구 보고서를 작성해 보
자. 예컨대 '개인주의의 탄생', '그리스와 로마 철학의 부활', '정치 철학의 변곡점', '과
학과 철학의 만남' 등의 주제를 탐구할 수 있다.

▶ 이탈리아의 유명한 르네상스 건축물을 조사하고, 그 건축물의 역사적 의미와 예술적
특징을 분석해 보자.

함께 읽으면 좋은 책

요한 하위징아 《중세의 가을》 연암서가, 2012.

니콜로 마키아벨리 《군주론》 인간사랑, 2014.

시오노 나나미 《르네상스를 만든 사람들》 한길사, 2001.

양정무 《난처한 미술 이야기 5·6·7》 사회평론, 2018~2022.

주디스 코핀, 로버트 스테이시 《새로운 서양 문명의 역사》 소나무, 2014.

문학과 예술의 사회사

아르놀트 하우저 ▸ 창비

쥘리앵 소렐. 그는 19세기 프랑스 사회 속에서 누구보다 높은 곳으로 올라가길 원했던 인물로, 1830년 출판된 스탕달의 《적과 흑》 주인공입니다. 가난한 목수의 아들로 태어난 소렐은 자신의 지위를 높이기 위해 고군분투했습니다. 소설은 혁명 이후의 프랑스 사회에서 부와 권력을 좇으며 계층을 넘나들려는 한 인간의 치열한 욕망과 갈등을 보여 줍니다.

그러나 그의 꿈은 결국 사회적 현실의 벽에 부딪혀 좌절하고 맙니다. 이 시기는 나폴레옹의 몰락 이후 왕정이 복고되어 혁명기의 이상과 낭만이 사라지고, 사회적 계층이 다시 견고해진 때였습니다. 만약 몇십여 년 전, 프랑스 혁명기의 자유, 평등, 박애의 낭만이 아직 시대를 지배하고 있던 때였다면, 이 소설이 '모든 사람이 자기 운명의 개척자가 될 수 있다'라고 믿었던 그 시기에 쓰였다면, 쥘리앵 소렐의 운명은 달라졌을지도 모릅니다.

즉, 소렐의 실패는 단순한 개인적 비극이 아닙니다. 이는 당시 사회 구조와 정치적 변화 속에서 예술이 반영하는 시대적 갈등을 상징합니다. 이로써《적과 흑》은 단순한 문학 작품을 넘어, 19세기 사회의 한복판에 서 있게 됩니다. 소렐의 인생은 그 시대가 가진 욕망과 갈등, 계층 구조를 그대로 담아내며 예술 작품이 당대의 사회적 조건과 밀접하게 연결되어 있음을 보여 줍니다. 이는 스탕달이 그저 이야기를 풀어낸 것이 아니라, 사회적 문제를 문학적으로 형상화한 것이라 할 수 있습니다.

헝가리 출신의 예술사학자 아르놀트 하우저Arnold Hauser, 1892~1978는 자신의 저서《문학과 예술의 사회사》를 통해 사회에 의해 바뀌어 가는 예술을 주목합니다. 스탕달의 문학들을 분석할 때도 이처럼 사회적 맥락에서 읽어 내려 하지요.

하우저는 대학에서 문학사, 철학, 미술사를 전공하고 1910년대 말 헝가리 부다페스트의 지식인 모임 '일요 서클'의 일원으로 활동한 지식인입니다. 일요 서클은 철학자 게오르크 루카치와 사회학자 카를 만하임 등 여러 저명한 인물들이 참여한 헝가리의 지식인 모임으로, 주로 사회, 철학, 미학, 예술에 관한 깊이 있는 토론을 나누었습니다. 이들은 헝가리의 사회 변화를 모색하고 급진적인 아이디어들을 발전시켰으며 유럽 전역의 지성 운동에 큰 영향을 미친 중요한 사상적 흐름을 형성하였다고 평가받고 있습니다.

제2차 세계 대전의 혼란 속에서 하우저는 영국으로 망명하였고, 1951년 리즈대학교의 전임 강사가 되면서 대표작인 《문학과 예술의 사회사》를 집필했습니다. 그는 문학과 예술이 어떻게 사회적, 경제적, 정치적 변화에 따라 발전해 왔는지를 탐구하며 예술이 단순히 개인의 창의적 산물이 아닌, 사회적 맥락에서 형성된 것임을 강조하였습니다. 즉, 하나의 예술 작품이 어떤 사회적 조건과 어떤 사회적 요인에서 탄생하고, 변화하고, 교체하며 새롭게 구현되는지에 중점을 두었습니다. 이 책은 예술사 연구에 있어 중요한 전환점을 제공하며, 이후 많은 학자에게 사회적 맥락 속에서 예술을 이해하는 새로운 관점을 제시했습니다.

하우저는 예술이 그 시대의 사회 구조, 경제적 상황, 정치적 이념과 밀접하게 연관되어 있다고 주장합니다. 따라서 예술 작품을 이해할 때는 작품이 탄생한 역사적 맥락을 고려해야 한다는 것이지요. 예를 들어, 구석기부터 중세까지의 시기 예술은 '실용적 목적'과 미적인 관심을 직접적으로 일치시키는 게 중요했다고 말합니다. 예술이 추구하는 미적 가치가 자연의 지배, 종교적 제의와 같은 목적에 부합하고 있었다는 것입니다.

정치적 권력과 깊은 연관이 있었던 이집트의 예술 작품을 만든 예술가들은 그들이 속한 사회의 요구에 따라 작업을 수행해야 했고, 개인의 개성보다는 신성한 권위에 맞춰 작품을 제작했습니다. 그리고 그들은 익명에 가까운 수공업자로 취급되었습니다. 작품은 개인적 창작물이기보다는 사회가 요구하는 조직적 작업의 일환으로 이루어졌지요.

그와 달리 르네상스 이후의 근대 예술에서는 실용적인 목적에서 벗어나 나름의 자율성을 추구합니다. 그럼에도 불구하고 사회적인 조건, 배경과 예술은 분리될 수 없습니다. 르네상스 예술은 상업적 후원자의 요구에 따라 발전했으며, 바로크 예술은 절대 왕정의 권위를 강조하는 도구로 사용되었습니다. 하우저는 모차르트의 천재성을 인정하면서도 그의 작품이 탄생할 수 있었던 배경에 당시 음악의 양식과 틀이 이미 정형화되어 있었다는 점을 지적합니다. 모차르트가 짧은 시간에 걸작을 만들어 낼 수 있었던 건 그의 개인적인 능력뿐만 아니라, 그 시대에 확립되어 있던 음악적 관습과 스타일을 잘 캐치해서 활용한 덕분이라는 것입니다.

화가인 렘브란트 또한 한때 부르주아 계층의 취향에 맞는 작품으로 큰 인기를 누렸지만, 그의 작품인 '야경'이 주문자들의 기대에 부합하지 못하면서 몰락의 길을 걷게 됩니다. 이 작품에서 렘브란트는 빛과 어둠의 대비를 통해 현실적이고 자연스러운 표현을 추구했지만, 주문자들은 자신들의 모습이 기대만큼 부각되지 않은 것에 불만을 가졌습니다. 이는 예술 작품이 사회적 요구와 기대에 어떻게 영향을 받는지를 보여 주는 사례입니다.

《문학과 예술의 사회사》는 선사 시대부터 현대까지 서구 문학과 예술의 역사를 사회사적 관점에서 서술한 통사通史로, 총 4권으로 쓰였습니다. 광범한 시대를 다루고 있다 보니, 흥미롭고 유려한 필체로 글을 풀어 가고 있다고 해도 부담스러울 수밖에 없습니다. 그러니 모든 분야를 다 섭렵하겠다는 의도로 책 읽기를 시작하기보다는 끌리는 시대와 작품, 작가에 대한 서술부터 읽어 가는 걸 추천합니다. 현대 시기를 다룬 4권부터 거꾸로 내려가는 것도 좋고, 익숙한 르네상스나 낭만주의를 골라 읽어 보는 것도 좋겠습니다.

이 책은 명저이자 대작으로 손꼽히지만, 사회 결정론적 관점이 지나치게 일방적이라는 비판, 예술의 자율성과 창의성을 간과할 수 있다는 우려가 제기되곤 합니다. 하지만 실제 하우저는 예술의 형성과 발전 과정에서 시대정신이나 예술가 개인의 의지, 주체성을 인정하지 않는 것이 아닙니다. 오히려 예술가가 때로 사회에 강력한 영향을 미칠 수도 있다고 말하지요. 다양한 문화권의 예술을 포괄하지 못하고, 서구의 예술사에 집중했다는 지적은 이 책의 한계임이 분명하지만,《문학과 예술의 사회사》는 예술사 연구에 여러모로 선구적인 저서임은 분명합니다.

우리 삶 곳곳의 예술들은 과연 어떠한가요? 하우저의 관점을 통해 우리가 즐겨 듣는 음악, 자주 읽는 문학 작품, 감상하는 영화, 그림 등이 오늘날의 어떤 사회적 배경과 연결되고 있는지 살펴봅시다. 예술이 담은 인간의 삶을 통찰하는 계기가 될 수 있을 것입니다.

도서 분야	역사	관련 과목	세계사	관련 학과	역사학과, 문예창작과, 미술사학과, 사회학과, 문화콘텐츠학과

▶ **권별 목차 살펴보기**

권	목차	
1권	제1장 선사시대 제2장 고대 오리엔트의 도시문화	제3장 고대 그리스와 로마 제4장 중세
2권	제1장 르네상스 제2장 매너리즘	제3장 바로크
3권	제1장 로코코와 새로운 예술의 태동 제2장 계몽시대의 예술	제3장 낭만주의
4권	제1장 자연주의와 인상주의 제2장 영화의 시대	

▶ **시대적 배경 및 사회적 배경 살펴보기**

아르놀트 하우저의 '문학과 예술의 사회사'는 1940년부터 1950년에 걸쳐 집필되었다. 이 시기는 제2차 세계 대전이 남긴 전쟁의 참상과 사회적 변화로 전 세계가 혼란스러웠던 시기였다. 하우저는 이 책에서 예술 작품이 단순히 미적 가치만이 아니라, 그 시대의 사회적 조건과 밀접하게 연관되어 있음을 보여 주고자 했다. 특히 전쟁과 사회 변혁의 시기에 예술과 문학은 사회의 반영이자 그 변화의 주체로서 중요한 역할을 담당했다. 하우저는 사회학적 관점을 통해 예술과 문학이 시대적·경제적 조건의 산물임을 논증하고자 했으며, 이를 통해 예술 작품이 당시의 사회 구조와 어떻게 연계되었느지를 탐구했다. 이 책은 예술 작품을 사회적 맥락에서 이해하는 데 필수적인 고전으로 평가받고 있다.

현재에 적용하기

소셜 미디어의 발달로 개인이 예술을 창작하고 공유하는 것이 쉬워졌으며, 이는 새로운 사회적 현상을 만들어 내고 있다. 예술은 사회 운동과 결합하여 변화의 도구로 사용되기도 한다. 이와 같은 사례를 조사하고, 하우저의 관점에서 고찰해 보자.

생기부 진로 활동 및 과세특 활용하기

▸ 책의 내용을 진로 활동과 연관 지은 경우(희망 진로: 경영학과)

'문학과 예술의 사회사(아르놀트 하우저)'를 읽고, 예술이 경제와 어떻게 상호 작용을 하는지에 깊게 관심을 가짐. 현대 소비자들이 관심을 두는 사회적 이슈들이 예술 작품에 어떻게 반영되고, 그 작품들이 다시 사회에 어떤 영향을 미치는지를 분석함. 이 과정에서 예술이 단순한 표현 수단이 아닌, 사회적 변화를 이끌어 내는 중요한 역할을 하고 있음을 깨달음. 이를 바탕으로 '예술과 트렌드를 활용한 마케팅 전략 개발 프로젝트'를 수행함. 현대 예술 작품에서 나타나는 사회적 메시지와 트렌드를 파악하고, 기업의 마케팅 전략에 적용하는 방안을 모색함. 구체적으로 디지털 아트를 제작하여 환경 보호, 인권 등의 사회적 이슈를 담은 콘텐츠를 만들고, 소셜 미디어 플랫폼에서 캠페인을 전개하여 수익을 창출함. 이 과정에서 예술과 마케팅의 융합이 소비자들에게 강한 인상을 남기고, 사회적 영향력도 높일 수 있다는 것을 이해하게 됨.

▸ 책의 내용을 사회 교과와 연관 지은 경우

'문학과 예술의 사회사(아르놀트 하우저)'를 읽고, 갈등론의 시각을 적용하여 문학과 예술이 사회적 갈등을 어떻게 반영하고 발전시켰는지 분석함. 사회는 다양한 집단 간의 불평등과 갈등을 통해 변화한다고 보고, 예술에 사회 갈등이 어떻게 표현되고 있는지를 탐색함. 문학과 예술 작품이 사회적 갈등 구조를 어떻게 표현하고 있는지 탐구함. 특히 프랑스 혁명과 산업 혁명 시기의 문학 작품이 노동자 계급과 지배 계층 간의 경제적 불평등과 갈등을 어떻게 드러내고 있는지 검토함. 해당 작품들이 어떻게 피지배 계층의 고통과 불만을 드러내며, 갈등을 예술적 형식으로 표현하는지 탐구하고자 함. 이러한 예술 작품이 사회적 불만을 반영하는 것을 넘어서, 갈등을 통해 사회 변화를 촉진하는 역할을 수행한다는 점을 갈등론의 관점에서 이해하고 분석 내용을 보고서에 담음. 사회 갈등이 사회적 문제를 넘어서 사회 구조의 변화를 이끄는 핵심적인 요소임을 이해하고, 예술의 사회적 기능을 깊이 있게 탐구함.

후속 활동으로 나아가기

▸ 책을 읽고 관심 있는 예술가나 문학 작품을 선정한 후, 예술가나 작품이 만들어진 사회적 배경을 조사하여 발표해 보자.

▸ '예술가는 시대의 산물인가, 시대를 초월하는 존재인가'의 주제로 토론을 진행해 보자.

▸ 현대 예술가의 예술 작품이 어떠한 사회적, 정치적 배경과 연관되어 있는지를 심층적으로 분석한 보고서를 작성해 보자. 예를 들어 봉준호의 '기생충' 작품이 담은 시대상을 조사하고 연구한다.

▸ 현재의 사회적 상황을 반영한 카드 뉴스를 창작해 보자. 그림, 글, 사진 등 다양한 예술 매체를 통해 현대 사회의 문제점이나 가치 등을 표현한다.

함께 읽으면 좋은 책

E. H. 곰브리치 《서양 미술사》 예경, 2017.

발터 벤야민 《기술복제시대의 예술작품/사진의 작은 역사 외》 길, 2007.

움베르트 에코 《미의 역사》 열린책들, 2005.

움베르트 에코 《추의 역사》 열린책들, 2008.

전원경 《예술, 역사를 만들다》 시공아트, 2016.

존 버거 《다른 방식으로 보기》 열화당, 2012.

서양 미술사

E. H. 곰브리치 ▸ 예경

E. H. 곰브리치^{E. H. Gombrich, 1909~2001}는 《서양 미술사》의 첫 문장에서 미술^{Art}이라는 것은 사실상 존재하지 않으며 다만 미술가들이 있을 뿐이라고 말합니다. 미술이 존재하지 않는다면 우리가 미술관에서 보는 수많은 작품은 무엇일까요? 곰브리치는 이 말을 통해 미술의 역사를 살펴볼 때에는 단순히 작품의 연대기나 기술 발전으로 보지 말고, 그 작품을 만들어 낸 미술가들의 생각과 창의성을 이해해야 한다는 점을 강조하고 있습니다. 이 책은 다소 어렵고 멀게 느껴질 수 있는 미술의 흐름을 쉽고 재미있게 설명하면서 동시에 각 시대의 미술가들이 무엇을 표현하고자 했는지 깊게 생각할 기회를 제공하는 책입니다.

곰브리치는 20세기의 대표적인 미술사가이자 예술 이론가로 유명합니다. 1909년 오스트리아 빈에서 태어난 그는 전통적인 미술사를 공부하면서도 미술을 단순히 예술의 발전 과정으로만 설명하는 방식에 의문을 품었습니다. 곰브리치는 미술을 사회와 철학, 시대적 배경과 함께 이해해야 한다고 주장했습니다. 그의 철학은 《서양 미술사》에 그대로 담겼고, 그래서 책의 제목도 'The Story of Art', 즉 교과서처럼 딱딱한 글이 아닌 예술에 관한 편안한 이야기라고 지었습니다. 이 책은 1950년 첫 출간된 이래 전 세계에서 미술을 처음 배우는 학생들의 필독서로 자리 잡았습니다.

곰브리치는 기술이나 양식의 변화가 미술의 역사를 이끄는 것이 아니라, 그 시대의 철학적 사고와 사회적 변화로부터 크게 영향을 받는다고 강조합니다. 이에 독특한 서술 방식을 취하고 있는데, 첫째는 문제 해결의 과정으로 미술사를 서술합니다. 예컨대 원근법의 발명에 대해서는 왜 화가들이 '보이는 그대로' 재현하며 그리지 않는지 그 이유를 질문하고, '왜 그랬는지'의 의문을 해소하는 형태로 서술하는 식입니다. 레오나르도 다빈치의 '최후의 만찬'을 설명할 때도 작품에 표현된 중심 사건을 '해결'해 가는 방식을 취합니다. 실감 나게 그 상황을 묘사하기 위해 다빈치가 선택하고 취한 방법들을 소개하고는 이러한 지난한 과정을 성공적으로 해낸 다빈치를 칭찬하는 형태입니다. 그러다 보니 '미술가'의 행위에 집중하는 형태로 미술사를 서술하고 있는 것이지요.

둘째, 서양 미술의 흐름을 '지각적 도식화'와 '현실의 재현'으로 구분하여 서술합니다. 지각을 도식화한다는 건 말하자면 그림을 그릴 때 예술가는 '머리에 떠오르는 바'를 어떤 틀이나 형식으로 표현할지를 선택한다는 것입니다. 대부분 철학적, 종교적 개념을 중심으로 한 미술을 추구할 때 이러한 선택을 하게 되며, 현실을 재현하는 것보다는 상징적이고 추상적인 표현을 중시하는 경우입니다. 이러한 미술 방식은 사회적이거나 종교적인 메시지를 전달하는 데 중점을 두게 됩니다.

현실을 가능한 한 사실적으로 재현하려는 미술은 인간의 신체나 자연 등을 있는 그대로 묘사하는 경향이 강합니다. 비례, 균형, 자연스러운 동작을 추구하며 시각적으로 '사실'에 가까운 것을 지향합니다.

곰브리치는 서양의 미술사에는 지각의 도식화와 현실의 재현이라는 두 가지 중요한 경향이 나타난다고 보고 있습니다. 즉, 원시 및 고대 미술 시기에는 생각을 형식화하는 걸 추구했습니다. 이집트 미술가들은 각 부분의 특징을 가장 잘 보여 줄 수 있는 도식을 선택합니다. 상징적이고 평면적인 표현을 중시하여, 인물이나 사물을 최적화된 가도에서 표현하고자 한 것이지요. 얼굴은 옆모습, 눈은 정면, 상반신은 정면, 팔과 다리는 옆모습으로 그리는 방식입니다. 연못은 위에서, 물고기는 옆에서 그려야 그 본질을 제대로 표현할 수 있다고 여기는 것입니다.

그러나 그리스 미술은 달랐습니다. 그리스 미술가들은 이집트와 달리 인체를 매우 사실적이고 입체적으로 묘사하며, 이상적인 인간의 신체를 표현하는 것을 추구했습니다. '현실의 재현'을 지향한 것입니다. 그리스 미술의 대표작인 '원반 던지는 사람'이나 '비너스 상'을 보면 바로 이해할 수 있듯, 근육의 디테일, 비율, 입체감, 비례 등 인체의 아름다움과 자연스러운 동작을 '보이는 그대로' 표현하는 걸 중요하게 여겼습니다. 뒤이은 로마 역시 그리스 미술을 계승하면서도 더 현실적이고 실용적인 표현을 추구했습니다.

그러나 시간이 지나면서 미술은 점점 종교적인 도구로 전락해 갔습니다. 중세의 미술은 평면적이고 엄숙한 분위기를 강조하며 신앙과 종교적 주제를 전달하는 데 초점을 맞추는 도식을 선택합니다. 원근법, 사실적 표현은 최대한 지양했으며, 오직 신을 위한 주제에 집중하는 걸 선택했습니다.

그러다 르네상스 시기가 도래합니다. 르네상스는 중세의 종교적 제한에서 벗어나 인간 중심의 미술이 부활한 시기였습니다. 그리스와 로마의 고전적인 미술을 되살리고, 인간과 자연의 현실을 재현하는 것에 집중했습니다. 레오나르도 다빈치는 스푸마토 기법(경계선을 부드럽게 처리하여 현실감을 주는 기법)을 사용해 인물의 미묘한 표정과 입체감을 강조했습니다. 미켈란젤로는 시스티나 성당의 천장화 〈천지창조〉를 통해 인간의 창조와 신성한 순간을 생동감 있게 표현하는 것을 추구했지요.

근대에 이르러 '사진'이 발명되면서 미술은 현실을 재현하는 도구일 필요가 없게 됩니다. 이후 낭만주의와 인상주의가 등장하면서 미술은 다시 지각을 도식화하는 걸 추구하기 시작합니다. 인상주의 화가들은 순간적인 빛, 색을 포착하는 것에 집중했고, 추상적이고 감각적인 표현을 추구했지요. 현대 미술에서는 피카소가 대표적입니다. 피카소는 다양한 각도에서 동시에 사물을 표현하는 입체파(큐비즘)를 발전시킵니다. 이집트 미술처럼 여러 각도에서 사물을 포착하는 걸 추구했으며, 이는 단순한 현실의 재현을 벗어나는 혁신적인 시도가 되었습니다.

피카소 이후, 현대 미술은 개성과 창의성을 존중하는 방향으로 나아가고 있습니다. 각 예술가는 자신만의 스타일과 표현 방법을 자유롭게 탐구할 수 있게 되었으며, 창의적인 실험도 활발해졌습니다. 곰브리치는 미술이 앞으로 계속해서 존재할 것인지는 대중의 관심과 태도에 달려있다고 역설했습니다.

곰브리치는 시대의 산물로서 미술을 주목하며 미술 작품이 단순히 아름다움을 표현하는 것이 아니라, 그 시대의 사회적, 정치적 이념을 반영하는 중요한 도구라고 보았습니다. 그는 미술 작품을 이해하는 데 있어 그 작품이 탄생한 시대적 배경과 그 시대의 예술가들이 직면한 도전과 변화를 이해하는 것이 필수적이라고 주장합니다.

앞서 이야기한 곰브리치의 문장을 다시 상기해 보겠습니다. 미술이라는 것은 사실상 존재하지 않으며, 다만 미술가들이 있을 뿐이라는 말은 미술이 절대적 개념이나 고정된 형식이 아니라, 시대마다 미술가들의 창조적 행위를 통해 만들어졌다는 걸 의미합니다. 미술은 끊임없이 변화하며, 시대적 요구와 미술가의 해석에 따라 새롭게 정의되어 왔습니다. 도식화할 것인지, 재현할 것인지, 달리 표현할 것인지에 대한 미술가의 선택에 따라서요.

그러나 이러한 접근 방식에 대한 비판도 있습니다. 다양한 미술이 지닌 동적인 특성을 충분히 반영하지 못할 수 있다는 우려와, 쉽게 쓰려다 보니 깊이 있는 예술적 정서를 간과할 수 있다는 지적도 뒤따릅니다. 또한 작가의 의도에 대해 지나치게 의존하는 해석이라는 비판, 현대 미술의 복잡성과 다양성을 반영하기 위해서는 추가적인 연구와 논의가 필요하다는 아쉬움도 언급됩니다. 작가 스스로 이야기했듯, '서양 미술' 그중에서도 유럽 미술에 국한한 연구였다는 것도 중요한 한계라 할 수 있겠습니다.

그럼에도 불구하고, 곰브리치의 《서양 미술사》는 그 어떤 미술사 서적보다도 쉽고 재미있게 깊이 있는 통찰을 경험할 수 있다는 점에서 매우 훌륭한 서적입니다. 또한, 일반 대중이 스스로 미술을 감상할 수 있는 틀을 제공함으로써 미술 감상의 대중화에 크게 기여하고 있다 볼 수 있습니다.

곰브리치는 미술가가 자신의 작품을 통해 전하고자 하는 메시지를 이해하고, 그 시대와 사회를 읽어 내는 게 중요하다고 강조합니다. 미술을 감상하는 행위 역시 '역사적'일 필요가 있다는 이야기입니다. 우리들이 이러한 관점을 가지고, 각 작품 속에 담긴 이야기와 의미를 발견하는 여정을 이어 간다면 더 풍부하고 깊이 있는 미술 경험을 할 수 있을 겁니다.

작품을 바라볼 때, 그 뒤에 숨겨진 의미와 작가의 의도를 탐구해 보세요. 이러한 탐구는 단순한 감상을 넘어, 여러분의 시각을 넓히고 미술이 지닌 다채로운 세계를 이해하는 데 큰 도움이 될 것입니다.

도서 분야	역사	관련 과목	세계사, 미술 감상과 비평	관련 학과	미술사학과, 예술학부, 디자인학과

고전 필독서 심화 탐구하기

▶ 서양 미술사 연대기 살펴보기

연대	특징	기술	사회적 맥락
원시 시대	상징적 표현을 통한 신성 강조	추상적이고 기호적인 표현	종교적, 주술적 목적
고대 이집트	상징성과 영속성 강조	상징적 도식, 평면적 표현	신앙과 권력의 상징
고대 그리스	이상적 인간미와 조화 추구	비례와 균형, 사실적 묘사	인간 중심의 철학적 사고
고대 로마	현실적 재현과 권력의 상징화	사실적 묘사, 입체적 조각	실용성, 공공의 상징
중세 (5~14세기)	신앙과 종교적 메시지 전달	평면적 표현, 상징성 강조	종교와 신앙 중심
르네상스 (15~16세기)	인간과 자연의 재발견, 이상적 조화	원근법과 스푸마토, 사실적 묘사	인간 중심, 자연과의 조화
바로크 (17세기)	감정과 극적 표현 강조	명암 대비, 역동적 구도	정치적 갈등과 종교적 긴장
근대- 인상주의 (19세기)	순간적 인상과 자연의 변화 포착	빠른 붓놀림, 빛과 색의 즉각적 표현	일상생활과 자연에 대한 새로운 시각
현대- 입체파 (20세기 전반)	창의성과 다원성 강조	추상적 표현, 실험적 미술	문화적 다양성과 글로벌화

142   생기부 고전 필독서 30 역사 편

▸ **시대적 배경 및 사회적 배경 살펴보기**

곰브리치의 미술사 연구는 20세기 전반 빈의 지적 전통과 영국에서의 경험이 결합되어 형성되었다. 그는 당시 독일어권 미술사학계에서 지배적이었던 관념론적 해석 방식에서 벗어나, 개별 작품과 작가의 맥락을 중시하는 새로운 접근을 시도했다. '서양 미술사'는 이러한 시각에서 미술사를 서술한 책이다. 그는 미술사를 거시적인 역사적 흐름으로 파악하기보다는 각 예술가가 어떻게 자신만의 방식으로 창조적 도전을 해왔는지를 강조하며 미시적인 관점에서 접근했다. 이는 당시 지배적이던 거대 서사와 시대정신을 강조하는 미술사 연구 방법론에 대한 반발로도 이해할 수 있다. 또한 그는 과학적이고 심리학적인 분석을 바탕으로 예술의 지각적 측면을 설명하려고 노력했다. 이는 그가 칼 포퍼와 같은 철학자들과의 교류를 통해 영향을 받은 부분이다. 곰브리치는 예술을 과학적 방법론으로 분석하는 데 초점을 맞추었으며, 이를 통해 미술이 어떻게 지각되고 발전해 왔는지를 설명하고자 했다.

현재에 적용하기

곰브리치는 각 시대의 미술가들이 역사적인 배경 속에서 어떤 선택을 취하는가에 따라 작품이 만들어진다고 설명한다. 현대 미술가들이 오늘날의 사회적 이슈를 자신의 작품에 어떤 식으로 반영하고 있는지 살펴보자.

생기부 진로 활동 및 과세특 활용하기

▶ 책의 내용을 진로 활동과 연관 지은 경우(희망 진로: 예술학과)

'서양 미술사(E. H. 곰브리치)'를 읽고 서양 미술의 흐름과 각 시대의 맥락 속에서 미술 작품이 사회에 미친 영향을 분석함. 미술가들이 예술을 통해 시대적 이슈와 철학적 사고를 어떻게 표현했는지 깊이 탐구하였으며, 전시 기획 및 예술 작품 관리에 대한 관심을 구체화함. 특히 예술의 발전과 가치 보전을 위한 미술관 학예사의 역할을 경영학적인 관점에서 이해하려고 노력함. 시대의 대표적인 작품들을 분석하고 이 작품들이 당시 사회적·정치적 변화와 어떻게 연결되어 있는지에 대한 보고서를 작성함. 인상주의 화가들이 빛과 색을 표현하는 방식을 연구하여, '빛을 통한 현실의 재해석'이라는 주제로 가상 전시를 기획함. 작품 선정, 전시 구성, 관람 동선 설계 등 전시의 전체적 흐름을 체계적으로 정리한 기획안이 돋보였으며, 해당 작품의 사회적 의미를 강조한 '큐레이터의 변'을 추가하여 대중이 미술 작품을 보다 깊이 있게 이해할 수 있도록 전시의 의도와 의미를 풍부하게 전달함.

▶ 책의 내용을 미술 교과와 연관 지은 경우

'서양 미술사(E. H. 곰브리치)'를 읽고 미켈란젤로의 '다비드상'을 중심으로 르네상스 시대의 예술적 이상이 현대 예술에 미친 영향을 분석한 예술 감상 보고서를 작성함. 특히 르네상스의 인간 중심주의가 예술 작품에 어떻게 드러났는지를 탐구하고, 이를 현대 예술과 비교하여 분석함. 예를 들어, 다비드상의 이상적인 신체 비례가 오늘날에도 여전히 중요한 미적 기준으로 작용하고 있음을 발견함. 또한, 르네상스 시대 예술가들이 인간의 아름다움과 이상을 표현한 방식이 현대 예술가들의 작품에 어떻게 계승되고 변형되었는지 비교 분석함으로써 예술의 지속성과 변화 가능성에 대한 깊이 있는 이해를 심화함.

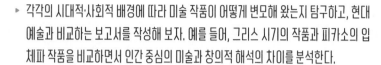

후속 활동으로 나아가기

▶ 각각의 시대적·사회적 배경에 따라 미술 작품이 어떻게 변모해 왔는지 탐구하고, 현대 예술과 비교하는 보고서를 작성해 보자. 예를 들어, 그리스 시기의 작품과 피카소의 입체파 작품을 비교하면서 인간 중심의 미술과 창의적 해석의 차이를 분석한다.

▶ 현대 사회에서 기술이 예술에 미치는 영향을 분석하는 프로젝트를 진행해 보자. 인공지능AI, 가상 현실VR, 증강 현실AR 등 신기술을 활용한 예술 작품을 연구하고 미래의 미술 경향을 예측한다.

▶ 세계 유명 미술관(예: 루브르, 메트로폴리탄, 테이트 모던 등)의 전시 구조와 큐레이터의 역할을 연구하고, 각 미술관이 어떻게 대중에게 예술을 전달하는지 분석하는 탐방 계획서를 작성해 보자.

▶ 지각적 도식화와 현실의 재현을 추구하는 시대의 미술 작품을 비교 분석하여 발표를 진행해 보자.

함께 읽으면 좋은 책

양정무 《난처한 미술 이야기》 사회평론, 2016~2024.
데이비드 호크니, 마틴 게이퍼드 《호크니와 게이퍼드가 말하는 그림의 역사》 미술문화, 2024.
진중권 《진중권의 서양미술사》 휴머니스트, 2021.
이동섭 《파리 미술관 역사로 걷다》 지식서재, 2018.
유홍준 《유홍준의 한국미술사 강의》 눌와, 2010~2023.
마이클 핀글 《예술 도둑》 생각의힘, 2024.
조원재 《방구석 미술관》 블랙피쉬, 2018

문명화과정

노르베르트 엘리아스 ▶ 한길사

여러분은 우리가 살아가는 사회가 어떻게 지금의 모습이 되었는지 알고 있나요? 우리는 왜 식사 예절을 지키고, 공공장소에서 큰 소리를 내지 않으며 감정을 억제하는 것에 익숙할까요? '우리의 일상 행동은 어떻게 형성되었을까?'라는 질문은 노르베르트 엘리아스Norbert Elias, 1897~1990의 《문명화과정》이 던지는 중요한 물음입니다. 오늘날 우리가 당연하기 여기는 행동 방식과 감정 통제는 단순한 예절의 문제가 아닙니다. 이 책은 일상적인 행동의 형성이 국가와 권력 관계의 변화, 사회적 상호 의존성의 증가와 깊게 연관된 복합적인 과정임을 밝히고 있습니다.

엘리아스는 독일 출신의 사회학자입니다. 유대인 가정에서 자랐으며, 프랑크푸르트 대학에서 막스 베버의 제자인 카를 만하임과 함께 사회학을 연구하면서, 「궁정사회」를 자신의 교수 자격 논문으로 정리하였습니다. 그는 1930년대 나치 정권의 집권 이후, 유대인으로서 독일에서 사는 것이 더 이상 안전하지 않았기에 영국으로의 망명을 선택해야 했습니다. 그의 대표작《문명화과정》은 망명 생활 중 영국에서 집필한 책으로, 인간의 행동, 감정, 사회적 규범이 오랜 시간에 걸쳐 국가 형성과 같은 거시적 사회 변화와 어떻게 맞물리며 진화했는지를 설명하고 있습니다. 발간 당시에는 크게 주목받지 못했으나, 1968년 재출판된 이후 아날학파에 의해 학술적 가치를 인정받기 시작했습니다. 이후 사회학, 역사학, 심리학 등 다양한 학문 분야에서 중요한 연구서로 자리매김하였으며, 인간 행동의 역사적 변화를 이해하는 데 필수적인 텍스트로 널리 읽히고 있습니다.

《문명화과정》은 두 권으로 이루어진 방대한 저작입니다. 유럽 사회가 중세부터 현대까지 어떻게 변화해 왔는지를 분석하는데, 특히 개인의 심리와 사회 구조의 변화를 연관 지어 설명하는 것에 집중합니다. 예절, 감정의 통제, 권력관계의 변화가 핵심이지요.

1권은 예절, 즉 사회적 행동 양식의 역사를 주제로 중세와 근대 초기 서구 상류층의 행동 규범과 감정 규제가 어떻게 변화했는지를 다룹니다. 엘리아스는 식사 예절, 성적 행동, 폭력의 통제 등 일상적인 행동이 점차 규제되는 과정을 설명하며, 수치심과 불쾌감의 한계가 어떻게 변화하는지를 탐구합니다. 중세 유럽에서는 감정을 자유롭게 표현했고, 폭력이나 잔인한 행위도 일상적이었습니다. 예를 들어, 공개 처형이나 잔인한 형벌이 대중 오락으로 받아들여지기도 했습니다. 16세기 이후에는 중앙 집권화된 국가가 형성되면서 왕을 중심으로 한 궁정사회가 발전합니다. 귀족들은 왕의 호의와 권력을 얻기 위해 경쟁했고, 이는 그들 사이의 행동 규범과 예절의 발달로 이어졌습니다. 궁정사회에서 살아남기 위해서는 자신의 감정을 통제하고 타인의 기분을 관찰하는 능력이 중요해졌습니다. 이는 단순한 행동의 제약이 아니라, 외부적 강제가 내면화되어 자기 통제로 발전하는 과정이었습니다. 엘리아스는 이를 '심리적 자아의 형성'이라 설명합니다.

2권은 국가 형성과 문명화과정으로 국가의 폭력 독점과 권력의 집중이 문명화에 어떤 영향을 미쳤는지를 다룹니다. 중앙 집권화된 국가의 형성은 권력이 한 곳에 집중되는 것을 의미했습니다. 이는 폭력의 독점과 법률 체계의 확립으로 이어졌습니다. 개인 간의 폭력은 금지되었고, 분쟁은 법률에 따라 해결되었습니다. 이는 사회 전반의 안정과 예측 가능성을 높였습니다. 한편, 경제적, 정치적 관계가 복잡해지면서 구성원 간의 상호 의존성이 증가했습니다. 이는 개인이 타인의 감정과 생각을 더욱 신경 쓰게 만들었고, 사회적 규범과 예절이 강화되었습니다. 이를 통해 엘리아스는 문명화과정이 인간 행동을 세련되고 예의 바르게 만들었지만, 동시에 개인의 자유와 자연스러운 감정 표현을 억압했다고 지적합니다.

엘리아스는 인간 사회의 장기적인 변화를 심층적으로 이해하기 위해 처음부터 이 책을 두 권으로 기획한 것으로 보입니다. 그는 문명화과정을 개인의 행동 변화와 국가 형성이라는 두 가지 주요 축으로 나누어 설명하고자 했습니다. 1권은 일상생활의 변화와 개인의 자기 규제에 중점을 두었고, 2권은 국가 형성과 권력 집중이 문명화에 미친 영향을 다룬 것이지요. 1권과 2권은 서로 긴밀히 연결되어 있으며, 엘리아스의 주요 주장인 개인의 행동과 감정이 국가 형성 및 사회 구조와 상호 작용을 하면서 문명화가 이루어진다는 통합적인 관점을 제시하고 있습니다.

한편, 엘리아스는 이제까지 사회학의 이론적 전통에서 거의 취급되지 않았던 일상 의례에 주목했습니다. 식탁에서의 행동 규칙, 코를 풀고 침을 뱉는 방식에 관한 행동 지침을 수록한 예법서를 살펴봄으로써 유럽 사람들의 일상 의례가 12세기에서 19세기에 이르는 동안 점점 변화해 왔으며, 이러한 예법의 변화는 곧 행동의 외면적 통제가 내면적 통제로 전환되는 과정이었음을 밝혔습니다.

예를 들어, 나이프와 포크를 사용한 식사 문화, 서양의 일상적인 식생활로 여겨지는 이 문명화는 언제부터 시작되었을까요? 포크가 처음으로 식탁에 등장한 건 중세 말기나 되어서입니다. 11세기 비잔틴의 공주가 베네치아 공국의 궁정에서 금으로 만든 삼지창을 사용해 음식물을 입으로 가져갔을 때, 모든 사람은 매우 놀랐습니다. 이후 그녀가 끔찍한 병을 앓게 되자, 성직자들은 천벌이 내린 거라고 설교하기까지 했지요. 식탁 위의 고기를 손으로 뜯어먹고, 공동으로 술잔을 사용하는 건 중세 상류층에게 당연한 습관이었습니다. 16세기 이탈리아로부터 점차 퍼지기 시작하여 17세기까지도 상류층만의 사치품이었던 포크가 유럽인의 식탁에 널리 사용되기까지는 거의 500년의 세월이 걸렸습니다.《문명화과정》은 이러한 중세의 일상사를 종합하여 '문명화'의 실체를 파헤치고 있습니다.

엘리아스는 초판본을 1968년에 재출판하면서 자신의 이론을 재평가하고 수정해 새로운 머리말을 길게 추가하였습니다. 국내의 번역본에서도 해당 머리말을 번역하여 싣고 있지요. 엘리아스의 입장을 제대로 이해하기 위해서는 1968년 판 머리말을 깊이 있게 고찰하는 것이 필요합니다.

여기서 엘리아스는 자신의 학문적인 입장을 다시금 정리할 뿐 아니라, 기존의 역사 연구와 사회학이 지나치게 정적인 분석을 한다고 비판하기도 합니다. 사회 변화를 장기적인 변화의 과정으로 이해해야 하며, 단기적인 사건이나 고정된 상태로 분석해서는 안 된다고 지적합니다. 또한, 문명화 과정을 단순한 진보가 아닌, 사회적 관계 속에서 이루어진 복합적인 변화임을 강조합니다.

이 책은 쉽지 않습니다. 담아내는 메시지가 굉장히 정교하고 치밀합니다. 그러나 재미있습니다. 특히 1권에 가득한 흥미롭고 인상적인 묘사들과 구체적인 사료들이 매력적입니다. 저자의 의도를 머리말을 통해 제대로 파악하고, 1권을 먼저 읽은 다음 2권을 천천히 시도해 보세요. 우리가 당연하게 여기는 일상생활의 많은 측면들이 역사적 과정을 통해 형성되었음을 이해하고, 우리의 행동과 감정이 사회적 맥락과 밀접하게 연관되어 있음을 깨닫게 될 것입니다.

엘리아스는 문명화과정이 개인의 자유와 감정 표현을 억압하는 측면을 지적하며, 현대 사회에서 사람들이 겪는 스트레스와 소외감이 이러한 억압의 결과일 수 있다고 말합니다. 우리는 과연 현대 사회의 규범과 예절이 진정한 의미에서 우리에게 더 나은 삶을 가져다주고 있는지 고민해 볼 필요가 있습니다. 학교, 가정, 친구 사이에서 우리가 따라야 하는 규칙들은 모두 타당한가요? 혹시 우리도 모르게 자신의 감정이나 생각을 억누르고 있지는 않은가요? 이러한 질문을 통해 여러분이 속한 사회 구조와 그 안에서 자신의 위치를 비판적으로 재고하는 기회를 가져 볼 수 있기를 바랍니다.

도서분야	역사	관련과목	세계사, 사회문화	관련학과	역사학과, 사회학과, 인류학과, 역사교육과

▶ 기본 개념 및 용어 살펴보기

개념	의미
결합태	개인들이 사회 속에서 맺는 권력 관계와 상호 의존성을 포함한 역동적인 사회적 구조를 설명하는 개념. 문명화과정은 개인들이 서로에게 영향을 주고받는 결합태의 변화 과정임. 엘리아스는 사회적 변화를 개인의 변화와 따로 떼어 놓고 볼 수 없다고 설명함.
자기 통제	개인이 자신의 행동과 감정을 외부의 사회적 규범에 맞춰 스스로 통제하는 능력. 단순한 억압이 아니라, 사회적 관계 속에서 발달되는 심리적 기제이며 문명화 과정의 중요한 특징. 중세 사회에서는 감정과 행동이 비교적 자유롭게 표현되었으나, 근대 사회로 오면서 개인은 점차 자신의 행동을 규제하게 되며, 자기 검열과 자기 통제 능력이 발전하게 됨.
사회적 상호 의존성	사람들은 서로 의존하고 살아가며, 이러한 상호 의존성은 시간이 지남에 따라 더욱 복잡해짐. 엘리아스는 문명화과정이 진행됨에 따라 사회 구성원들 간의 상호 의존성이 증가한다고 보고 있음. 이는 개인의 행동이 타인에게 미치는 영향이 커짐을 의미하며, 따라서 개인은 자신의 행동을 더욱 조심스럽게 통제하게 됨.
심리적 자아의 형성	개인이 자신의 감정과 행동을 내면화하고 스스로 통제하는 능력을 갖추게 되는 과정. 문명화과정에서 개인은 외부의 규범과 규칙을 내면화하여 자기 통제를 강화함. 이는 사회의 규범이 개인의 내면으로 스며들어 자아를 형성하는 것을 의미하는 것임.
기능적 민주주의	사회적 기능의 분화와 상호 의존성의 증가로 인해 발생하는 권력 관계의 재조정 과정. 엘리아스는 이를 통해 사회 구성원들이 서로 더 많은 제약과 의존 관계 속에서 균형을 이루게 된다고 설명함. 현대 민주주의 사회의 형성 과정과 관련된 중요한 개념.

▸ 국가의 사회 발생사 이해하기

노르베르트 엘리아스는 국가의 형성과 개인 행동의 변화가 긴밀하게 연결된 과정으로 이루어진다고 보았다. 그는 국가의 사회 발생사가 개인의 행동과 감정을 통제하게 만드는 심리 발생사의 전제 조건이라고 설명했다. 중세 사회에서는 각 지역의 영주들이 독립적으로 권력을 행사했으나, 16세기 이후 왕을 중심으로 한 중앙 집권화가 이루어지면서 궁정이 중요한 사회적 무대로 부상하였다. 귀족들은 왕의 권력에 가까이 다가가기 위해 궁정 내에서 세련된 예절과 자기 통제를 발전시켰고, 이 과정에서 감정 표현이 점차 억제되었다. 이러한 궁정 생활의 규범은 귀족뿐만 아니라 시민 계급에도 영향을 주어 새로운 사회적 행동 양식이 확립되었다.

국가의 형성과 함께 폭력의 독점이 이루어지면서 개인 간의 폭력적 분쟁은 금지되었고 법적 질서가 강화되었다. 이는 개인이 자신의 충동적 행동을 억제하고, 사회적 규범에 따라 행동하는 심리적 자아를 발달시키는 계기가 되었다. 엘리아스는 이러한 국가의 통치 구조와 개인의 심리적 변화가 상호 작용을 하며 문명화과정을 이끌어 왔다고 보았다. 이는 단순한 행동 변화가 아니라, 사회적 관계와 권력 구조가 복합적으로 얽혀 있는 과정임을 시사한다.

문명화 과정을 공부하면서 우리의 평범한 일상을 새롭게 바라보자. 내가 친구들과 있을 때, 가족들과 있을 때, 선생님과 있을 때 어떻게 다르게 행동하는지 살펴보자. 이를 통해 우리가 다른 사람들과의 관계 속에서 어떻게 우리의 감정과 행동을 조절하는지 이해할 수 있다. 예를 들어 하루 일과를 기록하면서, 내가 누구와 함께 있을 때 어떤 행동을 하는 지, 그리고 그 순간의 나의 감정은 어땠는지 살펴보는 활동을 해 보자.

생기부 진로 활동 및 과세특 활용하기

▸ 책의 내용을 진로 활동과 연관 지은 경우(희망 진로: 교육학과)

'문명화과정(노르베르트 엘리아스)'을 읽고, 교육이 문명화과정에서 수행한 역할을 심도 있게 분석한 보고서를 작성함. 엘리아스의 이론은 인간의 행동이 점차 규제되고, 사회적 규범이 형성되는 과정을 설명하는데 특히 교육이 이러한 변화에 중요한 역할을 해왔다는 점을 집중적으로 탐구함. 이를 통해 학교 교육이 예절과 규범을 학생들에게 전달하고, 사회적 통합을 강화하는 기능을 했음을 분석함. 중세의 가정 교육과 근대 학교 교육의 차이를 통해 교육의 변화가 문명화과정에서 규범을 어떻게 전수했는지를 구체적으로 설명하고, 현대 교육 체제의 역할을 고찰함. 교육이 개인과 사회에 미치는 장기적 영향을 분석하고, 나아가 교육이 사회적 발전에 기여하는 방식을 탐색함.

▸ 책의 내용을 윤리 교과와 연관 지은 경우

'문명화과정(노르베르트 엘리아스)'을 읽고 예절과 규범이 어떻게 유지되고 있는지를 분석함. 사회의 발전 과정에서 인간의 행동이 점차 규제되는 방향으로 나아갔음을 이해하였으며 이는 개인의 도덕적 성장이라기보다 사회적 상호 의존성과 권력 관계의 결합 속에서 나타난 변화임을 강조하는 보고서를 작성함. 특히 중세 유럽의 식사 예절이 어떻게 현대의 윤리적 규범으로 발전했는지를 탐구하여, 사회적 변화가 윤리적 행동에 미치는 영향을 분석함. 또한, 현대 사회에서 윤리적 규범이 어떻게 적용되고 있는지를 탐구하는 추가 과제를 수행함. 현대 사회에서 개인의 행동이 공공장소에서 어떻게 규제되고 있는지를 분석하고, 이러한 행동 규범이 타인과의 상호 작용에서 어떤 윤리적 의미를 지니는지를 연구함. 윤리학과 사회학적 시각을 결합하여 현대 사회의 윤리적 문제를 심도 있게 분석하는 역량이 뛰어남.

후속 활동으로 나아가기

▸ 현대 사회의 예절과 규범이 형성된 과정을 탐구하는 보고서를 작성해 보자.

▸ 엘리아스의 문명화 이론을 적용하여 다른 문화권의 문명화과정과 한국의 문명화과정을 모둠별로 비교 분석하고, 공통점과 차이점을 찾아 토론해 보자.

▸ 문명화과정에서 나타나는 사회적 변화와 그 영향을 역사적으로 탐구하고, 이를 이해하기 쉽게 정리한 디지털 콘텐츠를 제작해 보자.

▸ SNS에서 우리가 지키는 예절은 어떤 것이 있는가? 좋아요 누르기, 선플 달기, 온라인 대화 예절 등 SNS 규범에 대해 살펴보자.

▸ 과거의 문명화과정과 현재 디지털 사회의 변화 과정을 비교하며, 디지털 사회에서 필요한 규범과 예절을 제안하는 보고서를 작성하거나 이를 바탕으로 교육 콘텐츠를 제작하여 학교나 커뮤니티에 공유해 보자.

함께 읽으면 좋은 책

노르베르트 엘리아스 《궁정사회》 한길사, 2003.

노르베르트 엘리아스 《죽어가는 자의 고독》 문학동네, 2012.

한병철 《피로사회》 문학과지성사, 2012.

홍성민 《취향의 정치학》 현암사, 2012.

귀스타브 르 봉 《현명한 존재는 무리에 섞이지 않는다》 페이지2북스, 2024.

나의 문화유산답사기

유홍준 ▸ 창비

"사랑하면 알게 되고 알면 보이나니, 그때 본 것은 전과 같지 않
으리라." 조선 정조 때의 문장가 유한준이 김광국의 화첩《석농화
원》에 붙인 이 글은《나의 문화유산답사기》에 인용되면서 널리 알
려지게 되었습니다. 이 문장은 문화유산을 깊이 있게 사랑하고 이
해할 때 비로소 그 본질적인 가치를 발견할 수 있음을 상징하며, 저
자인 유홍준兪弘濬, 1949~이 이 책을 통해 독자들에게 전하고자 하는
메시지와 맞닿아 있습니다.

《나의 문화유산답사기》는 본래 월간지《사회평론》에 연재하던
내용을 책으로 엮어 출간하면서 시작되었습니다. 남도 지역을 중심
으로 한 '남도답사 일번지'가 1993년 첫 출간된 후 큰 화제를 모으

며 100만 부 이상 판매되었고, 이후 2권과 3권 역시 베스트셀러가 되었습니다. 책의 제목이 '여행기'가 아닌 '답사기'라는 것은, 저자의 집필 목적이 문화유산의 내면적 가치를 발견하고 감상하게 하는 것임을 드러내지요. 유홍준의 답사는 유적지와 문화재의 외형적 아름다움을 넘어서 그 안에 담긴 역사적 맥락, 시대적 흐름, 그리고 그 유산이 지닌 미적, 문화적 의미를 함께 탐구하는 여정입니다.

저자 유홍준은 미술사학자로서 동양 미술과 한국의 문화유산에 대해 오랫동안 연구해 온 학자입니다. 문화재청장(현재의 국가유산청장)으로서 문화유산 보전과 관리에 대한 정책을 추진하기도 했으며, 현재는 명지대 미술사학과 석좌 교수, 한국학중앙연구원 이사장을 맡고 있습니다. 유홍준은 문화유산에 대한 해박한 지식을 바탕으로 대중들과 친근하게 소통하는 능력을 갖추고 있는 이야기꾼이기도 합니다. 그가 진행한 강연이나 TV 프로그램에서 보여 주는 재치와 열정, 풍부한 해설은 많은 사람들에게 감동을 주었으며, 지금도 다양한 미디어를 통해 한국의 문화유산을 널리 알리고 있습니다.

특히 유홍준은 《나의 문화유산답사기》에서 답사지를 그저 설명하는 데 그치지 않고, 자신이 그곳에서 느낀 감정과 생각을 솔직하게 풀어내어 독자들로 하여금 함께 답사하는 듯한 생생한 감각을 느끼게 하고 있습니다. 글이 어렵거나 딱딱하지 않아 마치 동네 어른과 유적지를 함께 돌아다니면서 관련된 이야기를 듣는 것처럼 친근합니다. 이는 학문적 깊이를 유지하면서도 친근하게 대화를 나누는 듯 읽히는 그의 유려하고 시원시원한 글솜씨 덕분입니다. 시인 이시영은 그의 말하는 듯한 문체를 '수다체'라고 칭찬하기도 했습니다.

《나의 문화유산답사기》에는 저자가 서문에서 밝힌 대로, '우리나라는 전 국토가 박물관'이라는 철학이 고스란히 녹아 있습니다. 이는 문화유산이 단지 과거의 유물이 아니라, 현재와 연결된 생동하는 역사적 증거임을 강조하는 것이지요. 이를 위해 저자는 문화유산들의 미적 감상뿐 아니라, 그와 연계된 혹은 저자의 삶을 둘러싼 시대와 역사를 풀어내고 있습니다. 즉, 답사라는 행위를 단순히 유적지를 방문하고 탐색하는 것을 넘어 그 장소가 지닌 과거와 현재의 연속성을 탐구하는 행위로 확장함으로써 독자가 더욱 글에 몰입하게 만들고 있습니다.

예를 들어, 무진장(전북 무주군 등지)을 지날 적에는 1972년 유신헌법 찬반 투표 시 무진장에서 '무진장' 쏟아져 나온 투표율의 캄캄함을(2권), 법흥동 칠층전탑의 저력을 보면서는 삼풍백화점 붕괴 사고, 성수대교 붕괴 사고 등의 아픔을 떠올립니다(3권). 또한, 사북항쟁이 일어났던 시북의 '막장' 인생을 안타까워하고, 민청학련 사건으로 구속되었던 당시와 친우를 떠올리기도 합니다.

전두환 전 대통령이 퇴임 전 황토현 전적지 기념관 앞에 기념식수를 하며 세운 동판을 얼마 지나지 않아 사람들이 돌을 던져 으깨버린 이야기를 소개하면서는 '잔디밭의 이 동그란 빈자리야말로 그 나름의 역사를 지닌 의미 있는 폐허'라며, '마치 그분의 머리처럼 벗겨진 이 동그란 자리'라는 유머를 곁들입니다. 뛰어난 식견에 동반되는 이러한 재치는 역사적 사실에 대한 날카로운 통찰을 제공함과 동시에 독자들이 편안하게 책을 읽을 수 있도록 도와줍니다.

문화유산을 바라보는 애정 어린 시선과 열정도 곳곳에 가득합니다. 저자는 경주 석굴암의 구조가 과학적이고 철학적인 수리 체계에 따라 설계된 점을 강조하며, 이를 통해 신라인들의 뛰어난 기술력과 수리적 지식을 조명합니다(2권). 무서우리만큼 정확한 기술이 가미된 작품이자, 부분과 전체의 조화가 빈틈없이 이루어졌다고 말하며, 현대 기술조차도 감히 넘보지 못할 정도의 과학적 완성도를 가진 걸작이라 평가하지요. 문화유산이 단지 미적인 가치뿐 아니라 과학적·기술적 측면에서도 매우 중요한 의미를 지닌다는 점을 독자들에게 알려 주려 합니다.

또한 유산들이 처해 있는 상황을 비판적으로 바라보기도 합니다. 금강산 기슭의 혁명 선전 문구들이나, 화재로 소실된 낙산사 등 우리 문화유산의 왜곡과 훼손을 안타까워합니다. 이는 문화유산이 단지 과거의 산물이 아니라, 우리가 지금 어떻게 보존하고 지켜 나가야 할 소중한 자산인지를 깨닫게 만들기 위함입니다.

9권에서 12권은 '서울편'으로 서울의 중심부에 위치한 궁궐, 한양 도성, 종묘 등 다양한 문화유산을 상세하게 다루고 있습니다. 화려한 도시, 서울이 사실상 오랜 역사와 전통 속에서 형성된 공간임을 보여 줍니다. 어린 시절의 서울을 떠올리며, 역사적 장소들이 어떻게 오늘날의 서울 속에서 존재하는지에 대한 성찰도 함께 다루고 있습니다.

이처럼《나의 문화유산답사기》는 단순한 문화유산 소개에 그치지 않고, 각 유산이 지닌 역사적 맥락과 사회적 의미를 깊이 있게 탐구하는 책입니다. 유적지의 미적·기술적 측면을 조명하는 동시에, 그 유산들이 속한 시대와의 연관성을 풀어내어 독자들에게 역사적 가치를 새로이 깨닫게 하지요. 현재와 미래를 연결하는 중요한 역사적 증거로서의 문화유산을 강조하며 독자들에게 보존과 계승의 필요성을 일깨워 줍니다.

다만 이러한 문체 때문에 저자의 접근이 지나치게 감성적이거나 개인적인 경험에 치우쳐 있다는 지적이 있습니다. 일부 문화유산의 해석이 과거의 역사적 맥락을 제대로 반영하지 못했다든가, 몇몇 역사적 사실에 대한 해석에 이견이 있다는 점 등 비판이 제기되기도 합니다. 이러한 지적에도 불구하고《나의 문화유산답사기》는 한국 문화유산의 중요성을 대중에게 널리 알리고, 그 가치를 재발견하게 하는 데 크게 기여한 책으로 평가받고 있습니다.

최근 해외여행과 세계 문화에 대한 관심이 계속해서 커지고 있지요. 명절 때마다 국제공항이 인산인해를 이룬 지도 꽤 되었습니다. 그런 와중에도《나의 문화유산답사기》는 한국의 문화유산 속에서 우리가 간과했었던 가치를 재발견하게 해 줍니다. 저자는 문화유산을 보존하고 연구하는 게 단순히 과거를 기록하는 것이 아니라, 현재와 미래를 위한 중요한 작업임을 강조합니다. 또한, 그는 문화유산을 통해 한국인의 정체성과 문화를 이해하고, 이를 바탕으로 새로운 문화를 창조해야 한다고 주장합니다.

만약《나의 문화유산답사기》를 읽고 유적을 답사하게 된다면 그곳에서 어떤 역사적 이야기를 발견하고, 오늘날 우리의 삶과 어떻게 연결할 수 있을까요? 유적에 깃든 과거의 이야기를 탐구하며, 그 안에 담긴 사람들의 삶을 이해해 봅시다. 이는 우리의 현재와 미래를 다시금 돌아보게 하는 과정이기도 합니다.

도서 분야	역사	관련 과목	한국사, 한국지리	관련 학과	역사학과, 미술사학과, 문화재보존학과, 건축학과, 고고학과

▶ **나의 문화유산답사기**(국내편) **권별 제목과 주요 답사 지역 살펴보기**

권	제목	출판 연도 (개정판)	주요 답사 지역
1	남도답사 일번지	1993 (2011)	강진, 해남, 경주, 담양, 고창 선운사, 양양 낙산사
2	산은 강을 넘지 못하고	1994 (2011)	지리산, 영주 부석사, 평창, ?정선, 경주 토함산, 청도, 고부
3	말하지 않는 것과의 대화	1997 (2011)	서산, 구례, 경북 지역, 익산, 불국사, 백제 유적지(서울, 공주, 부여)
4	평양의 날은 개었습니다	2011	평양, 대동강, 묘향산, 상원 검은모루 동굴 및 박물관
5	다시 금강을 예찬하다	2011	금강산
6	인생도처유상수	2011	경복궁, 순천 선암사, 거창, 합천, 부여, 논산, 보령
7	돌하르방 어디 감수광	2012	제주도
8	남한강편 강물은 그렇게 흘러가는데	2015	남한강 유역
9	서울편 1 만천명월 주인옹은 말한다	2017	종묘, 창덕궁, 창경궁
10	서울편 2 유주학선 무주학불	2017	한양도성, 자문밖, 덕수궁, 동관왕묘, 성균관
11	서울편 3 사대문 안동네	2022	북악산, 서촌, 인왕산, 북촌, 인사동, 북한산
12	서울편 4 강북과 강남	2022	성북동, 선정릉, 봉은사, 겸재정선미술관, 망우리 별곡
	나의 문화유산답사기: 산사 순례	2018	앞선 책에 실렸던 산사 20여 곳과, 북한의 산사 2곳을 선별해 소개함
	아는 만큼 보인다	2023	앞선 책 중 14편의 글을 선별해서 실음

▶ 시대적 배경 및 사회적 배경 살펴보기

'나의 문화유산답사기' 1권이 출간된 1993년은 1987년 6월 민주 항쟁을 통해 군사 독재가 종식되고, 김영삼 대통령이 당선되어 첫 문민정부가 시작된 시기였다. 당시 한국은 정치적 안정과 개혁, 그리고 민주주의로의 이행이 이루어지고 있었으며, 이러한 정치적 분위기는 다양한 문화적 활동과 표현의 자유로 이어졌다. '나의 문화유산답사기'는 단순히 역사와 문화재를 설명하는 책이 아니라, 그 시대의 정치적·사회적 변화에 대한 저자의 비판적 시각이 담긴 작품이기도 하다. 유홍준은 이 책에서 유신 체제, 군사 정권의 권위주의적 역사 인식과 문화재 관리 정책을 은연중에 비판하며, 그에 대한 대안으로 민중의 역사와 문화유산을 강조했다. 또한 1990년대는 한국 사회에서 문화유산에 대한 인식이 크게 변화하던 시기이기도 했다. 1980년대까지 문화유산과 유적지 관리가 부실한 경우가 많았지만, 1990년대 들어서서는 정부와 민간 차원에서 문화유산 보존의 중요성이 강조되기 시작했다.

현재에 적용하기

'나의 문화유산답사기'를 읽고 관심 있는 지역을 선정하여 답사 계획을 세워 보자. 해당 지역의 역사적 배경과 문화재를 미리 조사한 후, 실제로 답사를 다녀와서 직접 보고 느낀 점을 기록으로 남기는 활동을 통해 문화유산의 가치를 더 깊이 이해할 수 있다. 답사를 마친 후에는 사진과 함께 답사기를 작성하거나 발표하여 친구들과 공유한다.

생기부 진로 활동 및 과세특 활용하기

▶ 책의 내용을 진로 활동과 연관 지은 경우 (희망 진로: 건축학과)

'나의 문화유산답사기 2: 산은 강을 넘지 못하고(유홍준)'를 읽고 '전통 목조 건축 기법 분석 및 현대 건축 적용 연구' 프로젝트를 진행함. 영주 부석사의 무량수전 배흘림기둥에 대해 심도 있게 탐구하고, 기둥의 곡선 형태가 안정감과 미적 아름다움을 동시에 추구하고 있다는 점에 주목함. 기둥의 구조적 기능과 건축학적 의미를 분석하며, 배흘림기둥의 곡선이 목조 건축의 특성상 무게를 균형 있게 분산시키는 역할을 한다는 것을 이해함. 이러한 전통 건축 기법을 현대 건축에 어떻게 적용할 수 있을지 고민하고, 현대 건축에 전통적 미학을 접목한 설계를 시도함. 이를 통해 전통 건축의 미적·기술적 우수성을 현대 건축에 응용할 수 있는 가능성에 대해 구체적인 연구와 발표를 진행함.

▶ 책의 내용을 지리 교과와 연관 지은 경우

'나의 문화유산답사기(유홍준)'를 읽고, 국내 문화유산이 지리적 위치와 어떻게 연계되어 있는지를 분석함. 저자의 설명을 바탕으로 특정 유적지가 그 지역의 지리적 특성과 어떻게 연관되어 있는지를 탐구함. 특히 남도 지역의 유적지를 중심으로 지역의 자연 지리적 특성과 문화유산의 상관관계를 분석함. 구체적으로는 강진과 해남이 유배지라는 역사적 배경과 그곳의 지리적 특징을 연구하며, 지리적 요인이 지역 문화와 역사에 미치는 영향을 탐구하는 보고서를 작성하여 제출함. 또한, 한국의 문화유산이 가진 지리적 가치와 그 보존 방안을 탐구하는 프로젝트를 수행하여, 역사지리학적 시각에서 문화유산을 심도 있게 이해하게 됨.

후속 활동으로 나아가기

- ▸ '나의 문화유산답사기'에서 소개한 문화유산을 주제로 다큐멘터리나 사진전을 기획하고 운영해 보자.

- ▸ 문화유산을 직접 답사하는 계획을 세우고, 실제 탐방한 후 역사적 의미를 분석하는 활동을 수행해 보자.

- ▸ 한국의 문화유산이 현대 한국인의 정체성에 미친 영향을 탐구하고 소논문을 작성해 보자.

- ▸ 현대 사회에서 문화유산의 역할을 탐구하는 토론을 진행해 보자.

- ▸ 현존하는 문화유산의 디지털화 프로젝트를 실행해 보자.

함께 읽으면 좋은 책

김원용 《한국 고미술의 이해》 서울대학교출판부, 1999.

유홍준 《국토박물관 순례》 창비, 2023.

유현준 《유현준의 인문 건축 기행》 을유문화사, 2023.

이종호 《한국의 유네스코 세계문화유산》 마리북스, 2023.

열다섯 번째 책

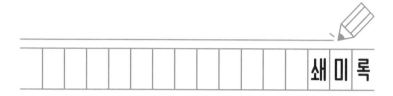

쇄미록

오희문 ▶ 사회평론아카데미

　임진왜란(1592~1598)은 한국 역사에서 가장 중요한 사건 중 하나입니다. 이 전쟁을 기준으로 조선 전기와 조선 후기를 나누거나, 혹은 조선 중기라는 시대를 구분 지어 이야기할 정도로 이 전쟁은 조선의 운명을 송두리째 흔들었습니다. 7년간 지속된 전쟁은 국토를 황폐화시켰고, 수많은 사람들은 삶의 터전을 잃고 고통 속에 살아가야 했습니다. 다수의 문화유산이 약탈, 소실되었고, 건국 후 겨우 정돈되었던 국가 질서 체계도 단숨에 무너졌습니다.

　이러한 전쟁의 참혹한 현장을 당대에 기록한 중요한 사료들이 남아 있습니다. 보통 임진왜란 3대 기록물이라 하여 《난중일기》와 《징비록》, 《쇄미록》이 거론되곤 하지요. 이순신의 《난중일기》는 임진왜란 동안의 해전과 그가 겪은 전쟁의 모습, 그리고 장수로서의 고뇌를 담은 일기입니다. 전쟁의 실상을 기록하는 동시에, 이순신의 결단과 전략을 이해하는 데 중요한 자료로 평가받고 있습니다. 이순신은 일기에서 매일의 전투 상황을 세밀하게 기록하며 조선의 해상 방어를 위해 불굴의 의지를 보여 주었습니다.

《징비록》은 임진왜란 동안 영의정으로서 전쟁을 경험한 류성룡이 전쟁 전후의 상황을 종합적으로 반성하며 기록한 책으로, 제목의 징비는 '미리 징계하여 후환을 경계한다'는 의미를 담고 있습니다. 이 책은 전쟁의 경과뿐만 아니라 전쟁 중 벌어진 외교전, 조선 백성들의 고통, 그리고 전란에 활약한 주요 인물들에 대한 평가까지 포괄하고 있어 임진왜란을 총체적으로 이해할 수 있는 중요한 자료로 평가받습니다. 이러한 두 기록은 모두 전쟁을 주도한 장수와 재상의 관점에서 쓰였기에 국가적 차원에서 전쟁을 다루고 있다는 특징을 갖습니다.

이러한 점에서 오희문^{吳希文, 1539~1613}의 《쇄미록》은 전쟁이라는 거대한 역사적 사건을 보다 개인적이고 일상적인 시각으로 기록한 귀중한 자료라 할 수 있습니다. 이 책은 조선 중기의 양반 오희문이 임진왜란 동안 경험한 개인적인 고통과 전쟁의 참상, 그 속에서 생존을 위한 삶과 노력을 기록한 그의 난중일기입니다.

오희문은 특별한 관직을 지낸 건 아니지만, 명문가의 일원으로 살아간 양반입니다. 영의정을 지낸 오윤겸의 아버지이자 삼학사 중한 명인 오달제의 조부로 알려져 있습니다. 전쟁 이전에는 가족들과 함께 조용한 일상을 살아갔지만, 임진왜란이 발발하면서 삶의 모든 것이 뒤바뀝니다.

그는 자신의 일기에 피난 생활의 어려움, 식량 부족과 전염병으로 인한 고통, 가족과의 이별, 전쟁에 대한 두려움 등 전란 중 누구나 겪을 수 있는 모든 어려움을 생생하게 적어 냈습니다. 또한 양반과 노비의 관계, 당시 양반의 사회적인 네트워크, 경제 활동, 제사, 손님맞이, 의약 처방, 음식 등 조선 중기 양반의 생활상을 자세하게 들여다볼 수 있어 일상사 및 사회사 연구에 있어 중요한 사료로 평가받고 있습니다.

예를 들어 《쇄미록》에는 노비들이 도망가거나, 주인의 명령을 어기는 상황이 자주 등장합니다. 그의 사내종(남자 노비)인 막정의 아내 분개가 다른 사내종 송노와 눈이 맞아 도망을 쳤는데, 막정은 실의에 빠져 일을 제대로 하지 않고 아프다며 꾀를 부리곤 합니다. 오희문은 그를 계속 걱정하다가도 나중에는 괘씸하고 얄밉다며 험담을 합니다. 후일 막정이 죽자 "근래 막정이 한 짓을 보면 죽어도 아까울 건 없지만, 이전에 애쓴 일이 매우 많고 타향에서 객사했다 하니 애통함을 금치 못하겠다."라며 제를 올려 주기도 합니다. 16세기 양반과 노비의 인간적인 관계를 고스란히 보여 주는 자료이지요.

《쇄미록》을 《난중일기》나 《징비록》과 비교해서 읽다 보면, 전쟁이 정말 일개 개인에게 어떤 의미인지 생각해 보게 됩니다. 전쟁의 공포 속에서도 삶은 계속되지요. 오희문은 전쟁이 발발했다는 소식에 산속 바위틈에 은신하며 생이별한 노모와 처자식이 어찌 되었는지 그리워합니다. 전란 중에 아들 윤겸이 과거에 급제하자 "오 씨 문중에 우리 5대조 이하로 급제한 사람이 하나도 없었는데, 우리 아들이 처음으로 이루어 냈다."라며 지극히 기뻐하기도 합니다. 그리고 벼루를 깨뜨려서는 저 혼자 꾸지람을 들을까 걱정해 울음을 그치질 않아 안타깝다 할 정도로 아끼고 사랑했던 막내딸 단아가 학질_{瘧疾}(말라리아)로 죽게 되었을 땐 슬픔을 감추지 못하지요.

이순신이 《난중일기》에서 류성룡과 함께 서로 나라 걱정을 털어놓는 꿈을 꾸었다면(1596년 1월 12일), 《쇄미록》의 오희문은 종종 꿈에 나타난 단아를 추모하며 울고, 단옷날 그네 뛰는 아이들을 보며 딸을 떠올립니다. 《쇄미록》의 빼어남은 이런 데서 찾을 수 있습니다. 이 책은 단순한 전쟁 기록이 아닙니다. 그의 일기는 낮은 곳에서 전쟁을 가득히 올려다봅니다. 전쟁의 혼란 속에서도 가족을 지키고자 한 양반 가장으로서의 고뇌와 피난 생활 중에 만난 사람들과의 소통, 의병에 대한 찬사와 비판적 인식, 명군의 횡포 및 조선의 군역과 세금 징수 문제까지 전쟁 그 자체를 폭넓게 다루고 있어요.

그는 피난길에서 만난 백성들이 굶주림과 추위로 고통받는 모습,

도적의 위협과 전쟁으로 인해 피폐해진 그들의 일상도 상세하게 기록했습니다. 특히 백성들이 서로를 잡아먹는 참상을 기록하면서 전쟁이 얼마나 인간성을 파괴하는지 고발합니다. 명나라 군대의 횡포로 백성들이 겪은 피해와 수령들이 명군의 폭력 앞에서 무력했던 현실을 적나라하게 묘사하기도 했지요. 이러한 기록은 단순히 전쟁의 승패를 넘어, 전쟁이 개인의 삶과 조선 사회에 미친 영향, 조선의 사회적, 경제적인 구조를 이해하는 데 중요한 자료가 됩니다. 이에 1991년 문화재청(현재 국가유산청)에 의해 보물로 지정되어 그 역사적 가치를 인정받기도 했습니다.

《쇄미록》은 1591년 11월 27일부터 1601년 2월 27일까지 약 9년 3개월간의 기록을 담고 있으며, 필사본 7책, 800여 장에 이르는 방대한 분량입니다. 2018년 국립진주박물관에서 '임진왜란 자료 국역사업'의 일환으로 발간한《쇄미록》한글 번역본(총 8권, 2019)으로 이제 일반 독자도 쉽게 접근할 수 있게 되었는데요. 이를 바탕으로 건국대학교 사학과 교수 신병주가 축약하고 윤문하여《한 권으로 읽는 쇄미록》을 출판하였으니, 이 책을 읽는 것을 추천합니다.

《쇄미록》의 제목은 시경의 구절 '쇄혜미혜瑣兮尾兮'에서 따온 것으로 '보잘것없이 떠도는 자의 기록'이라는 의미입니다. 오희문은 전쟁 속에서 자신의 보잘것없음을 느끼며, 피란 생활이 고단함과 불안 속에서 하루하루를 기록했습니다. 이는 그의 개인적 고통뿐만 아니라 전쟁이 일상을 어떻게 파괴하는지, 그리고 그 속에서도 살아남아야 하는 개인의 처지를 보여 주는 말입니다.

우리는 전쟁을 어떻게 기억해야 할까요? 역사 속 전쟁에서는 위대한 장수나 재상들보다, 아마 오희문처럼 보잘것없지만 꿋꿋하게 삶을 이어 나가는 '쇄미한' 사람들이 더 많았을 겁니다. 전쟁이 국가적 영웅담으로만 기록되어서는 안 되는 이유도 여기에 있습니다. 역사는 전쟁 속에서 피폐해진 사람들의 일상, 그리고 그 보잘것없는 개인들의 삶을 복원하고 살펴볼 수 있어야 합니다. 이 책은 그러한 개인의 목소리와 삶에 주목해 우리가 전쟁을 어떻게 인식해야 하는지 깊이 생각하게 만듭니다.

도서 분야	역사	관련 과목	한국사	관련 학과	역사학과, 역사교육과, 국어국문학과, 군사학과, 정치외교학과

▶ **임진왜란 3대 기록물 살펴보기**

	난중일기	징비록	쇄미록
저자	이순신	류성룡	오희문
저술 시기	1592~1598년 (임진왜란 중)	1604년 (전란 후)	1591~1601년 (임진왜란 중)
저술 목적	전투 상황 및 해상 방어 기록	전란의 반성과 후세의 경계를 위한 교훈 기록	전쟁 속 개인의 고통과 일상 기록
기록 시각	군사적 시각, 장수의 고뇌	전쟁의 원인, 경과, 후속 조치에 대한 종합적 분석	전쟁 속 생존과 일상을 중심으로 기록
주요 내용	해전 상황, 전략, 병력 동원, 개인적 감정	전란의 경과, 조정의 실책, 전후 외교전	피란 생활, 양반가의 일상, 전쟁 속 고난과 생존 노력
분량	총 7권	총 16권 7책	총 7책, 800여 장
소장 및 지정 정보	국보, 유네스코 세계기록유산, 현충사 소장	국보, 한국국학진흥원 소장	보물, 국립진주박물관 소장
역사적 가치	임진왜란 해상 전투 및 조선 수군 전략을 이해하는 중요한 자료	임진왜란 원인과 경과, 외교적 조치를 연구하는 귀중한 자료	전쟁 속 평범한 사람들의 일상과 생존 모습을 보여 주는 중요한 기록

▶ 시대적 배경 및 사회적 배경 살펴보기

임진왜란(1592~1598)은 조선 역사에서 가장 참혹한 전쟁 중 하나로, 일본의 도요토미 히데요시가 조선을 침공하면서 시작된 국제적인 전쟁이었다. 도요토미 히데요시는 조선을 발판으로 명나라까지 정복하려는 야망을 품고 있었고, 이에 따라 전쟁 초기 일본군은 한양을 빠르게 점령했다. 그러나 조선의 저항과 명나라의 지원군이 도착하면서 전쟁은 국제전으로 확대되었다. 특히 이순신의 해상 승리와 명나라 원군의 활약은 전세를 역전시키는 중요한 역할을 했으며, 전쟁은 7년간 이어진 끝에 일본군의 퇴각으로 종결되었다.

임진왜란은 동아시아 국제 질서에 큰 변화를 불러온 사건이었다. 명나라는 쇠퇴하기 시작했고, 이를 틈 타 여진족이 성장하여 결국 청나라가 중국의 패권을 차지하게 되었다. 일본에서는 도요토미 히데요시의 사후 도쿠가와 이에야스가 에도 막부를 세워 새로운 정치 체제를 구축했다. 이러한 점에서 임진왜란은 동아시아 역사의 중요한 전환점으로 평가된다.

전쟁이 벌어진 한반도의 조선은 사회 전반에 걸쳐 심각한 변화를 겪었다. 수많은 사상자와 국토의 황폐화로 인해 재정이 궁핍해지고, 백성들은 극심한 고통을 겪었다. 오희문의 '쇄미록'은 이러한 전쟁 속에서 개인이 겪은 고통과 일상을 생생하게 기록한 사료로, 당시의 사회 구조와 조선인의 삶을 이해하는 데 귀중한 자료로 평가되고 있다.

'쇄미록'은 전쟁이 인간에게 어떤 영향을 미쳤는지, 그 과정에서 인권이 어떻게 다루어졌는지를 엿볼 수 있는 책이다. 오늘날에도 세계 곳곳에서 전쟁이 계속되고 있다. 전쟁의 참상으로 일상이 파괴된 사례를 조사하고, 개인의 삶을 존중하기 위해 내가 할 수 있는 구체적인 실천 방안이 무엇이 있을지 생각해 보자.

생기부 진로 활동 및 과세특 활용하기

▸ **책의 내용을 진로 활동과 연관 지은 경우**(희망 진로: 의학과)

'쇄미록(오희문)'을 읽고 조선 시대 전염병에 대한 연구를 진행함. 쇄미록에 기록된 역병(전염병)의 사례들을 조사하여, 임진왜란 당시 전염병이 조선 사회에 미친 영향을 분석하고 발표하는 활동을 수행함. 일기 내용 중 호열자(콜레라), 두창(천연두), 학질(말라리아), 이질의 투병 및 치료 사례를 가독성 좋게 정리하여 당시 조선 사람들이 해당 역병을 어떻게 다루었는지를 분석함. 전쟁으로 혼란스러운 시기에 전염병이 어떻게 퍼졌고, 그로 인해 백성들이 겪었던 고통과 국가 경제의 피폐화를 심도 있게 다룸. 또한, 쇄미록에 나타난 전염병 대응 방식을 확장하여 조선 전반에 걸쳐 발생한 전염병들의 양상과 사회 변화를 연구하였으며, 이를 바탕으로 '조선 전염병과 현대 전염병의 비교 분석: 쇄미록과 COVID19'라는 보고서를 작성하여 제출함. 조선 시대와 현대 의학의 전염병 대응 차이를 비교하고, 코로나19 대유행과의 유사점을 분석함으로써 의학의 발전과 필요성을 깊이 있게 이해함. 역사적 사료를 바탕으로 전염병이 사회에 미치는 영향을 통찰하며, 의학적 시각을 확장함.

▸ 책의 내용을 국어 교과와 연관 지은 경우

'월간 고전 읽기 프로그램'을 활용하여 '쇄미록(오희문)'을 깊이 있게 읽고, 책에서 묘사된 전쟁 속 참상과 절망적인 상황을 바탕으로 창작시 '두둥둥실 둥게야'를 작성함. 임진왜란 중 전장에서 돌아오지 않은 아비를 기다리며 손주 아기를 달래는 할머니의 눈물과 슬픔을 그려 내고 있으며, 전쟁의 폭력 속에서 가족을 잃고 피난 생활을 이어 가야 했던 백성들의 고통을 시어로 형상화함. 창작 과정에서 단순히 역사적 사실을 기술하는 데 그치지 않고, 당시 백성들이 겪었던 전염병, 피난, 가족과의 이별 등 사회적 혼란 속에서 드러난 인간 내면의 상처와 절망을 섬세하게 포착하여 문학적으로 표현하려고 노력하였다는 내용의 보고서도 함께 제출함. 전쟁이 개인의 삶에 미치는 영향을 깊이 성찰하며, 그들의 감정을 현대적으로 재해석함으로써 전쟁 속에서도 인간이 어떻게 희망을 잃지 않고 살아가는지에 대한 탐구를 이어감. 이를 통해 문학이 역사적 사건을 어떻게 형상화할 수 있는지에 대한 깊은 통찰을 얻음. 또한 역사적 사건을 문학적 시각에서 바라보고 표현하는 능력을 키우는 동시에, 인간의 내면을 탐구하는 문학적 사고를 발전시키는 기회를 가짐.

후속 활동으로 나아가기

▸ '쇄미록'의 내용 중 감명 깊게 읽거나 임진왜란을 이해하고 해석하는 데 주요한 내용을 골라 4컷 만화로 표현하여 공유해 보자.

▸ 임진왜란의 배경, 전개, 결과 등을 분석하며 전쟁이 조선과 동아시아 사회에 미친 영향을 주제로 토론 활동을 진행해 보자.

▸ '쇄미록'에 등장하는 주요 인물들의 역할과 성격을 카드 형식으로 정리해 제작하고, 이를 보드게임으로 개발해 보자.

▸ '쇄미록' 등 다양한 문학에 언급된 임진왜란 전투 및 비전투 지역을 중심으로 답사 프로그램을 기획하고, 역사적 현장을 직접 방문하여 임진왜란의 흔적을 탐구하는 활동을 진행해 보자.

함께 읽으면 좋은 책

이순신 《쉽게 보는 난중일기 완역본》 도서출판여해, 2022.

류성룡 《징비록》 서해문집, 2014.

김시덕 《동아시아, 해양과 대륙이 맞서다》 메디치미디어, 2015.

황혜영 《열두 살의 임진왜란》 아울북, 2020.

문숙자 《68년의 나날들, 조선의 일상사》 너머북스, 2009.

규장각한국학연구원 《일기로 본 조선》 글항아리, 2013.

유배지에서 보낸 편지

정약용 ▶ 창비

조선 시대의 형벌이었던 '유형(유배형)'은 법에 따라 먼 지방으로 쫓겨나는 형벌로, 사형 다음으로 중한 벌이었습니다. 죄질에 따라 고향과 거리가 먼 타향으로 보내졌으며, 원칙적으로 기한이 없는 종신형이었습니다. 낯선 땅에서 친척과 친구도 없이 오랜 시간을 보내야 하는 유배는 그 자체로 큰 고통이었습니다. 그런데 그러한 고난 속에서도 학문과 사유를 멈추지 않고, 깊이 있는 저작들을 남긴 대학자들도 있었습니다.

김만중은 남해로 유배되었을 당시 《사씨남정기》, 《구운몽》과 같은 굵직한 소설을 썼고, 정철은 정치적 갈등으로 유배를 당했을 때 유명한 가사 문학인 〈사미인곡〉과 〈속미인곡〉을 지었습니다. 일생의 대부분을 유배지에서 보낸 윤선도 역시 유배지 보길도에서 〈어부사시사〉와 〈오우가〉 등을 남겼지요. 정약용의 형인 정약전은 흑산도 유배 중에 그곳의 자연을 관찰하여 《자산어보》를 집필했습니다. 이 책은 조선의 해양 생물에 대한 상세한 기록으로 당대로서는 보기 드문 자연 과학 서적이었습니다.

　실학사상을 집대성한 정약용丁若鏞, 1762~1836 또한 전남 강진에서 18년 동안 귀양살이를 하였습니다. 그는 유배 생활 중 머물던 '다산초당'에서 무려 500여 권의 저서를 지었습니다. 또한 자신의 아들, 형님, 제자들과 같은 주변 사람들에게 편지를 자주 보냈는데요. 《유배지에서 보낸 편지》는 이러한 정약용의 편지글들을 모아 엮은 책입니다.

　이 책은 그의 사상과 철학이 유배 생활의 고난 속에서도 어떻게 발전했는지를 보여 주는 중요한 자료입니다. 두 아들에게 보내는 편지와 형과의 학술적인 대화, 그리고 제자들에게 보내는 조언들에는 그의 개인적인 고뇌와 성찰뿐만 아니라 인간의 도덕적 책임과 사회적 의무를 강조하는 그의 인권 의식 및 실학적 사고들이 잘 나타나 있습니다. 이러한 점에서 이 책은 단순한 개인적 기록을 넘어 조선 후기 실학자들의 사회 인식과 철학 사상을 보여 주는 무게감 있는 텍스트라고 볼 수 있습니다.

　박석무가 편역한 《유배지에서 보낸 편지》는 총 4부로 구분됩니다. 1부는 두 아들에게 보낸 편지들을 모은 겁니다. 정약용은 유배 생활 동안 학연과 학유, 두 아들에게 꾸준히 편지를 보냈습니다. 그는 우리가 비록 무거운 죄를 지어 벼슬이나 출셋길이 막힌 '폐족'이라 하더라도, 너희들은 문장에 힘써 자신을 갈고닦아 성인이 되길 바란다는 솔직한 마음을 담습니다. 세상을 이롭게 한 책을 읽고 남의 도움을 바라지 말고 남을 먼저 돕는 사람이 돼라는 등 엄격한 가르침을 전하는 한편, 막내아들의 죽음을 애통해하거나 시집가는 외동딸에게 그림과 시구를 보내는(매조도) 등 아버지로서의 애틋한 부정이 공존하고 있습니다.

2부는 두 아들에게 주는 가훈입니다. 생계를 꾸리는 방법, 친구를 사귈 때 가려야 할 일, 친척끼리 화목하게 지내는 방법, 자신의 저술을 후세에 전하는 뜻, 시를 짓는 의미 등 아버지와 스승의 입장에서 세상을 살아가는 데 필요한 철학과 원칙을 설명하고 있습니다.

3부는 흑산도에서 귀양 중이었던 둘째 형 정약전에게 보낸 편지들을 엮은 겁니다. 정약용과 그의 형 사이의 학문적 토론과 깊은 우애가 드러나고 있습니다. 두 형제는 유배 중에도 경전 해석과 자연 현상에 대한 깊이 있는 학문적 논의를 나누었습니다. 나아가 고립된 환경에서도 지식인으로서의 품위를 지키는 바람직한 태도를 이야기하고 있습니다.

마지막으로 4부는 제자들에게 보낸 편지들입니다. 특히 스승의 위치에서 가르치는 이 글들을 통해 정약용이 실학자로서 얼마나 견고한 현실주의적 사고와 사상을 지니고 있었는지 확인할 수 있습니다. 과거 제도를 맹렬하게 비판하면서도 '현실과 대결하면서' 과거 공부에 힘을 기울이고 세상에 나아가라는 당부, 수령은 봉록과 지위를 다 떨어진 신발처럼 여겨야 백성을 위할 수 있다는 목민의 마음, 비록 가난하다 하더라도 재물이란 허망하니 이치를 계속해서 탐구하라는 위로 등 사회 개혁에 대한 구체적 구상과 실천적이고 깊이 있는 조언들이 담겨 있습니다.

《유배지에서 보낸 편지》는 정약용의 인간적이고 학문적인 면모가 고루 담긴 작품입니다. 그는 고통 속에서도 학문을 지속하며 가족과 제자들에게 끊임없이 가르침을 남겼습니다. 이 책의 가장 큰 특징은 편지 형식을 통해 독자들이 정약용의 생각과 감정을 직접적으로 느낄 수 있다는 점입니다. 특히 그는 어찌 보면 사담이 오가는 편지글, 즉 서간문에 많은 의미를 부여하고 있었습니다. 정약용은 사견을 담은 글이 가진 정치적 위험성을 인식하고 매우 신중하게 서신을 작성했습니다.

큰아들인 학유에게 보내는 편지글에도 다음과 같이 단단히 일렀습니다. 열흘마다 한 번씩 집에 쌓여 있는 편지를 점검해 남의 눈에 걸릴 만한 게 있다면 하나하나 가려내어 심한 건 불에 태우거나, 찢어진 벽에 바르거나, 책 표지를 만들라고 조언하였고 편지 한 통을 쓸 때마다 두 번, 세 번 읽어 보고 마음속으로 살피라며, 이 편지가 큰길가에 떨어져 나의 원수가 열어 보아도 내게 죄를 주지 않을지, 이 편지가 수백 년을 전해 내려가 수많은 지식인에게 공개되어도 나를 조롱하지 않을지를 생각하라 했습니다. 이는 정약용이 얼마나 신중하게 삶을 살아왔는지를 보여 주는 동시에, 글이 가지는 힘에 대한 그의 철학을 담고 있습니다. 이 덕분에 정약용이 남긴 편지들은 깊이 있는 그의 사유와 삶에 대한 고민, 해학적인 언사가 가득한 섬세한 문체로 읽는 이들에게 큰 울림을 줍니다.

정약용이 유배지에서 보낸 편지들은 단순한 교훈 이상의 가치를 지니며, 그의 삶과 철학을 생생하게 보여 줍니다. 의미심장한 교훈이 곳곳에 가득하며, 과연 그 시절에 어떻게 이러한 생각을 할 수 있을지 감탄스러운 부분도 상당합니다. 사실 정약용의 저술들이 대부분 그렇습니다. 그의 대표적인 저서 중 하나인 《목민심서》는 지방관의 역할과 도덕적 의무를 다루면서 청렴하고 성실한 관리의 중요성을 역설합니다. 《경세유표》에서는 국가의 행정 체계 개혁을 제안하며, 당시 조선의 문제점을 날카롭게 분석하고 있지요.

정약용의 실천적 철학과 개혁 의지가 담긴 저서들은 오늘날에도 여전히 읽혀야 할 가치가 있는 고전으로 인정받고 있습니다. 그리고 그가 유배지에서 이룩한 학문적 성취는, 인간이 역경 속에서 어떤 자세로 삶을 살아가야 하는지를 보여 주는 귀감이 됩니다. 《유배지에서 보낸 편지》를 통해 정약용의 인간적 고뇌와 깊이 있는 사유를 접했다면, 그의 다른 저서들을 함께 읽으며 더 깊은 통찰을 얻어도 좋을 것입니다.

도서 분야	역사	관련 과목	한국사	관련 학과	역사학과,교육학과, 국어국문학과, 철학과, 행정학과

고전 필독서 심화 탐구하기

▸ **다산 정약용 연보 살펴보기**

년도	내용
1762년	경기도 남양주 출생.
1783년	소과에 합격하여 성균관 입학.
1789년	대과에 급제, 규장각 검서관으로 임명되어 학문에 몰두, 배다리 건설.
1792년	수원화성 설계, 거중기 고안하여 축조에 이용.
1801년	신유박해 등으로 유배형(장기→강진).
1801~1818년	유배 생활 중 '목민심서', '경세유표' 등 집필.
1816년	둘째 형 정약전 사망.
1818년	유배에서 풀려나 고향으로 돌아옴.
1836년	본가에서 사망.

▶ 시대적 배경 및 사회적 배경 살펴보기

'유배지에서 보낸 편지'는 1979년 유신 체제 말기에 처음 출판되었다. 이 책을 번역하고 엮은 박석무는 유신 초기 민주화 운동으로 옥고를 치렀던 운동가이자 고등학교 교사였다. 그는 다산 정약용의 편지에서 칠흑같이 어두운 시대에도 결코 꺾이지 않는 지성인의 의지와 정신을 발견하였고, 서문에 다음과 같이 이 책의 출판 의도를 밝혔다.

다산은 캄캄한 암흑 같은 봉건제 하에서도 꺾이지 않는 민중적 의지를 보여 준 인물이라고 생각했다. 그리고 그는 두 아들, 형님, 지인과 막막한 이별을 하고 18년간 유배를 간 중죄인이었지만 동시에 당대의 엄연한 민중이었던 다산이 지닌 민중 의지는 무엇이었는지가 번역의 계기였음을 밝히며 다산이야말로 좌절할 줄 모르던 진짜 민중이었다고 말한다.

책을 엮은 박석무는 정약용의 삶을 통해 시대의 불의와 맞서 싸우는 지혜와 용기를 전하고자 한 것으로 보인다. 10월 초 위와 같은 서문을 쓰고, 얼마 지나지 않아 박정희 전 대통령이 암살(10·26 사태)되고 유신 체제가 붕괴되는 상황 속에서 이 책이 출간된 것으로 보인다.

요컨대 정약용이 유배 생활 중에도 포기하지 않고 자신의 지혜와 철학을 남긴 것처럼, 이 책은 억압된 시대에 맞서 싸우는 힘을 상징한다고 볼 수 있다. 정약용의 편지는 그의 시대뿐만 아니라, 억압과 좌절 속에서도 희망을 잃지 않고 싸워 나가야 할 현대의 우리에게도 깊은 교훈을 준다.

현재에 적용하기

'유배지에서 보낸 편지'를 통해 우리는 어려움 속에서도 학문과 인격을 갈고닦는 것이 얼마나 중요한지 배울 수 있다. 정약용이 편지글에서 강조한 가르침 중 자신의 마음에 와닿은 문장들을 필사하고, 이를 실천하기 위해 어떤 노력을 할 것인지 생각해 보자.

생기부 진로 활동 및 과세특 활용하기

▸ 책의 내용을 진로 활동과 연관 지은 경우 (희망 진로: 행정학과)

'유배지에서 보낸 편지(정약용)'를 읽고 정약용이 유배지에서 견뎌야 했던 고난 속에서도 학문을 지속하며 깊이 있는 사유와 성찰을 이루어 낸 과정에 깊은 인상을 받음. 정약용이 아들에게 보낸 편지에서 강조한 "세상을 이롭게 하는 사람이 되어라."는 가르침을 통해, 공직자는 단순히 개인의 이익을 넘어 사회적 책임을 다해야 함을 깨달음. 이를 계기로 공공 행정의 핵심 가치인 공익과 청렴을 실현하는 공직자의 역할에 대해 심도 있게 고민함. '목민심서(정약용)'를 연계 독서로 탐구하며 정약용이 제시한 지방관의 책임과 덕목을 구체적으로 이해함. 특히 백성을 먼저 생각하는 목민관이 되어야 한다는 철학에 주목하며, 이를 현대 공직자의 역할로 확장해 분석함. 즉, 공직자에게 요구되는 청렴, 공정, 책임감과 같은 가치가 오늘날의 행정 제도에서 어떻게 실천될 수 있는지 고민하며 구체적인 사례를 찾아 연구함. 공익을 실현하는 공직자를 목표로, 정약용의 실학적 사고와 공공 행정의 이념을 학문적으로 탐구하고자 하는 의지를 다짐.

▸ 책의 내용을 국어 교과와 연관 지은 경우

'유배지에서 보낸 편지(정약용)'를 읽고 조선 후기 서간 문학의 특징을 탐구하는 보고서를 작성함. 편지글이 지닌 문학적 성격에 주목하여 수신자에 따른 문체 변화, 감정 표현 방식, 설득과 교훈의 수사법 등을 분석함. 특히 아들들에게 보낸 편지에서는 은유와 비유를 활용한 완곡한 표현이, 제자들에게 보낸 편지에서는 격려와 권면을 위한 직설적 표현이 각각 어떻게 구사되었는지 구체적 사례를 들어 탐구함. 서간문의 문학적 장치들이 메시지 전달에 어떤 효과를 주는지 분석하며, 이를 현대의 편지글과 비교하여 고전 산문의 문학적 특징을 이해함. 이를 통해 문학 작품으로서의 서간문이 지닌 가치를 깊이 있게 탐구하게 됨.

후속 활동으로 나아가기

▸ 강진에 있는 정약용 유배지인 '다산 초당' 등 유적지를 탐방하는 답사 계획을 세우고, 실제 탐방하여 그곳에서 정약용의 생활을 기록한 다큐멘터리를 제작해 보자.

▸ 자신이 만약 조선의 선비로 유배 생활 중이라면 가족이나 친구들에게 어떤 편지를 작성할 것인지를 역사적 감정 이입을 실행하고 과거 사람의 입장에서 서간문을 작성해 보자.

▸ 정약용이 제자들에게 쓴 편지 중 내용을 발췌하여 정치인이 지녀야 할 행정 윤리와 사회의식에 대한 논술문을 작성해 보자.

▸ 정약용의 실학적 사상을 탐구하는 프로젝트 발표 활동을 진행해 보자.

▸ '유배지에서 보낸 편지' 중 감명 깊었던 가르침을 담은 글을 선택하여 자신의 삶과 연계한 독서 에세이를 작성해 보자.

함께 읽으면 좋은 책

정약용 《정선 목민심서》 창비, 2019.
정약용 《경세유표》 한길사, 1997~2008.
심재우 《백성의 무게를 견뎌라》 산처럼, 2018.
박석무 《다산 정약용 평전》 민음사, 2014.

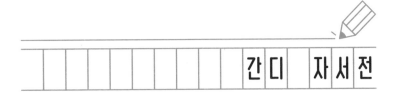

간디 자서전

마하트마 간디 ▸ 문예출판사

   소년은 아버지의 방을 조용히 나왔습니다. 아버지는 오랜 병에 앓아누워 계셨고, 그는 매일 밤 아버지의 발을 주무르며 간호를 도왔습니다. 하지만 그날 밤은 달랐습니다. 삼촌이 간병을 도와주시기로 했기에 소년은 만삭인 아내와 시간을 보내려 했습니다. 그리고 그날, 소년의 인생에서 가장 후회스러운 일이 일어납니다. 아버지의 마지막 순간을 지키지 못하는 비극을 맞이한 겁니다. 그는 욕망을 자제하지 못해 아버지의 임종을 지키지 못했다는 죄책감에 이후 평생 금욕적인 삶을 살게 됩니다.

   소년의 이름은 모한다스 카람찬드 간디Mohandas Karamchand Gandhi. 훗날 인도 독립운동의 지도자이자 비폭력 저항의 상징이 되는, 마하트마 간디^{Mahatma Gandhi, 1869~1948}였습니다. 간디는 어린 시절의 다양한 경험을 통해 욕망과 도덕적 의무 사이에서 갈등하며 인간적인 성숙을 이루었습니다. 이러한 간디의 삶과 고민은 그의 자서전, 《간디 자서전》에서 엿볼 수 있습니다.

이 책은 간디가 진리와 비폭력이라는 가치에 도달하기까지의 삶을 진리 탐구의 여정으로 서술하고 있습니다. 간디는 어린 시절부터 인도의 독립운동 지도자가 되기까지의 과정을 시간순으로 상세하게 기록하였고, 자신의 삶에서 실험적으로 겪은 경험을 굉장히 솔직하게 고백하고 있습니다.

간디는 1869년 인도 서부의 부유한 가정에서 태어났습니다. 어린 시절, 어머니로부터 힌두교의 교리와 신화를 들으며 성장한 그는 매우 독실한 힌두교도로 자랐습니다. 간디는 학습 능력이 그리 뛰어나지 않아 수학을 어려워했고, 굉장히 내성적인 성격이었다고 스스로를 떠올립니다. 그는 인도의 조혼 풍습에 따라 14살의 나이에 결혼했고, 이는 그의 학업에 부정적인 영향을 미쳤습니다. 그 이후 행실이 바르지 않은 친구를 만나면서 사창가를 방문하거나 금기였던 육식을 시도하는 등 많은 일탈을 경험했습니다. 간디의 삶에 큰 전환점이 된 사건은 아버지의 임종을 지키지 못한 일이었습니다. 이는 간디가 성적 욕망을 억제하고 정신적인 성장을 추구하는 중요한 계기가 되었습니다.

간디는 19세에 영국으로 유학을 떠나 22세에 변호사 자격을 취득했고, 이후 남아프리카로 이주해 법률 업무를 맡습니다. 남아프리카에서 간디는 극심한 인종 차별을 경험했습니다. 기차 일등석 표를 구입했음에도 인도인이라는 이유로 쫓겨나고 마차에서 구타를 당하는 등 인종 차별을 당한 그는, 이후 남아프리카 공화국에서 인권 운동과 비폭력 저항 운동을 시작합니다. 특히 비폭력과 진리 추구를 기반으로 하는 저항 운동인 '사티아그라하Satyagraha'를 창안하고, 나탈 인도인 회의를 설립하여 인도인들의 권리를 보호하기 위한 법적 투쟁을 이어 갔습니다. 사티아그라하는 진리(사티아)와 고집(그라하)의 합성어로, 진리를 추구하며 비폭력적으로 저항하는 것을 의미합니다.

간디는 인도로 돌아온 후에도, 영국의 식민 지배에 저항하기 위해 비폭력 불복종 운동을 이끌었습니다. 간디의 가장 유명한 저항 활동 중 하나는 1930년의 '소금 행진'입니다. 그는 영국의 경제적 착취에 맞서 소금세를 거부하자는 운동을 이끌며 인도인들의 저항을 촉구했습니다. 이 사건은 간디의 비폭력 저항 운동을 전 세계에 널리 알리는 계기가 되었습니다. 또한 간디는 카스트 제도의 철폐와 힌두교와 이슬람교 간의 화해 등 다양한 인도 사회의 문제들을 해결하기 위해 노력했습니다. 이런 노력은 결국 1947년 인도의 독립을 견인하는 중추 역할을 합니다.

《간디 자서전》은 어린 시절부터 인도 독립운동을 이끄는 지도자가 되기까지의 과정을 통해 진리와 비폭력을 추구한 그의 삶과 철학을 상세히 기록한 책입니다. 그의 자서전은 다른 위인전과는 달리, 자신의 삶에서 겪은 실수와 일탈을 숨김없이 드러냅니다. 약점과 고뇌를 진솔하게 풀어 내어 독자들로 하여금 인간적인 면모의 간디에 더욱 공감하게 만들지요.

자서전의 원제가 보여 주듯, 간디는 자신의 삶을 진리를 탐구하는 과정으로 보았습니다. 그는 인도에서 벌인 여러 가지 운동과 실천을 통해 진리와 비폭력의 이상이 현실에서 어떻게 적용될 수 있는지를 실험했습니다. 이 책은 그러한 실험의 결과를 정리한 보고서와도 같으며 독자들에게 간디가 어떻게 자신의 철학을 실천에 옮겼는지, 그리고 그 과정에서 어떤 어려움과 갈등을 겪었는지 생생하게 보여 줍니다.

이러한 구성은 독자들이 간디의 철학적, 도덕적 여정을 따라가면서 그가 추구한 가치들이 현실에서 어떻게 구현될 수 있는지에 대한 깊이 있는 통찰을 제공합니다.《간디 자서전》은 단순한 역사적 기록을 넘어, 오늘날에도 여전히 중요한 교훈을 주는 위대한 고전으로 평가받고 있습니다.

간디의 자서전은 많은 교훈을 주지만, 그의 유산에 대한 비판도 존재합니다. 간디는 초기 영국 제국 체제 내에서의 개혁을 추구하고, 보어 전쟁 당시 영국을 지원한 점 등을 비판받았으나, 이는 그의 철학이 발전하는 과정의 일부였습니다. 또한 간디의 비폭력 운동은 인도 독립에 중요한 역할을 했지만, 종교 간 갈등을 해결하지 못하는 한계를 보였습니다. 이로 인해 인도는 파키스탄과 분리 독립하는 결과를 맞이하게 되었습니다. 최근에는 '간디'라는 인물에 대한 재평가도 꾸준히 제기됩니다. 이러한 비판에도 불구하고,《간디 자서전》은 그의 사상과 실천을 생생히 담아 내며 독자들에게 깊은 영감을 제공한다는 점에서 여전히 중요한 가치가 있습니다.

간디의 자서전을 통해 우리는 그가 완벽한 위인이 아니라 인간적인 약점과 갈등을 가진 한 사람이었음을 알게 됩니다. 그렇다고 그의 삶과 선택이 무의미하다고 말할 사람은 아무도 없을 겁니다. 그의 불완전했던 삶은 역설적으로 평범한 우리 모두에게 불의에 저항하는 용기를 줍니다. 사회를 정의롭게 만드는 힘은 작은 용기가 모이는 데서 시작합니다. 간디는 말했습니다. "Be the change that you wish to see in the world." 여러분은 세상을 변화시키기 위해 어떤 선택을 할 것입니까?

도서 분야	역사	관련 과목	세계사, 역사로 탐구하는 현대 세계	관련 학과	역사학과, 정치외교학과, 사회복지학과, 철학과, 종교학과

▶ **간디의 비폭력 저항 운동 살펴보기**

개념	의미
사티아 그라하	간디가 제시한 비폭력 저항 운동의 핵심 개념으로, '진리(사티아)'와 '고집(그라하)'을 합친 말이다. 진리를 기반으로 한 비폭력 저항의 굳건한 추구를 의미하며, 간디의 정치 철학과 운동의 기본 원리다. 사티아그라하는 단순히 물리적 폭력을 거부하는 것이 아니라, 내면의 진리를 추구하며 정의를 실현하는 적극적인 저항 방식이다.
비폭력 (아힘사)	힌두교와 불교 전통에서 비롯된 개념으로, 생명에 대한 해를 가하지 않겠다는 비폭력의 원칙이다. 간디는 아힘사를 사티아그라하의 중심 원칙으로 삼아, 모든 저항과 투쟁이 폭력이 아닌 평화로운 방법으로 이루어져야 한다고 주장했다. 이는 간디의 모든 행동과 철학의 바탕이 된 중요한 개념이다.
브라흐 마차르야	금욕과 자기 통제를 의미하는 개념으로, 간디는 육체적 욕망을 절제하며 정신적인 성장에 집중하는 삶을 추구했다. 그의 자서전에서 아버지의 임종을 지키지 못한 사건을 계기로 금욕적인 삶을 살기로 결심한 것이 중요한 전환점이 되었다. 이 개념은 간디가 자신의 삶을 어떻게 통제하고 진리를 추구했는지를 이해하는 데 필수적이다.
자급자족 운동 (스와데시 운동)	영국의 식민 지배에 맞서 인도인들이 자급자족하는 경제적 독립을 추구하는 운동이다. 이 운동은 국산품 장려와 외국 제품 불매를 핵심으로 하며, 영국산 직물에 대한 불매 운동이 상징적이었다. 간디는 인도인들이 영국의 경제적 착취에 저항하고, 인도 자체의 경제력을 강화해야 한다고 믿었다. 그래서 전통적인 수공업인 물레를 돌리며 직접 실을 잣고 옷을 만드는 행위를 장려했다. 이를 통해 인도인들이 영국산 제품을 대신해 인도산 제품을 사용하도록 권장했으며 이는 단순한 경제적 운동을 넘어서 인도인의 자존심을 되찾고, 영국에 대한 저항 의지를 강화하는 상징적 행위로 여겨졌다.

진리 실험의 의미	간디는 자신의 자서전을 '나의 진리 실험 이야기'라고 하였는데, 여기서 진리 실험은 간디가 자신의 삶을 통해 진리를 탐구한 과정을 말한다. 간디는 진리를 인생의 최고 가치로 삼았으며 자신을 진리의 실험자로 불렀다. 진리 실험은 그의 도덕적·정치적 신념을 실험적으로 삶에 적용하는 과정을 의미한다. 그는 진리란 이론적으로만 존재하는 것이 아니라, 일상에서 실천하고 경험을 통해 얻어 내는 것이라고 믿었다. 이를 통해 간디는 진리, 즉 올바른 삶의 방식과 인간의 도리를 추구했다. 이러한 실험은 비폭력, 금욕, 자급자족 등의 방식을 통해 이루어졌으며, 그의 철학과 행동의 일관성을 보여 준다.

▶ 시대적 배경 및 사회적 배경 살펴보기

'간디 자서전'은 19세기 말부터 20세기 초까지의 인도와 세계 상황을 반영하고 있다. 이 시기는 영국 제국주의의 강력한 통치 아래 인도가 경제적, 정치적으로 억압받고 있던 시기로, 간디는 이러한 시대적 배경 속에서 인도 독립운동의 지도자로 성장한다. 간디가 태어난 1869년은 영국의 식민 지배가 인도 전역에서 본격화되고 있던 시기였다. 1857년 세포이 항쟁 이후, 인도는 영국 동인도 회사의 통치에서 벗어나 영국 정부에 의해 직접 통치되기 시작했고, 1877년에는 빅토리아 여왕이 인도의 황제로 즉위하면서 인도는 공식적으로 대영 제국의 일부가 되었다. 이 시기 영국은 인도를 경제적 자원으로 삼아 착취했고, 인도인들은 고리의 세금과 경제적 억압에 시달렸다. 특히 농업과 제조업이 붕괴하고, 많은 인도인이 빈곤과 기아에 직면하게 되었다.

또한, 인도는 카스트 제도라는 전통적인 신분 제도 아래 놓여 있었고, 힌두교와 이슬람교 간의 종교적 갈등도 심화되고 있었다. 간디는 이러한 종교적, 사회적 갈등 속에서 평화와 화합을 추구하며, 인도의 다양한 종교적·사회적 집단을 통합하는 데 힘썼다.

간디가 활동하던 시대는 인도에서 민족주의가 점차 고조되던 시기이기도 하다. 19세기 말부터 인도인들은 영국의 식민 통치에 대한 불만이 점차 쌓이기 시작했고, 인도 국민회의와 같은 정치 단체들이 등장하면서 독립에 대한 요구가 강해졌다. 간디는 이러한 민족주의 운동의 중심에서 비폭력과 진리를 바탕으로 독립운동을 이끌며, 인도인들에게 새로운 저항의 길을 제시했다. 제2차 세계 대전이 끝난 후, 영국은 더 이상 인도 내 민족주의 운동을 억압할 수 없었고, 1947년 결국 인도의 독립을 인정하게 되었다.

현재에 적용하기

간디의 비폭력 철학은 인권 운동, 환경 보호 운동, 그리고 사회적 정의를 추구하는 다양한 운동에서 중요한 원칙으로 작용할 수 있다. 인권을 위한 다양한 운동을 조사해 보고, 운동과 관련하여 일상에서 실천할 수 있는 진리 실험의 구체적 방안을 고민해 보자.

생기부 진로 활동 및 과세특 활용하기

▸ **책의 내용을 진로 활동과 연관 지은 경우**(희망 진로: 정치외교학과)

'간디 자서전(마하트마 간디)'을 읽고 비폭력 저항 운동과 진리 탐구의 중요성을 깊이 이해함. 이를 바탕으로 '비폭력 저항 운동의 현대적 적용'이라는 주제로 발표를 진행, 사티아그라하 운동이 미국의 시민권 운동 및 남아프리카 아파르트헤이트 철폐에 미친 영향을 분석함. 모의 유엔 활동 때는 갈등 국가의 대표로 참석하여 비폭력 저항 운동의 필요성을 주창함. 이어 '정치 지도자의 신념과 사회 변화'를 주제로 한 프로젝트 활동을 전개해 간디, 넬슨 만델라, 마틴 루터 킹 주니어와 같은 비폭력 운동 지도자들의 사례를 비교 분석함. 정치 지도자가 도덕적 리더십을 발휘할 때 사회적 변화를 이끌어 내는 방식을 탐구하며, 이를 바탕으로 정치학에 대한 관심을 심화함. 정의롭고 평화로운 사회를 만들기 위한 뚜렷한 목표 의식을 지니고 있음.

▸ **책의 내용을 윤리 교과와 연관 지은 경우**

'간디 자서전(마하트마 간디)'을 읽고, 윤리적 관점에서 '진리 실험'의 의미를 탐구함. 특히 의무론적 윤리와 결과론적 윤리의 관점에서 간디의 비폭력 저항을 분석하고, 도덕적 실천이 개인과 사회에 미치는 영향을 고찰함. 이를 바탕으로 '현대 사회에서의 시민 불복종과 윤리적 정당성'이라는 주제로 발표를 진행하고, 정의로운 사회를 위한 도덕적 저항의 조건과 한계를 탐구함. 교과 연계 인성 교육 프로젝트에서는 동양의 불살생(不殺生) 사상과 간디의 아힘사를 비교 분석하고, 이를 현대적 맥락에서 재해석하는 활동을 주도함. 도덕적 추론과 판단력을 기르는 철학적 탐구 활동으로 '평화로운 공동체를 위한 윤리적 원칙'을 도출하고 이를 교내 토론 대회에서 발표함. 이를 통해 도덕철학의 실천적 의미와 윤리 교육의 중요성을 깊이 이해하게 됨.

후속 활동으로 나아가기

▸ 간디의 정의와 비폭력 철학을 기반으로, '정의로운 사회 만들기 캠페인'을 기획하고 운영해 보자. 예를 들어 환경 보호, 인권 존중, 평화적 갈등 해결 등 다양한 주제로 온라인이나 오프라인에서 캠페인을 주도한다.

▸ '나만의 진리 실험' 프로젝트를 실행하여, 일주일 동안 비폭력적 의사소통을 실천하는 것이나 자신의 생활 속에서 공정함을 지키기 위한 노력 등과 같이 일상을 변화시키는 작은 실험을 설계, 실행하여 기록하고 분석해 보자.

▸ 간디의 사티아그라하 철학이 현대의 평화 운동이나 환경 보호 운동에 어떻게 적용될 수 있는지를 탐구하고, 관련 주제의 토론을 진행해 보자.

▸ 간디의 철학을 바탕으로 현대 사회에서 평화와 인권을 위한 노력이 왜 중요한지를 탐구하는 에세이를 작성해 보자.

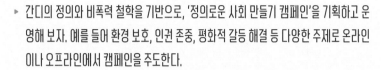

함께 읽으면 좋은 책

클레이본 카슨 《나에게는 꿈이 있습니다: 마틴 루터 킹 자서전》 바다출판사, 2019.

넬슨 만델라 《자유를 향한 머나먼 길》 두레, 2020.

마하트마 간디 《마을이 세계를 구한다》 녹색평론사, 2011.

헨리 데이비드 소로 《월든·시민 불복종》 현대지성, 2021.

주디스 버틀러 《비폭력의 힘》 문학동네, 2021.

안네의 일기 / 엘렌의 일기

안네 프랑크 ▸ 책세상, 엘렌 베르 ▸ 소담출판사

　　네덜란드 암스테르담을 여행하는 사람들이 꼭 들러야 하는 곳이 있습니다. 전 세계의 많은 사람들은 이곳에서 제2차 세계 대전의 참상을 느끼고, 동시에 희망과 용기를 얻어갑니다. 프린센그라흐트 263번지. '안네 프랑크 하우스'입니다. 이곳은 유대인 안네 프랑크 가족의 은신처로 사용되었던 공간으로, 1960년 5월 개관하여 현재까지 박물관으로 운영되고 있습니다. 현재까지도 그 시절의 모습을 그대로 간직하고 있어 안네가 겪었던 그때의 공포, 고통, 그리고 좌절하지 않는 희망을 조금이나마 추측해 볼 수 있는 특별한 장소입니다. 이곳을 찾은 사람들은 안네가 직접 썼던 일기와 은신처에서의 흔적을 통해 그녀가 경험한 공포와 고통을 체감하고, 그 속에서도 좌절하지 않고 꿈과 희망을 품었던 소녀의 이야기에 깊이 공감합니다.

역사를 기억하는 장소와 기록 덕분에 우리는 그 시절을 생생하게 기억하고 '역사화'할 수 있습니다. 특히 '일기'와 같은 일상 기록물들은 그 시대를 경험한 사람들 내면의 고통과 삶을 이해하는 가장 강력한 사료가 됩니다. 홀로코스트의 공포스러운 상황에서도 삶의 의지를 바탕으로 매일을 기록한 그 시대 소녀들, 안네 프랑크^Anne Frank, 1929~1945와 엘렌 베르^Hélène Berr, 1921~1945. 그들의 일기는 단순한 개인의 기록을 넘어 우리가 역사를 기억하고, 그 속에서 인간의 존엄과 희망을 발견하는 데 중요한 의미를 갖습니다.

안네 프랑크와《안네의 일기》

안네 프랑크는 독일 프랑크푸르트에서 태어난 유대인 소녀로, 나치의 유대인 박해를 피해 가족과 함께 네덜란드로 이주했습니다. 그러나 1940년 나치 독일이 네덜란드를 점령하면서 그녀의 가족은 다시 한번 위험에 처합니다. 1942년부터 안네는 가족과 함께 아버지의 회사 건물에 마련된 비밀 은신처에서 숨어 지내게 되었습니다. 책장 뒤에 숨겨진 은신처는 매우 좁고 답답한 공간이었습니다. 이곳에서 8명이 함께 생활했으며, 낮에는 조심스럽게 움직여야 했고, 절대 소리를 내지 않아야 했습니다. 신발로 함부로 신지 못했고,

화장실도 밤에만 사용할 수 있었지요. 8시 30분부터 9시까지는 공장 직원들이 출근하는 시간이기 때문에 더욱 엄격한 규칙을 지켜야 했습니다. 그들은 외부와 완전히 단절된 생활을 했으며, 제한된 음식과 물자로 생존해야 했습니다. 음식을 몰래 전달받아 나눠 먹었고, 식사 시간도 제한적이었습니다.

안네는 그곳에서 《안네의 일기》를 쓰기 시작했습니다. 그녀는 13번째 생일에 선물받은 체크무늬 일기장에 은신처에서의 일상, 가족 간의 갈등, 그리고 소녀로서 느끼는 감정과 생각들을 섬세하게 기록했습니다. 특히 안네는 신문 기자 혹은 작가가 되고 싶다는 꿈을 포기하지 않았으며, 전쟁 후의 평화를 상상하며 희망을 잃지 않았습니다.

안네는 전쟁이 끝난 후 하고 싶은 일들을 일기장에 기록했습니다. 그녀는 자유롭게 거리를 걷고, 영화를 보고, 따뜻한 목욕을 하고 싶다는 아주 '평범한' 소망이 있었습니다. 그녀는 엄마나 판 단 아주머니처럼 가정주부가 되기보다는 나만의 하고 싶은 일을 가진 독립적인 여성이 되고 싶어 했고, 그래서 은신 중에도 늘 공부를 게을리하지 않았습니다. 평범한 여느 10대 소녀처럼 영화배우들의 사진을 모아 벽에 붙여 놓고 첫사랑의 감정을 느끼면서도, 자신의 미래를 진지하게 고민하는 성숙함도 보였습니다.

솔직한 그녀의 일기를 읽다 보면, 자신도 모르게 빠져들게 됩니다. 귀엽고 발랄한 안네에게는 부디 불행이 피해 가기를 간절히 바라게 되지요. 하지만 결국 1944년 은신처가 발각되어 안네와 가족은 체포되었고, 안네는 베르겐-벨젠 강제 수용소에서 생을 마감합니다. 사랑스러운 안네, 그녀의 일기는 중단되었지만, 오늘날까지도 전 세계적으로 읽히며 홀로코스트의 비극을 상기시키고 있습니다.

엘렌 베르와《엘렌의 일기》

안네 프랑크가 은신처에서 숨어 지내며 외부의 도움을 받은 것처럼, 프랑스의 한 유대인 여대생도 전쟁 중 많은 사람들을 돕고 그 경험을 일기에 담았습니다. 그녀는 바로 엘렌 베르입니다. 엘렌 베르는 프랑스의 유대인 여학생으로, 1942년부터 1944년까지 나치의 지배하 파리에서 겪은 일을 일기에 기록했습니다. 안네 프랑크와 비슷한 상황의《엘렌의 일기》에는 '프랑스판 안네의 일기'라는 별명이 붙었습니다.

그러나《엘렌의 일기》의 내용은《안네의 일기》와는 다른 특징을 보입니다. 엘렌은 소르본대학교에서 공부하며 자신의 지적 능력과 역할에 대해 깊이 생각했습니다. 그러다 보니 그녀의 일기는 좀 더 성숙하고 정제된 문체로 쓰여 있으며, 20대 대학생으로서 당시에 겪은 철학적 사유와 현실에 대한 깊은 고민이 담겨 있습니다.

그래서인지 그녀의 일기는 마치 한 편의 문학 작품 같은 느낌이

듭니다. 예를 들어 1942년 6월 8일 월요일 유대인 차별의 상징인 노란 다윗의 별을 가슴에 처음 달아야 했던 날, 그녀는 다음과 같이 썼습니다. "날씨가 쾌청하고 매우 신선하다. 오늘은 내가 노란 별을 다는 첫날이다. 신선함, 아름다움, 젊음이 이 투명한 아침나절을 통해 구현된다. 야만성과 악은 노란 별로 표현된다." 그녀는 일기에서 학문적 고민과 사회적 불의, 나치의 억압에 대한 고뇌를 기록했으며, 가족을 잃고 삶의 모든 것을 잃어가는 과정에서 점차 깊어지는 절망감도 나타납니다.

엘렌은 UGIF^{Union Générale des Israélites de France}에서 자원봉사 하며 유대인 어린이들을 돌보고, 구호 물품을 분배하는 일을 했습니다. 또한 '임시 구호'라는 비밀 조직에 참여하여 유대인 어린이들을 안전한 곳으로 피신시키는 활동을 했습니다. 그녀의 일기는 이러한 헌신과 용기, 그 안에서 겪는 감정의 소용돌이를 유려한 문체와 깊이 있는 사유로 생생하게 담고 있습니다.

엘렌은 1944년에 체포되어 아우슈비츠로 보내졌고, 그곳에서 베르겐-벨젠 강제 수용소로 다시 이송되었습니다. 그녀는 강제 수용소에서 몇몇 친구들을 만나 전쟁이 끝난 후에 일기를 출판하고 싶다고 말했으나 해방을 앞두고 발진티푸스로 사망했습니다. 일기는 그녀가 사망한 후에도 오랫동안 가족들에 의해 공개되지 않았습니다. 엘렌의 사생활과 고통스러운 경험을 존중하려는 가족의 의도였습니다. 당시 엘렌의 남자 친구였던 장 모라비츠키가 전쟁 후 외교관이 되어 일기를 보관하고 있었고, 1992년에 엘렌의 조카 마리엣 조브가 이 일기를 발견하면서 출간의 계기가 마련되었습니다.

일기는 2002년부터 파리의 홀로코스트 기념관에서 보관되었으며, 2008년 1월에 프랑스에서 처음 출간되었습니다. 첫 출판은 큰 반향을 일으켰고 초기 발행 부수 24,000부가 단 이틀 만에 매진되었습니다. 이 일기는 당시 프랑스 언론의 큰 관심을 받았으며, 역사적 중요성과 문학적 가치를 인정받았습니다.

안네 프랑크와 엘렌 베르의 일기는 홀로코스트의 참상을 생생하게 보여 줍니다. 이 두 사람의 기록은 인간이 얼마나 잔혹할 수 있는가를 적나라하게 드러내지만, 동시에 그 속에서도 인간의 선함과 희망을 잃지 않으려는 강한 의지를 보여 줍니다. 안네는 일기에 '이 세상에는 여전히 많은 아름다운 것들이 있다'라고 적었고, 엘렌은 체포 직전까지도 유대인 구호 활동을 통해 많은 사람들을 도우며 희망을 잃지 않았습니다.

이들이 꿈꾸었던 미래가 특별히 대단한 건 아니었습니다. 단지 평화롭고 안전한 삶을 원했을 뿐입니다. 그들의 일기는 우리가 일상에서 당연하게 여기는 자유와 안전이 얼마나 소중한지를 일깨워 줍니다.

안네와 엘렌의 이야기와 그들의 용기, 희망은 우리에게 진정한 의미의 인간다움을 생각하게 합니다. 이들의 이야기를 통해 자신에게 주어진 내일의 소중함을 깨닫고, 더 나은 세상을 위해 어떻게 행동할지 고민하는 시간이 되길 바랍니다. 인간의 선함을 믿고, 불의에 맞서 정의를 세우며, 모두가 평등하고 존중받는 사회를 만드는 데 기여하는 사람으로 성장하고 싶었던 두 사람. 우리의 안온한 삶은 모두 안네와 엘렌의 죽음에 빚을 지고 있을지도 모릅니다.

도서 분야	역사	관련 과목	세계사, 역사로 탐구하는 현대 세계	관련 학과	역사학과, 역사콘텐츠학과, 영어영문학과, 사회학과, 심리학과

고전 필독서 심화 탐구하기

▶ **나치 독일하의 유대인 삶 살펴보기**

개념	의미
은신처	제2차 세계 대전 동안 유대인들은 나치의 박해를 피해 숨어야 했다. 이들은 주로 친구나 동료의 집, 농가, 교회 등의 은신처에 숨어 지냈다. 안네 프랑크의 가족은 암스테르담의 은신처에서 2년 동안 생활했다. 엘렌 베르는 파리에서 활동하며 유대인 어린이들을 안전한 곳으로 피신시키는 일을 했다. 은신처는 유대인들에게 일시적인 안식처를 제공했지만, 언제나 발견될 위험이 도사리고 있었다.
SS와 게슈타포	은신하고 있던 유대인들은 SS^{Schutzstaffel}와 게슈타포^{Geheime Staatspolizei}와 같은 나치의 비밀경찰로부터 스스로를 지켜내야 했다. SS는 히틀러의 친위대이자 나치당의 강제 집행 기관으로, 유대인들을 체포하여 강제 수용소로 보내고 학살 정책을 주도하는 역할을 했다. 안네와 엘렌의 가족도 SS에 의해 체포되어 아우슈비츠 수용소로 보내졌다. 게슈타포는 길거리 검문과 체포를 담당하는 비밀경찰로, 시민들 사이에서 정보원 네트워크를 구축하여 반체제 인사를 색출하는 데 주력했다. 두 사람의 일기에도 SS의 잔혹함과 게슈타포의 엄혹한 감시가 생생하게 묘사되어 있다.
강제 수용소	체포된 유대인들은 종종 강제 수용소로 이송되었다. 그중 가장 악명 높은 수용소는 폴란드에 위치한 아우슈비츠 수용소와 독일에 위치한 베르겐-벨젠 수용소였다. 아우슈비츠 수용소는 폴란드에 위치한 나치 독일의 가장 큰 강제 수용소로, 110만 명 이상의 유대인, 집시, 정치적 반대자들이 이곳에서 학살되었다. 안네와 엘렌의 가족도 아우슈비츠 수용소에 수용되었다. 그러다가 안네와 엘렌 모두 베르겐-벨젠 강제 수용소로 이송되었다. 베르겐-벨젠은 독일에 위치한 나치 강제 수용소로, 수많은 유대인과 전쟁 포로들이 이곳에서 고통받았다. 안네와 엘렌 모두 이곳에서 생을 마감하였다.

▶ 시대적 배경 및 사회적 배경 살펴보기

안네와 엘렌의 일기는 모두 제2차 세계 대전 중 나치 독일의 잔혹한 유대인 박해를 배경으로 하고 있다. 1933년 히틀러가 독일의 총통으로 집권하면서, 나치는 유대인을 비롯한 여러 소수 민족과 정치적인 정적들을 박해하기 시작했다. 특히 1935년 뉘른베르크법이 제정되면서 유대인들은 시민권을 박탈당하고 공공 생활에서 배제되었으며, 비유대인과의 혼인도 금지되었다. 이 법은 유대인에 대한 차별과 박해를 법적으로 정당화하는 역할을 하였다. 1938년, 나치당원과 민간인들이 조직적으로 유대인 상점과 회당, 가정을 파괴하고 약탈하는 크리스탈 나흐트(유리의 밤) 사건이 일어났다. 이는 유대인들에 대한 공개적인 증오와 폭력을 부추기는 계기가 되었다. 1939년 독일이 폴란드를 침공하면서 제2차 세계 대전이 발발하였고, 이어지는 네덜란드, 프랑스 등 유럽 점령으로 유대인 박해는 더욱 심화되었다.

이런 상황 속에서 안네 프랑크는 가족과 함께 은신처에 숨어 일기를 썼으며, 엘렌 베르 역시 유대인으로서의 정체성과 박해의 현실을 일기에 남겼다. 1942년부터 1945년까지 나치는 강제 수용소로 유대인을 대규모 추방하였고, 이 과정에서 수많은 유대인이 목숨을 잃었다. 안네와 엘렌 역시 아우슈비츠에 수용되었다가 베르겐-벨젠으로 이송되어 생을 마감했다. 두 일기는 단순한 개인의 기록이 아니라, 이 시기의 역사와 비극을 생생하게 전하는 사료로서의 가치가 매우 높다.

현재에 적용하기

오늘날에도 여전히 발생하고 있는 인종 차별, 종교 박해, 전쟁의 참상을 조사해 보자. 인권을 보호하고 평화를 유지하는 게 얼마나 중요한지 인식하는 계기가 될 것이다. 또한, 모두가 존중받는 정의롭고 평화로운 사회를 유지하기 위해 우리가 어떤 노력을 해야 할지 고민해 보자.

생기부 진로 활동 및 과세특 활용하기

▸ 책의 내용을 진로 활동과 연관 지은 경우 (희망 진로: 법학과)

'안네의 일기(안네 프랑크)'와 '엘렌의 일기(엘렌 베르)'를 읽고, 나치 독일 시기의 인권 침해 사례를 연구하여 '홀로코스트와 인권법: 과거와 현재'라는 주제로 법학 연구 보고서를 작성함. 두 일기의 내용을 분석하여 나치의 인권 침해가 어떻게 국제 사회에서 법적 대응을 받았는지 설명하고, 현재의 인권 보호 체계와 비교함. 특히 1945년부터 1946년까지 진행된 뉘른베르크 재판에서 규정된 '인도에 반한 죄' 개념과 법적 의의, 역사적 가치를 상세하게 고찰한 점이 돋보임. 이 과정에서 유엔 인권 선언과 제노사이드 협약 등을 참고하여 국제법의 중요성을 강조하고, 현대 사회에서 인권을 보호하기 위한 법적 방안을 제시함. 법적 분석 능력이 뛰어나며 인권 보호를 위한 법조인의 역할을 이해하고, 미래의 법조인으로서의 진로를 구체화함.

▸ 책의 내용을 미술 교과와 연관 지은 경우

미술 교과에서 배운 표현 기법과 예술적 감각을 활용하여, 사회적 메시지를 담은 작품을 창작하는 능력이 뛰어난 학생임. '엘렌의 일기(엘렌 베르)'를 읽고, 나치 독일의 프랑스 점령 시기 유대인 박해를 주제로 한 예술 작품을 창작함. 그 시대의 고통과 희망을 다양한 재료를 활용해 콜라주 기법으로 표현하고, 특히 신문 기사, 사진, 일기 내용을 직접 타이핑한 활자들을 작품에 포함해 시대의 비극을 시각적으로 묘사하여 전달함. 아울러 나치 독일 시기의 예술가들이 어떻게 자신들의 작품을 통해 저항하고 인권을 옹호했는지에 대해 연구하고, 자신의 작품에 반영함. 나아가 수용소 안에서의 비참한 삶을 그림으로 기록한 체코 출신의 유대인 예술가 피터 키엔의 생애와 작품을 조사, 깊이 있게 탐구하여 '비극의 역사를 증언하는 그림'이라는 주제로 비평문을 작성함. 예술이 단순한 미적 경험을 넘어서는 중요한 사회적, 역사적 기록임을 깨닫고, 자신의 작품과 비평문에 녹여 내는 역량이 탁월함.

후속 활동으로 나아가기

▶ 안네와 엘렌의 일기 속에 나오는 역사적 사건들을 조사하고, 각 사건이 역사 속 여러 인물에 미친 영향을 분석하여 보고서를 작성해 보자.

▶ 안네와 엘렌의 일기 속 인물들을 중심으로 역할극을 구성한다. 각자 맡은 인물의 배경을 조사하고, 그 인물이 겪은 역사적 사건을 재현하는 대본을 작성해 극을 전개해 보자.

▶ 당시 안네, 엘렌과 같은 입장이라고 스스로를 가정하여 가상 일기를 일주일 동안 써 보고, 이를 통해 자신이 배운 점을 에세이 형식으로 정리해 보자.

▶ 안네와 엘렌의 경험을 현대 사회의 난민 문제와 결부하여 세계 각지에서 발생하는 전쟁 난민 상황을 조사하고, 대응 방안을 분석, 발표해 보자.

▶ 안네와 엘렌이 수용소에서 사망하지 않고 살아 있다고 생각하며 이후의 일기를 이어 써 보자. 이들이 어떤 미래에 살아갈 수 있었을지를 감정 이입하여 작성한다.

함께 읽으면 좋은 책

바바라 라이스너 《조피 숄 평전》 강, 2005.
존 보인 《줄무늬 파자마를 입은 소년》 비룡소, 2007.
엘리 위젤 《나이트》 위즈덤하우스, 2023.
임레 케르테스 《운명》 민음사, 2016.

죽음의 수용소에서

빅터 프랭클 ▸ 청아출판사

> 왜 살아야 하는지를 아는 사람은 어떤 상황도 견뎌낼 수 있다.
>
> He who has a why can endure any how.
>
> - 프리드리히 니체

 우리는 모두 삶에서 어려움을 겪습니다. 때로는 시험이나 관계에서의 작은 실패가 우리를 무너뜨리기도 하고, 때로는 미래에 대한 불안이 우리를 짓누르기도 합니다. 그럴 때마다 우리는 "인생이 왜 이렇게 힘들까?" 생각을 하기도 합니다. 나치 강제 수용소에 수감되어 '살아남아야 했던' 정신과 의사 프랭클 역시 끊임없이 이러한 질문을 던졌습니다. 수용소에서의 잔혹한 현실 속에서 매일 죽음과 마주하던 그는, 왜 살아야 하는가, '삶의 의미'를 찾으려 했습니다. 그는 수용소 생활 중 사랑하는 아내를 떠올리며 그녀와의 짧은 결혼 생활이 그에게 있어 가장 소중한 기억임을 깨닫게 됩니다. 비록 아내가 생존해 있는지조차 알 수 없었지만, 그 생각은 그에게 삶을 지속하게 하는 중요한 힘이 되었지요.

아우슈비츠의 생존자, 정신과 의사 빅터 프랭클Viktor Frankl, 1905~1997의 이야기입니다. 그는 수용소에서의 경험을 바탕으로 자전적인 체험 수기인 《죽음의 수용소에서》를 집필했습니다. 프랭클은 오스트리아 출신의 유대인 정신과 의사로, 제2차 세계 대전 중 나치에 의해 아우슈비츠, 다하우 등 유대인 강제 수용소에 수감되었습니다. 그는 부모, 형제, 그리고 아내를 모두 잃고 그 자신도 매일 죽음의 위협에 시달리며 극심한 공포 속에서 살아남아야 했습니다. 하지만 절망 속에서도 인간이 선택할 수 있는 마지막 자유, 즉 자신의 태도를 선택할 '자유'가 있다는 것을 깨달았습니다. 바로 이 깨달음이 그의 삶을 바꾸었고, 나아가 '의미치료Logotherapy(로고테라피)'라는 새로운 정신 치료법을 탄생시켰습니다.

이 책은 크게 세 가지 주요한 부분으로 나뉩니다. 1부에서는 그가 나치 수용소에서 겪은 처참한 경험을 묘사하고 있으며, 2부에서는 이 경험을 통해 그가 정립한 정신 치료법인 로고테라피를 소개합니다. 마지막으로 3부는 1983년 학술 행사에서 발표된 내용을 정리하여 실은 것으로 로고테라피 이론의 핵심을 보충 설명하며 인간의 의지와 삶의 희망에 관해 이야기합니다.

특히 프랭클은 아우슈비츠와 다하우에서의 끔찍한 생활을 3단계의 심리적 변화로 나누어 설명합니다. 수용소에 처음 들어갔을 때 수감자들이 느끼는 첫 감정은 '충격'입니다. 그들은 인간으로서 최소한의 권리도 박탈당하고, 목숨을 위협받는 처참한 환경에 던져집니다. 프랭클 역시 자신이 쓴 원고를 지키려고 노력하던 중 한 고참 수감자로부터 '빌어먹을 놈'이라는 경멸적인 말을 들었고, 그 순간 자신의 인생 전체가 박탈당한 듯한 충격을 받았다고 고백합니다. 이 충격은 수감자들이 처음 겪는 심리적 반응입니다.

시간이 지나며 수감자들은 점차 '무감각'해집니다. 프랭클은 수용소 생활에 적응하면서 감정이 마비되고 생존 본능만 남아 있는 상태로 변화하는 과정을 묘사합니다. 수감자들은 굶주림, 수면 부족, 끊임없는 초조함 속에서 점차 모든 것을 감정적으로 차단하게 됩니다. 사랑이나 정서는 메마르고, 죽음이나 고통에 무감각해집니다. 이러한 무감각은 그들이 극한의 고통 속에서 자신을 보호하려는 방어 기제였다고 프랭클은 설명합니다.

생존에만 집중하던 수감자들은 수용소에서 해방된 후에도 기쁨을 느끼지 못하는 심리적 상태를 경험합니다. 수년간의 고통 끝에 해방이 찾아왔지만, 수감자들은 비현실감에 사로잡혀 삶의 기쁨을 다시 느끼기 어려웠습니다. 그들은 고통과 상실로 인해 깊은 비통과 환멸에 빠집니다.

프랭클이 수용소에서 얻은 깨달음은 단순한 생존 그 이상의 것이었습니다. 그는 극한의 상황에서도 삶의 의미를 찾는 것이 인간의 존엄성을 유지하는 핵심이라는 사실을 깨달았습니다. 그의 경험에서 비롯된 로고테라피는 인간이 어떤 상황에서도 삶의 의미를 발견할 수 있는 능력이 있음을 강조합니다. '의미'를 뜻하는 그리스어 '로고스^{Logos}'와 '치료'를 뜻하는 '테라피^{Therapy}'가 합쳐진 것인데요. 프랭클에 따르면 의미는 언제나 고귀하고 이상적인 것이 아니라, 매우 현실적이고 구체적인 것이어야 합니다.

그의 로고테라피는 인간이 삶의 의미를 세 가지 방식에서 찾을 수 있다고 말하고 있습니다. 첫째, 무엇인가를 창조하거나 일을 함으로써, 둘째, 어떤 경험을 하거나 사람을 사랑함으로써, 셋째, 피할 수 없는 고통을 받아들이고 그에 대한 태도를 선택함으로써요. 프랭클은 자신의 생존 이유로 사랑하는 아내와 함께했던 기억, 그리고 그가 써야 할 논문을 떠올렸습니다. 그에게 이 구체적인 목표들은 그가 고통을 견뎌 내도록 도와주었고, 삶의 의미가 되어 주었습니다. 결국 프랭클은 고통 속에서도 태도를 선택할 자유가 있으며, 그 자유를 통해 인간은 자신의 삶을 의미 있게 만들 수 있다고 주장했습니다.

이 책은 많은 사람들에게 큰 영감을 주었지만, 그의 로고테라피가 모든 사람에게 보편적으로 적용될 수 있는지에 대한 의문과, 고통 속에서도 의미를 찾을 수 있다는 긍정적인 메시지가 다소 이상적이고 현실적이지 않다는 비판을 듣기도 합니다. 책이 홀로코스트의 역사적, 정치적 맥락을 충분히 다루지 않고 개인적 성찰에만 초점을 맞췄다는 지적도 있습니다. 하지만 이 책은 처절한 홀로코스트 생존기이자, 삶의 고통 속에서도 우리가 어떻게 의미를 찾을 수 있는지에 대한 철학적 질문을 던지는 책입니다. 즉, 그의 철학은 개인의 경험에 머무르지 않고, 나아가 삶의 궁극적인 질문에 대한 보편적인 답을 제시하려는 시도라 할 수 있습니다. 프랭클의 이야기는 여전히 많은 이들에게 삶의 방향을 제시하고, 어려움 속에서도 의미를 찾을 수 있는 내면의 힘을 발견하도록 도와줍니다.

프랭클은 삶의 의미는 주어지는 것이 아니라 스스로 찾아야 하는 것임을 역설했습니다. 여러분의 삶에 '의미'를 부여하는 건 무엇인가요? 책을 통해 자신만의 의미를 찾아가며, 삶을 더욱 풍요롭게 만들 수 있는 길을 탐색하는 시간을 가져볼 수 있기를 바랍니다.

도서 분야	역사	관련 과목	세계사, 역사로 탐구하는 현대 세계	관련 학과	역사학과, 심리학과, 사회복지학과, 정신의학과, 철학과

▶ 기본 개념 및 용어 살펴보기

개념	의미
로고 테라피	의미치료라는 뜻으로, 프랭클이 개발한 심리 치료법이다. 로고스^{Logos}는 그리스어로 '의미'를 뜻하며, 테라피^{Therapy}는 '치료'를 뜻한다. 프랭클은 인간이 극도로 어려운 상황에서도 삶에 의미를 부여할 때 살아남을 수 있다고 주장했다. 이 개념은 그가 수용소에서 살아남은 경험을 통해 더욱 확립된 것으로, 그는 인간의 가장 중요한 심리적 동기는 삶의 의미를 찾는 데 있다고 본다. 따라서 고통을 의미 있는 것으로 만드는 건 각 개인의 태도에 달려 있다고 설명한다.
실존적 공허	실존적 공허는 프랭클이 설명한 개념으로 삶의 의미를 상실했을 때 겪는 공허함을 뜻한다. 이는 현대인들이 자주 경험하는 문제로 삶의 목적을 찾지 못하거나 존재 이유를 상실한 상태를 의미한다. 실존적 좌절과 관련이 있으며 우울증, 무기력증, 심리적 불안 등과 연관될 수 있다. 현대 사회의 많은 사람들이 경험하는 정신적 공허를 설명하는 중요한 개념이다.
집행 유예 망상	프랭클이 수용소에서 목격한 현상으로, 곧 상황이 나아질 거라는 막연한 희망을 품는 걸 의미한다. 수감자들이 '이 고통이 곧 끝날 것'이라는 망상에 빠져 현실을 직시하지 못하고, 상황이 나아지지 않으면 절망에 빠지게 되는 상태를 가리킨다. 이러한 망상은 수용소에서 많은 수감자들이 경험한 것으로, 현실을 받아들이지 못하고 근거 없는 희망에 기대는 현상을 설명한다.
무감각	수용소에서 수감자들이 겪는 심리적 반응 중 하나로, 지속적인 고통과 불안 속에서 감정이 마비되는 현상을 가리킨다. 인간의 감정적 방어 기제로, 극한의 고통 속에서 생존을 위해 자신을 보호하기 위해 감정이 차단되고, 고통이나 죽음에 무관심해지는 상태이다.

누제닉 노이로제	인간 실존의 의미와 관련된 정신적 고통을 가리킨다. 누제닉Noogenic은 '의미'와 관련된 것을 의미하며, 노이로제Neurosis는 '신경증'을 뜻한다. 이 개념은 인간이 삶의 의미를 찾지 못해 겪는 정신적 불안이나 갈등을 설명하며 기존의 심리 치료가 단순히 생리적 문제에만 초점을 맞췄던 것과 달리, 프랭클은 의미와 관련된 정신적 고통을 다루는 데 중점을 두었다.
초의미	초의미는 로고테라피에서 다루는 개념으로, 인간이 이해할 수 없는 더 높은 차원의 의미를 가리킨다. 프랭클은 인간의 지적 능력으로는 설명할 수 없는 고차원의 의미가 존재하며, 이를 신적 의미로 설명하기도 했다. 이는 인간이 스스로 발견하거나 설명할 수 없는 초월적인 의미를 가리키며, 고통 속에서도 더 큰 의미를 발견할 수 있다는 프랭클의 철학적 신념과 관련이 깊다.

▶ 시대적 배경 및 사회적 배경 살펴보기

'죽음의 수용소에서'는 제2차 세계 대전(1939~1945) 전후 나치 독일의 유대인 탄압을 중심으로 한 강제 수용소에서의 비인간적인 현실을 바탕으로 한다. 1941년부터 나치는 유대인과 소수 민족을 아우슈비츠Auschwitz, 다하우Dachau, 마이다네크Majdanek, 트레블링카Treblinka 등의 강제 수용소로 대거 이송해, 가스실 학살과 강제 노동으로 수많은 사람들을 죽음으로 몰아넣었다. 수용소에서 수감자들은 이름 대신 번호로 불리며 존엄성을 철저히 박탈당했고, 굶주림과 질병, 강제 노동 속에서 매일 죽음의 위협에 시달렸다.

이곳에서 나치는 카포Kapo라는 내부 감시자를 두어 수감자들 사이의 위계질서를 만들었다. 카포는 다른 수감자들을 감시하고 통제하는 역할을 맡았으며, 종종 잔인한 폭력으로 동료 수감자들을 억압했다. 나치는 카포를 통해 수용소 내에서 통제력을 강화하고, 수감자들 간에 갈등과 불신을 유발함으로써 체제를 유지하려 했다. 카포는 수감자이면서도 나치의 명령을 수행하는 위치에 있었고, 그로 인해 내부에서도 심리적 고통과 불신이 팽배했다.

    나치의 수용소 정책은 인간을 철저히 도구화하고, 수감자들의 인격과 존엄성을 파괴하는 데 중점을 두었으며, 홀로코스트로 알려진 이 체계적 학살로 약 600만 명의 유대인이 희생되었다. 프랭클은 이러한 비인간적인 환경 속에서 삶의 의미를 찾으려는 시도를 기록했으며, 이를 바탕으로 로고테라피를 창안했다.

현재에 적용하기

빅터 프랭클은 극한의 고통 속에서도 인간은 삶의 의미를 찾을 수 있다고 말했다. 이 책을 읽으며 '삶의 의미를 찾는 것'이 무엇인지 고민하고, 자신만의 의미를 발견하여 그것을 기준으로 삶의 방향을 설정, 실천해 보자.

생기부 진로 활동 및 과세특 활용하기

‣ 책의 내용을 진로 활동과 연관 지은 경우 (희망 진로: 사회복지학과)

'죽음의 수용소에서(빅터 프랭클)'를 읽고 인간의 존엄성과 삶의 의미에 대해 깊이 탐구함. 극한의 고통 속에 처한 사람들이 삶의 의미를 찾고 인간의 존엄성을 지키는 것이 사회 복지의 중요한 과제라고 생각함. 이를 바탕으로 사회 복지 현장에서 정신적 고통을 겪는 사람들에게 어떻게 의미를 찾도록 도울 수 있을지 고찰하고, 실천 방안을 탐구함. 또한, '삶의 의미 회복 상담-지원 프로그램'을 구체적으로 구안하고, 봉사 활동 현장에서 이를 적용하여 도움이 필요한 이들에게 긍정적인 변화를 이끌어 낼 수 있는 프로그램을 기획하고 발표함. 이를 통해 인간의 정신적 회복이 물질적 지원만큼 중요하다는 점을 깨달았으며, 상담과 정신적 지원을 병행하는 통합적 사회 복지 프로그램의 필요성을 인식함.

‣ 책의 내용을 영어 교과와 연관 지은 경우

'죽음의 수용소에서(빅터 프랭클)'와 '이것이 인간인가(프리모 레비)'를 함께 읽고, 'Enduring survival and the preservation of human dignity amidst the horrors of the Holocaust'라는 주제로, 나치 수용소에서의 '생존자' 관점에서 영어로 가상 수필을 작성함. 두 작가의 생애를 깊이 있게 조사하고, 두 인물이 각자의 상황 속에서 어떻게 인간성을 지키고 삶의 의미를 찾았는지 탐구한 내용을 바탕으로 일기 글의 완성도를 높임. 생존자의 고통과 어려움뿐만 아니라, 살아 있기에 발생하는 허탈함과 비통함, 죄책감 등의 어려운 감정을 실감 나게 영어로 표현함. 이 과정에서 다양한 영문 소설을 참고하여 단어와 문장을 다듬어 영어 표현력을 제고함. 글쓰기 후 발표 시간에는 프랭클의 로고테라피와 레비의 인간성을 지키려는 노력을 정리하여 두 저자가 남긴 철학적, 심리적 메시지를 분석하는 울림 있는 발표로 학우들의 박수를 받음. 영어 문해력, 영문학적 감정 표현력, 역사적 사건 이해, 발표력 등을 크게 함양하였으며, 깊이 있는 삶과 인간에 대한 질문을 바탕으로 개인적인 성찰과 비판적 사고력을 발전시킴.

후속 활동으로 나아가기

▸ 프리모 레비와 빅터 프랭클 등 홀로코스트 생존자들의 심리적 회복 과정을 분석하고, 이를 바탕으로 현대 사회에서 정신적 트라우마를 겪는 사람들을 위한 회복 프로그램을 구상해 보자.

▸ 홀로코스트 생존자들의 문학 작품을 조사하고, 각 작품에서 묘사된 인간 존엄성과 생존 의지를 비교 분석하여 현대 인권 문제에 적용할 수 있는 방안을 제시해 보자.

▸ 나치 수용소에서의 생존자들 경험을 토대로 한 역사적 사건을 연구하고, 이 사건들이 현대 국제법과 인권 문제에 어떤 영향을 미쳤는지 분석한 후 보고서를 작성해 보자.

▸ 로고테라피가 현대 정신 의학에 미친 영향을 조사하고, 그 치료적 효과를 검증하는 연구 사례들을 분석하여 학교 내에서 청소년들의 스트레스와 불안 해소를 위한 심리 상담 프로그램에 적용할 수 있는 방안을 제시해 보자.

함께 읽으면 좋은 책

빅터 프랭클 《무의미의 의미》 M31, 2021.

프리모 레비 《이것이 인간인가》 돌베개, 2007.

프리모 레비 《가라앉은 자와 구조된 자》 돌베개, 2014.

알렉산드르 솔제니친 《이반 데니소비치, 수용소의 하루》 민음사, 2000.

예루살렘의 아이히만

한나 아렌트 ▸ 한길사

우리는 매일 다양한 선택을 하며 살아갑니다. 때로는 의미 없어 보이는 작은 결정일 수도 있고, 어떤 때는 도덕적이고 윤리적인 문제와 결부되는 중요한 선택일 수도 있지요. 이 선택들이 쌓여 우리가 어떤 사람이 될지를 결정하고, 어쩌면 역사의 중요한 순간과 연결되기도 합니다. 그런데 우리는, 우리의 선택이 주는 무게를 얼마나 진지하게 받아들이고 있을까요? 혹 그저 주어진 상황에 따라 무의식적으로 선택을 흘려보내고 있지는 않나요? '나의 선택'이 갖는 역사적 의미에 대해 깊이 생각해 볼 수 있는 고전이 있습니다. 한나 아렌트Hannah Arendt, 1906~1975의 《예루살렘의 아이히만》입니다.

한나 아렌트는 독일 출신의 유대계 철학자로 나치 정권이 독일을 장악할 당시 미국으로 망명해 살아남았습니다. 그녀는 나치의 유대인 학살을 직접 목격하거나 경험한 사람들의 이야기를 주로 연구하였는데요. 특히, 전범戰犯(전쟁 중에 범죄 행위를 저지른 사람) '아돌프 아이히만'의 재판을 직접 취재하고, 그에 대한 보고서인 《예루살렘의 아이히만》에서 '악의 평범성'이라는 개념을 제시한 것으로 유명합니다.

아돌프 아이히만은 나치 친위대SS의 중령이자, 유대인 문제를 담당했던 주요 관료 중 한 명이었습니다. 그는 제2차 세계 대전 동안 '유대인 문제의 최종 해결책'으로 불렸던 대량 학살 계획, 즉 홀로코스트를 실행하는 데 중요한 역할을 맡았습니다. 이에 1961년 예루살렘의 '정의의 집'에서 열린 아이히만 재판은 세계적인 관심을 받아 텔레비전으로 생중계되기도 하였습니다. 사람들은 극악무도한 일을 저지른 아이히만을 험상궂게 생겨 아주 잔인한 사람일 것이라 생각하며 텔레비전 앞으로 몰려들었습니다. 그리고 그의 모습이 드러난 순간, 사람들은 충격을 받았습니다.

많은 사람들을 비참한 죽음으로 몰아넣었던 아이히만은 그저 평범한 옆집 아저씨 같았습니다. 그는 자신에 대한 재판이 이루어지는 내내 겁에 질린 표정도 아니었고, 그렇다고 잔혹한 살인마 같지도 않았습니다. 차림새가 단정하고, 특별한 증오도 없어 보였으며 그와 함께 일했던 동료들과 가족들은 그를 평범한 동료이자 가정적인 남편, 아버지로 묘사했습니다. 아이히만은 재판에서 '나는 그저 명령을 따랐을 뿐인 관료'였다고 주장하며, 자신의 역할은 단지 상부의 명령을 따라 수행된 행정적인 업무이자 하나의 기술 정도였다 여기고 있었습니다.

재판을 지켜보던 사람들은 경악을 금치 못했고, 믿지 못할 발언을 하는 아이히만에 대한 정신 감정까지 진행되었습니다. 그러나 정신과 의사들은 면담 결과, 그가 매우 정상이고 심지어 근면하며 성실한 국민이었던 것으로 보인다고 말했습니다. 이러한 아이히만을 보며 아렌트는 '악의 평범성'이라는 개념을 떠올렸습니다. '악'은 뿔 달린 악마처럼 별스럽고 괴이한 사람만이 저지르는 것이 아니라 비판적인 사고 없이 체제에 순응할 때, 그 어떤 평범한 누구나 저지를 수 있다는 것입니다.

《예루살렘의 아이히만》은 총 15개의 장으로 구성되어 있습니다. 1장은 재판의 배경을, 2장은 무죄임을 주장하는 아이히만을 조명하지요. 3장에서는 아이히만의 성격과 그가 나치에서 어떤 일을 하였는지를 설명합니다. 그는 유럽 전역의 유대인들을 강제 수용소로 이송하는 업무를 지휘했습니다. 그가 설계한 '효율적인 이송 시스템'을 통해 수백만 명의 유대인이 '손쉽게' 아우슈비츠와 같은 강제 수용소로 보내졌습니다. 특히 4장부터 6장까지는 나치가 유대인 문제에 대한 여러 해결책을 모색하는 과정이 그려지는데, 자신이 행정적인 업무만 수행하는 것이라 여겼던 아이히만은 이송된 유대인들이 처참하게 학살당하는 장면을 목격하며 인간적인 동요를 처음으로 느끼기도 합니다.

그러나 7장에서 다루어진 반제 회의에 서기로 참석하면서, 그는 본디오 빌라도^{Pontius Pilate}를 언급하며 스스로를 다잡고 정당화합니다. 본디오 빌라도는 기독교에서 예수 그리스도를 처형한 로마의 총독으로, 예수의 무죄를 알면서도 군중의 압력에 굴복해 처형 명령을 내린 인물입니다. 빌라도는 예수를 처형한 뒤 손을 씻으며 "나는 이 사람의 피에 책임이 없다."고 말한 것으로 전해지는데, 아이히만도 이와 같은 방식으로 자신은 단순히 체제와 명령에 따른 공무원일 뿐이며 개인적인 책임이 없다며 스스로를 위로하고, 의무를 준수하며 명령을 지켰습니다(8장). 그렇게 그는 많은 사람들을 학살하는 중요한 실행자로 자리매김하지요(9~13장).

결국 아이히만은 교수형을 선고받고 처형됩니다(14~15장). 그는 죽음의 순간까지도 자신의 행동에 대한 죄책감을 느끼지 않았습니다. 교수대에 올라가기 전, 마지막으로 술을 한 잔 달라고 요청했고, 단정하게 서서 교수형을 받겠다고 말합니다. 아렌트는 이를 통해 도덕적 판단이 결여된 채 체제에 순응하는 인간이 얼마나 큰 악을 초래할 수 있는지를 보여 줍니다. 그녀는 마지막 순간에 아이히만이 인간의 사악함 속에서 이루어진 이 오랜 과정이 우리에게 가르쳐 준 교훈을 요약하고 있는 듯했다고 말합니다. 말과 사고를 허용하지 않는 악의 평범성이라는 교훈을요.

그녀는 나치 독일이 도입한 '언어 규칙'이 이러한 '사유 없는 악'을 만들어 냈다고 분석했습니다. 히틀러는 유대인 학살을 '최종 해결책', '특별 취급'과 같은 완곡하고 행정적인 표현으로 포장했고, 이 언어 규칙은 사람들에게 학살의 실체를 흐리게 만들었습니다. 나아가 유대인을 제거하는 걸 '위생 조치'로 정당화하도록 하였습니다. 아이히만은 이러한 언어 규칙에 완전히 동화되어, 유대인 학살을 '학살'로 보지 않고 단순히 '안락사'를 제공하는 것이라 확신했습니다. 타인의 고통을 헤아릴 줄 모르는 생각하기의 무능은, 말하기의 무능과 행동의 무능을 초래했지요.

아렌트는 사유 없는 악이 얼마나 큰 재앙을 불러올 수 있는지를 경고합니다. 사유 없이 행동하는 사람은 자신의 행위가 어떤 의미를 가지는지 깊이 생각하지 못하고, 결과적으로 성실하게 '악을 행하는 자'가 될 수 있다는 것입니다. 아렌트는 이러한 통찰을 통해 성실하게 살아가는 것만으로는 부족하며, 인간에게는 깊이 있는 '생각'의 과정이 필요하다고 강조합니다.

《예루살렘의 아이히만》이 출판되었을 때, 아렌트는 유대인 사회로부터 심한 비판을 받았습니다. 이스라엘 정부는 이 재판을 통해 홀로코스트의 참혹함을 전 세계에 알리고, 유대인 민족의 고난과 회복을 부각하려 했습니다. 그러나 아렌트는 이 재판이 법적 절차보다는 정치적 목적에 치우쳐 있으며, 이를 하나의 거대한 쇼처럼 연출했다고 비판했습니다. 특히, 아이히만을 마치 극악무도한 괴물로 묘사하려는 시도가 그가 보여 준 평범한 모습과는 상반된다고 지적했습니다. 이러한 비판으로 인해 아렌트는 유대인 사회로부터 배신자라는 비난을 받았고, 그녀의 견해는 오랫동안 논쟁의 중심에 서 있었습니다.

아렌트의 의도는 아이히만을 옹호하려던 것이 아니었습니다. 그녀가 말하고자 한 건 아이히만의 평범성이 그를 무죄로 만들거나 그의 행동을 정당화한다는 것이 아니었습니다. 오히려 아렌트는 아이히만이 평범한 사람이었기에, 그가 저지른 잔혹한 악행이 더 충격적이라고 강조했습니다. 비판적 사고 없이 체제에 순응하고 명령에 복종하는 평범한 사람이, 얼마나 큰 악을 저지를 수 있는지를 보여 주고자 했던 겁니다. 아렌트는 '악의 평범성'을 통해, 누구나 도덕적 판단을 내리지 않고 자신의 역할을 비판 없이 수행할 때 악에 가담할 수 있다는 경고를 전하고자 했습니다.

또한 아렌트는 자신의 주장이 모두가 악인이 될 수 있다는 것에 초점을 맞춘 것도 아니라고 설명했습니다. 아렌트의 핵심 메시지는 누구든 비판적 사고 없이 살아갈 때, 악을 저지를 수 있다는 것이었습니다. 그녀는 인간이 생각 없이 행동하고, 자신의 행위가 가져올 결과에 대해 성찰하지 않을 때, 체제의 도구로서 잔혹한 범죄에 가담할 수 있음을 강조했습니다. 아이히만의 사례는 사유의 결여가 어떻게 평범한 사람을 악의 공범으로 만들 수 있는지 보여 주는 상징적인 사건이라는 겁니다.

한나 아렌트는 우리가 생각 없이 따르는 '선택'이 얼마나 무서운 결과를 가져올 수 있는지를 경고합니다. 여러분은 오늘, 어떤 선택을 했나요? 그리고 그 선택의 무게가 어떠할지 충분히 고민해 보았나요? 깊은 '사유'를 통해 우리의 행동을 성찰해 보는 시간을 가져 보길 바랍니다.

도서분야	역사	관련과목	세계사, 역사로 탐구하는 현대 세계	관련학과	정치외교학과, 법학과, 철학과, 역사학과, 사회학과

고전 필독서 심화 탐구하기

▶ **아렌트의 철학 살펴보기**

개념	의미
악의 평범성	악의 평범성은 아이히만 같은 평범한 사람이 비판적 사고 없이 체제에 순응하면서 끔찍한 악을 저지를 수 있음을 말하는 개념이다. 아렌트는 아이히만이 괴물처럼 사악한 인물이 아니라, 명령에 복종하고 체제에 따라 행동한 평범한 사람임을 강조했다. 그의 행위는 깊은 증오나 이데올로기가 아니라, 생각 없이 행동한 결과다. 이는 모든 사람이 사유 없이 체제에 순응할 때 악을 저지를 수 있다는 경고이다.
타인의 입장에서 생각하기의 무능	아렌트는 도덕적 판단을 위해 타인의 입장에서 생각할 수 있는 능력이 필요하다고 보았다. 이는 다른 사람들의 관점에서 상황을 이해하고, 그들의 고통이나 입장을 공감할 수 있는 능력이다. 그러나 아이히만과 같은 사람들은 이러한 능력이 결여되어 있었다. 그들은 오로지 자신에게 주어진 임무에만 충실했다. 이로 인해 도덕적 상상력이 결여되며, 타인의 인권을 침해하는 악행을 저지르더라도 그것이 어떤 결과를 가져올지 이해하지 못하게 된다. 아렌트는 타인의 입장에서 생각하는 능력이 없을 때, 사람들이 도덕적 판단을 내리지 못하고 악을 저지를 수 있다고 경고했다.
말하기의 무능	자신의 생각을 표현하거나 타인과 소통하는 능력의 결여를 의미한다. 인간은 대화를 통해 서로의 생각을 교환하고, 그 과정에서 자신의 생각을 정제하고 발전시킨다. 아렌트는 말하기를 통해 공공의 공간에서 의견을 교환하고 비판하는 과정이 중요한 도덕적 행위라고 보았다. 그러나 말하기의 무능은 이 과정을 차단한다. 아이히만은 자신이 무엇을 하고 있는지 타인에게 설명하거나, 타인의 생각을 듣고 교류하려 하지 않았다. 아렌트는 말하기의 무능이 자신의 행동을 비판적으로 바라볼 기회를 박탈하고, 비판적 성찰이 없는 상태에서 체제의 악을 무비판적으로 수용하게 만든다고 보았다.

행동의 무능	행동의 무능은 주체적으로 행동하지 못하고, 외부의 명령에 따라 움직이는 상태를 의미한다. 아렌트는 행동이 단순한 신체적 움직임이 아니라, 자신의 도덕적 판단에 따른 주체적 행위여야 한다고 주장했다. 그러나 아이히만은 스스로 판단하여 행동하지 않고, 그저 상부의 명령에 복종하는 수동적인 행위자였다. 이처럼 행동의 무능은 도덕적 책임감의 상실을 초래하며, 개인이 자신의 행동에 대해 도덕적으로 책임을 지지 않는 상태를 만든다. 아렌트는 이러한 무능이 체제 내에서 사람들이 비판적 사고 없이 체제에 순응하게 만들며, 악을 저지르는 도구가 되게 만든다고 지적하였다.

▶ 시대적 배경 및 사회적 배경 살펴보기

한나 아렌트의 '예루살렘의 아이히만'은 제2차 세계 대전이 끝난 후, 1960~1961년에 열린 아돌프 아이히만 재판을 중심으로 쓰였다. 제2차 세계 대전 중 나치 독일은 유대인 600만 명을 포함한 수백만 명을 학살하는 홀로코스트를 저질렀고, 이 범죄에 관여한 주요 전범들이 전후 뉘른베르크 재판에서 심판을 받았다. 그러나 많은 전범이 도주하거나 숨어 있었고, 그중 한 명이 나치 친위대의 유대인 학살 계획을 실행한 아돌프 아이히만이었다. 그는 전쟁 후 아르헨티나로 도피했지만, 1960년 이스라엘 정보기관 모사드에 의해 체포되어 예루살렘에서 재판을 받게 되었다. 이 재판은 세계적인 관심을 불러일으켰고, 나치 전범이 직접 법정에서 대중에게 심판을 받는 과정은 유대인 학살의 기억을 다시금 되살리게 했다.

아이히만 재판이 열린 당시, 이스라엘은 독립한 지 13년밖에 되지 않은 신생국이었다. 이스라엘은 유대 민족의 고난과 회복을 상징적으로 보여 주기 위해 아이히만 재판을 공적으로 크게 부각하고자 했다. 전 세계 유대인들은 이 재판을 통해 홀로코스트의 상흔

을 다시 직면하게 되었고, 아이히만을 심판하는 과정을 통해 역사적 정의를 구현하려고 했다. 또한, 유럽 각지에서는 전쟁의 참상과 나치의 범죄에 대한 새로운 논의가 이루어졌으며, 전쟁 중에 어떤 역할을 했는지에 대한 개인과 집단의 책임이 중요한 주제로 떠올랐다. 그러나 아렌트는 이 재판을 단순한 복수나 처벌 이상의 철학적, 정치적 성찰의 기회로 보고, 악의 평범성을 탐구하면서 체제에 순응하는 평범한 인간이 얼마나 큰 악을 저지를 수 있는지 논의하였다.

현재에 적용하기

한나 아렌트는 단순한 명령 복종이 어떻게 악으로 이어질 수 있는지를 경고하며, 현대 사회에서 도덕적 판단의 중요성을 강조한다. 최근 일상에서 이루어진 작은 선택을 하는 과정에서 과연 타인의 입장에서 생각하고, 공공의 장에서 소통하며 주체적으로 행동했는지 성찰해 보자.

생기부 진로 활동 및 과세특 활용하기

▶ 책의 내용을 진로 활동과 연관 지은 경우 (희망 진로: 정치외교학과)

'예루살렘의 아이히만(한나 아렌트)'을 읽고, 권위주의 체제에서 개인의 역할과 도덕적 책임에 대해 깊이 탐색함. 아이히만 재판을 통해 나타난 전체주의 체제의 작동 방식을 분석하며, 체제 속에서 인간이 어떻게 도덕적 판단을 상실하고 명령에 복종하는지를 깊이 있게 고찰함. '악의 평범성' 개념을 바탕으로 전체주의 체제에서의 권위와 책임 문제를 논의하고, 현대 정치 체제와 연결하여 분석한 보고서를 작성하여 제출함. 이 활동을 통해 정치학적 시각을 확장하고, 권위주의와 민주주의의 상호 작용을 심화 학습함. 정치 체제에서 도덕적 판단과 비판적 사고의 중요성을 깨달았으며, 권위주의 체제하에서 개인의 행동이 사회에 미치는 영향을 탐구함. 이를 토대로 현대 사회에서 정치적 책임과 도덕적 성찰을 강조하며, 미래 정치학자로서의 비전을 구체화함. 정치학을 통해 사회적 정의와 인권 보호를 실천하고자 하는 의지를 보여 줌.

▶ 책의 내용을 역사 교과와 연관 지은 경우

'예루살렘의 아이히만(한나 아렌트)'을 읽은 뒤 제2차 세계 대전과 홀로코스트의 역사적 사건을 심화 학습하고, 역사 교과와 연계하여 전체주의 체제의 특성과 인류에 대한 범죄를 고찰한 내용을 카드 뉴스로 제작함. 나치 독일의 유대인 학살을 아이히만 재판을 통해 개인의 도덕적 책임과 역사 속 권위주의 체제의 메커니즘을 분석하고자 노력한 점이 돋보임. 나치즘, 파시즘, 그리고 전체주의적 통치 방식을 토대로, 아이히만이 나치 체제 속에서 어떻게 자신의 역할을 정당화했는지 깊이 있게 탐구함. 권위주의 체제에서의 구성원 개개인의 도덕적 판단과 책임 문제에 대해 논의하며, 역사 속에서 인간의 역할에 대해 비판적으로 성찰함. 나아가 나치 독일과 같은 전체주의적 상황이 반복되지 않도록 역사적 경각심을 높이는 데 기여하겠다고 다짐함.

후속 활동으로 나아가기

▸ 아이히만을 비롯한 제2차 세계 대전의 전범에 대한 재판을 조사하고, 이 재판들이 국제법과 인권 보호에 미친 영향을 분석하는 보고서를 작성해 보자.

▸ 아이히만 재판을 법정 소설로 재구성하여 당시의 법적 판단과 도덕적 판단의 차이를 탐구하는 활동을 수행해 보자.

▸ 전체주의 사회에서의 도덕적 선택에 대한 토론을 진행해 보자. 관련 상황에서 직접 도덕적 판단을 내려 본다.

▸ 법적 정의와 도덕적 책임을 중심으로 현대의 전쟁 범죄와 그에 대한 국제적 대응 연구를 진행해 보자.

▸ 현대 사회에서 '악의 평범성' 개념을 적용할 수 있는 사례를 조사하고, 이를 바탕으로 도덕적 책임에 관해 토론해 보자. 자신의 경험이나 현대적 사례를 통해 개념을 이해하고 적용해 본다.

함께 읽으면 좋은 책

조지 오웰 《동물농장》 민음사, 2001.

조지 오웰 《1984》 민음사, 2003.

로이스 로리 《기억 전달자》 비룡소, 2024.

올더스 헉슬리 《멋진 신세계》 소담출판사, 2015.

한나 아렌트 《한나 아렌트의 말》 마음산책, 2016.

한나 아렌트 《인간의 조건》 한길사, 2019.

한나 아렌트 《전체주의의 기원》 한길사, 2006.

에리히 프롬 《자유로부터의 도피》 휴머니스트, 2020.

오리엔탈리즘

에드워드 사이드 ▸ 교보문고

　서양 대중문화 속에서 동양은 종종 신비롭고 이질적인 이미지로 그려집니다. 예를 들어 '스타워즈' 시리즈 영화를 보면 제다이 기사들이 사용하는 '포스The Force'는 동양의 '기氣'와 유사하며, 그들의 철학과 무술 역시 동양적 사상에서 많은 영감을 받았음이 보이죠. 마스터인 요다는 "증오는 고통으로 이어진다."라며 불교적인 가르침을 전수합니다. 그런데 이러한 동양적 요소는 주로 백인 배우들이 연기한 캐릭터들에 의해 표현되곤 했습니다. 최근 들어 한국 배우가 제다이 역할을 맡는 등 점차 개선되는 모습을 보여 주고 있지만, 대부분의 경우 서구적 메시지를 전달하기 위해 동양적 요소가 차용되는 형태입니다. 이는 서양이 동양을 단순히 신비하고 낯선 존재로 그려내는 '오리엔탈리즘'의 단적인 예로도 볼 수 있습니다.

에드워드 사이드^{Edward W. Said, 1935~2003}는 서양이 동양을 '타자'로 설정하고 이를 왜곡해 재현하면서 지배와 우위를 정당화했다고 비판했습니다. 그에 따르면, 우리는 서양 대중문화에서 동양이 어떻게 묘사되고 소비되는지 비판적으로 바라볼 필요가 있습니다.

에드워드 사이드는 팔레스타인 예루살렘에서 태어나 이집트에서 어린 시절을 보내고, 이후 미국에서 교육을 받으며 학자로 성장한 인물입니다. 이러한 독특한 배경은 그가 '동양인'으로서의 정체성과 서양의 문화적 우월주의를 모두 비판적으로 성찰할 수 있는 시각을 갖추게 했습니다. 이 경험을 바탕으로 사이드는 그의 대표작인 《오리엔탈리즘》을 집필하며 동양을 왜곡하여 바라보는 서양과, 그로 인해 형성된 지배 구조를 날카롭게 분석했습니다.

사이드는 서양이 동양을 미개하고 비합리적인 존재로 규정한 것은 단순한 문화적 편견을 넘어서, 정치적·경제적 지배를 정당화하기 위한 논리였다고 주장합니다. 이를 위해 미셸 푸코의 지식과 권력의 상관관계를 활용하여, 서양의 동양에 대한 지식 생산이 곧 권력의 도구로 작용했음을 강조합니다. 이 책은 서양의 문학, 예술, 학문에서 동양이 어떻게 재현되었는지, 그리고 그 과정에서 서양이 어떻게 자신의 문화적 우월성을 부각시켰는지를 탐구하고 있습니다.

사이드의《오리엔탈리즘》은 크게 3부로 나누어져 있습니다. 이를 통해 사이드는 서양이 동양을 어떻게 연구하고, 그 지식을 통해 어떻게 동양을 통제하고 지배해 왔는지에 대해 구체적으로 설명합니다.

1부 '오리엔탈리즘의 범위'에서는 오리엔탈리즘의 근본적 성격과 그 범위를 다룹니다. 동양에 대한 서양의 인식은 이국적이고 비합리적인 타자로서의 동양이라는 틀 안에 갇혀 있으며, 이는 서양이 자신들의 문화적 우월성을 정당화하는 수단으로 사용되어 왔습니다. 이들에게 동양적 분위기는 신비하고 문맹적인 것이며, 동양적 전제주의는 서구 계몽주의에 비해 열등하고, 동양적 생산 양식은 자본주의와 대비하여 고대 농업에 정체되어 있는 것이었습니다. 서양은 동양을 주체적인 존재로 보지 않고 자신들이 만들어 낸 상상 속의 공간으로 바라보았으며, 동양을 '정복'하거나 '지배'할 대상으로 여겼습니다.

이러한 오리엔탈리즘은 단순한 학문적 연구가 아니라, 경제적·정치적 이해관계와 맞물려 있었습니다. 동양에 대한 서양의 지식은 동양을 지배하기 위한 도구로 활용되었으며, 이는 동서 간의 본질적인 갈등을 불러일으키고 위기를 초래했습니다.

2부 '오리엔탈리즘의 구성과 재구성'에서는 서양 학문 속에서 동양이 어떻게 구성되고 재구성되었는지에 대해 분석합니다. 서양 학자들은 동양을 연구하면서도 종교적·문화적 경계를 설정하고,

동양을 비합리적이고 열등한 존재로 규정했습니다. 가령 프랑스 학자 '실베스트르 드 사시'와 '에르네스트 르낭'은 동양에 대한 합리적 분석을 시도했지만, 사실 이들의 연구는 서양 우월주의적 시각에 의해 동양을 왜곡하는 결과를 낳았습니다. 저명한 서구 학자들의 상상력에 의존한 동양에 대한 연구는 학문적 객관성을 가장한 편견을 강화했습니다.

또한 여행자들의 인상기, 선교사들의 체험기 등 순례자들의 동양에 대한 서술 또한 서구 중심적 시각을 심화시켰습니다. 이들은 동양을 주관적이고 제한된 시각에서 바라보며, 동양에 대한 서양의 고정관념을 더욱 공고히 했습니다. 동양은 서양의 연구와 상상력을 통해 계속해서 재구성되었으며, 이는 학문적 연구와 제국주의적 정책 사이의 상호 작용 속에서 이루어졌습니다.

마지막 3부 '오늘의 오리엔탈리즘'에서는 현대 사회에서 오리엔탈리즘이 어떻게 지속되고 있는지를 다룹니다. 사이드는 오리엔탈리즘이 과거의 유물이 아니라, 여전히 학문과 대중문화, 정치 담론 속에서 동양을 왜곡된 시각으로 재현하고 있음을 지적합니다. 서양 학문은 동양을 연구하면서도 여전히 서양 중심적 틀에서 벗어나지 못하고 있으며, 이는 동양에 대한 편견을 유지하고 강화하는 결과를 낳습니다. 잠재적 오리엔탈리즘과 명백한 오리엔탈리즘은 서양 사회 전반에 걸쳐 깊이 뿌리내리고 있습니다.

여전히 서양의 미디어에서 동양은 위험하고 비이성적인 존재로 묘사되며, 이는 서양의 정치적·경제적 목적을 정당화하는 수단으로 작동합니다. 예를 들어 서양 언론에서는 중동과 이슬람 세계가 테러리즘과 폭력의 근원지로 그려지며, 이는 서양의 군사적 개입을 정당화하는 논리로 사용되고 있지요. 사이드는 이러한 현대적 오리엔탈리즘이 과거의 유물이 아니며, 여전히 서양 사회에 깊이 뿌리내리고 있음을 지적합니다.

사이드의 《오리엔탈리즘》은 많은 학문적, 사회적 영향을 미쳤지만 비판도 받았습니다. 일부 학자들은 사이드가 서양의 모든 동양 연구를 지나치게 정치적 관점에서 해석했다고 주장합니다. 서양 학자들이 동양을 연구한 모든 시도가 제국주의적 목적을 가진 것은 아니었으며, 순수한 학문적 탐구로 이루어진 연구도 있었다는 점을 지적합니다. 또한, 사이드의 이론이 너무 포괄적이라는 비판도 제기되었습니다. 하지만 이러한 비판에도 불구하고, 사이드의 이 책은 서양과 동양의 관계에 대해 새로운 시각을 제공하며 서양 중심적 사고에서 벗어나 동양을 보다 자주적으로 바라봐야 한다는 중요한 메시지를 전달하고 있습니다.

사이드는 《오리엔탈리즘》에서 서양이 동양을 타자화하고, 이를 왜곡된 시각으로 재현하여 지배와 우위를 정당화하는 방식을 비판했습니다. 그런데 이 문제의 근본에는 사실 서양과 동양을 이분법적으로 나누는 사고방식이 자리하고 있습니다. 세계를 '서양 대 동양'이라는 대립 구도로만 바라보는 건 우리가 실제로 살아가는 세계의 복잡성과 다층적인 관계를 반영하지 못합니다. 이러한 이분법적 사고는 결국 서양과 동양 모두에게 해를 끼치며, 상호 이해를 방해할 수 있습니다.

이제 우리는 서양과 동양이라는 거대한 문명 중심의 이분법적 사고에서 벗어나, 더 다극화된 체제와 다양한 주체들이 공존하는 세계를 바라볼 필요가 있습니다. 동서양의 이분법적 구도만이 아닌, 다양한 문화적, 정치적, 사회적 주체들이 존재하는 다원적 세계관이 필요합니다. 이러한 전환은 특정 문명이 우월하거나 열등하다는 서양 중심적 시각을 탈피하고, 서로 다른 주체들이 동등하게 목소리를 낼 수 있는 세계를 상상하는 방향으로 나아가야 합니다. 단순히 서양이나 동양이라는 거대 문명적인 틀을 뛰어넘어, 다양한 지역, 문화, 민족이 상호 작용하고 영향을 주고받는 복합적인 체제를 인식하는 것입니다. 그 속에서 우리는 각 주체들이 자율성을 가지고 스스로의 문화를 정의하고, 서로를 대등한 관계 속에서 존중하는 길을 모색해야 합니다.

결국 에드워드 사이드의 《오리엔탈리즘》은 우리가 서양 중심적 시각에서 벗어나, 보다 다원적이고 다극화된 세계 속에서 자율적인 주체로서의 정체성을 확립하는 데 중요한 통찰을 제공합니다. 이 책을 통해 세계를 더욱 다각적으로 바라보고, 단일한 문명의 틀에서 벗어나 어떻게 다양한 주체들이 공존하는 세상을 살필 수 있을지 생각해 보면 좋겠습니다.

도서 분야	역사	관련 과목	세계사, 역사로 탐구하는 현대 세계	관련 학과	역사학과, 문화인류학과, 국제관계학과, 철학과

▶ **기본 개념 및 용어 살펴보기**

개념	의미
오리엔탈리즘	서양이 동양을 비합리적이고 미개한 타자로 규정하고, 서양의 우월성을 정당화하기 위해 동양을 이국적이고 열등한 존재로 묘사한다. 이는 학문적 연구와 제국주의적 지배가 결합된 서양의 이데올로기적 틀을 의미한다.
타자화	동양을 서양과 다른 이질적 존재로 간주하여, 동양을 '우리'와 대비되는 '타자'로 재현한다. 이는 동양을 비합리적, 비문명적인 존재로 규정하며, 서양의 우월성을 강화한다.
상상의 지리	서양이 동양을 신비롭고 이국적인 상상 속의 공간으로 만들어 내는 과정이다. 이는 실제 동양을 이해하는 것이 아니라, 서양의 상상력 속에서 동양을 왜곡하여 그린 지리적 표상이다.
문화적 제국주의	서양이 자신의 문화적 가치를 보편적이고 우월한 것으로 간주하고, 이를 동양에 강요한다. 이를 통해 동양의 문화는 열등하고 미개한 것으로 여겨지고, 서양의 문명화 명분이 정당화된다.
지식과 권력의 결합	지식이 단순히 중립적인 것이 아니라, 서양이 동양을 지배하고 통제하는 권력의 도구로 사용된다. 이는 미셸 푸코의 이론을 차용한 개념으로, 동양에 대한 서양의 지식은 서양의 제국주의적 지배를 가능하게 한다.
텍스트 의존성과 가공된 현실	오리엔탈리즘은 텍스트와 문헌에 크게 의존하는 경향이 있었다. 동양을 직접 경험하거나 연구하기보다는 기존의 텍스트와 문헌을 통해 동양을 규정하고 묘사했다. 이러한 과정에서 동양은 서양의 시각에 맞춰진 가공된 현실로서 재구성되었으며, 실제 동양의 모습과는 큰 사이를 보였다.

잠재적/명백한 오리엔탈리즘	잠재적 오리엔탈리즘은 학문적 담론 속에 내재된 동양에 대한 고정관념과 편견을 의미하고, 명백한 오리엔탈리즘은 대중문화와 정치적 담론에서 드러나는 동양의 열등함을 강조하는 방식이다.
이데올로기적 재현	동양은 실제 모습이 아니라 서양의 이익과 권력에 의해 재현된 상징적 이미지로 존재한다. 이는 동양을 정체되고 수동적인 존재로 묘사하여 서양의 지배를 정당화하며, 문학과 예술, 학문, 정치적 담론을 통해 지속적으로 재생산된다.

▶ '오리엔탈리즘' 속 서양과 동양 살펴보기

서양	동양
합리적	**비합리적**
서양은 이성과 합리성을 강조하며, 스스로를 논리적이고 이성적인 존재로 정의한다.	동양은 서양에 의해 감정적이고 비합리적인 존재로 묘사되며, 이성과 논리가 부족한 문화로 여겨진다.
문명화된	**미개한**
서양은 스스로를 문명화된 사회로 묘사하며, 발전과 진보의 상징으로 여긴다.	동양은 정체된 사회로, 서양보다 덜 발달하고 미개한 문명으로 재현된다.
능동적	**수동적**
서양은 스스로 변화하고 세계를 통제하며, 능동적이고 주체적인 문명으로 그려진다.	동양은 스스로 변화하지 못하고 서양의 지배 아래에 놓인 수동적 존재로 묘사된다.
역동적, 발전적	**정체된, 고정된**
서양은 지속적으로 진보하고 발전하는 문명으로 정의된다.	동양은 고정된 상태로 정체되어 발전하지 못하는 공간으로 묘사된다.

개인주의적	집단주의적
서양은 개인의 자율성과 자유를 중시하며, 개인주의적 성향을 지닌다.	동양은 집단의 조화와 질서를 강조하며, 개인보다는 집단을 우선시하는 사회로 그려진다.
논리적	감정적
논리적 사고와 합리적인 의사 결정을 중시하며, 과학적 방법론을 따르는 문명이다.	동양은 감정과 직관으로 움직이는 사회로, 비논리적이고 감정적인 특징을 가진다.
과학적	신비적
서양은 과학적 사고와 합리적 방법론을 통해 발전을 이끌어 가는 문명으로 재현된다.	동양은 신비롭고 미신적인 존재로, 과학적 지식보다는 신앙과 신비주의가 강조된다.
정복자	피정복자
서양은 동양을 정복하고 지배하는 주체로 묘사되며, 동양을 통제할 권리를 가진다.	동양은 서양의 지배를 받는 피정복자로 재현되며, 스스로의 운명을 결정하지 못하는 존재로 그려진다.
상상의 주체	상상의 대상
서양은 동양을 상상하고 규정하는 주체로서 세계를 해석하고 바라보는 위치에 있다.	동양은 서양의 상상 속에서 만들어진 대상이며, 신비롭고 이국적인 장소로 묘사된다.

현재에 적용하기

오리엔탈리즘의 개념을 오늘날의 사회적 문제와 연결시켜 생각해 보자. 영화나 광고에서 특정 문화가 어떻게 묘사되고 있으며, 그 묘사가 얼마나 공정한지 평가해 본다. 또한, 학교 내에서 다양한 문화적 배경을 가진 친구들과의 대화를 통해 자신의 편견을 인식하고, 이를 극복하기 위한 구체적인 방법을 모색한다.

생기부 진로 활동 및 과세특 활용하기

▶ **책의 내용을 진로 활동과 연관 지은 경우**(희망 진로: 문화인류학과)

'오리엔탈리즘(에드워드 사이드)'을 책을 읽고, 서양이 동양을 어떻게 인식하고 제도화했는지를 분석한 보고서를 작성함. 보고서에서는 오리엔탈리즘 개념과 옥시덴탈리즘의 개념을 비교 분석함. 이 두 이론을 바탕으로, 서양이 동양을 단순히 문화적 차이로 바라본 것이 아니라, 서양의 패권적 사고 속에서 동양을 어떻게 수동적이고 고정된 이미지로 만들었는지에 대한 비판적 접근을 시도함. 특히 현대 사회에서 벌어지는 문화적 편견과 갈등을 분석하였으며, 자신의 지역 사회에서 발생하는 다문화 가정의 어려움과 차별 문제를 직접 현지 조사하여 구체적인 사례로 다룸. 이 과정에서 다문화 배경을 가진 친구들과 그들의 가족을 인터뷰하며, 그들이 경험한 문화적 충돌과 사회적 불평등에 대한 질적 자료를 수집함. 인터뷰에서 드러난 다문화 가정 청소년들의 정체성 혼란과 사회적 소외감을 분석하며, 현대 사회에서 타자화된 집단들이 겪는 어려움을 생생하게 조명함. 이를 통해 문화적 갈등을 초래하는 구조적 문제를 비판적으로 탐구함. 이를 해결하기 위해 다문화 교육의 확대, 지역사회 내 포용적 소통 체계 강화, 그리고 다문화 가정에 대한 정책적 지원을 제안함으로써 이론적 논의에 그치지 않고 현실적인 실천 방안을 함께 제시함.

▸ 책의 내용을 음악 교과와 연관 지은 경우

수업 시간 중 푸치니의 오페라 '나비 부인'을 감상하고, 이를 오리엔탈리즘적 관점에서 분석하여 '음악으로 세상 이해하기' 프로젝트 발표를 전개함. '오리엔탈리즘(에드워드 사이드)'을 읽고 서양이 동양을 수동적이고 비현실적인 이미지로 재현하는 과정을 비판적으로 탐구하기 위해 '나비 부인'을 선택했다고 발표함. 당시 서양 사회에서 동양을 어떻게 낭만화하고 고정된 이미지로 표현했는지에 주목하여, 푸치니의 작품이 일본의 문화를 단순화하고 왜곡된 방식으로 그린 점을 분석함. 특히 단순히 음악적인 요소를 감상하는 데 그치지 않고, 오리엔탈리즘의 관점에서 작품을 분석하는 깊이 있는 연구를 진행함. 오페라에서 등장하는 일본 여성을 수동적이고 희생적인 존재로 묘사하는 장면과 서양 남성을 우월적이고 능동적인 존재로 그리는 연출을 통해 푸치니가 당시 서양 사회의 동양에 대한 편견을 어떻게 반영했는지 탐구함. 작품이 가지고 있는 문화적 편견과 왜곡을 파악하고, 서양이 동양을 타자화하여 우월성을 강조하는 방식에 대한 비판적 시각을 형성함. 또한, 음악적 해석과 함께 문화적 맥락을 깊이 있게 이해하기 위해 해당 오페라에 사용된 음악적 모티프와 일본 전통 음악의 차이를 분석하였음. 푸치니가 동양적 이미지를 만들어 내기 위해 일본 전통 음악의 요소를 어떻게 왜곡하거나 단순화했는지 살펴보고, 이러한 음악적 요소가 서양 중심적 시각에서 만들어진 상징적 장치로 작용했음을 밝혀냄. 이를 통해 서양 음악에서 동양이 어떻게 상징적으로 소비되는지를 비판적으로 이해함.

후속 활동으로 나아가기

▸ 영화, 광고, 뉴스 등에서 나타나는 오리엔탈리즘의 현대적 사례를 조사하고 발표하며, 토론을 진행해 보자. 이를 통해 현대 사회에서 나타나는 문화적 편견을 비판적으로 분석한다.

▸ 미디어에서 드러나는 오리엔탈리즘 혹은 옥시덴탈리즘 요소를 분석하고, 비평 글을 작성해 SNS나 웹진에 게재해 보자.

▸ '내 안의 편견'을 고백하고 극복하기 프로젝트를 통해 일상에서 느끼는 편견이나 고정관념을 기록하고, 이를 극복하려는 과정을 일기글로 작성해 보자.

▸ 오리엔탈리즘 관련 영상물을 조사하여 시청하고, 이를 바탕으로 미디어 비평문을 작성해 보자.

▸ 이민자 문제나 인종 차별 등 문화적 편견과 관련된 국제 이슈를 탐구하는 프로젝트를 수행해 보자. 나아가 국제 문제의 해결 방안을 모색하고 보고서를 작성하는 활동을 진행한다.

함께 읽으면 좋은 책

에드워드 사이드 《문화와 제국주의》 창, 2011.
프란츠 파농 《검은 피부, 하얀 가면》 인간사랑, 2013.
이옥순 《우리 안의 오리엔탈리즘》 푸른역사, 2002.
존 다우어 《패배를 껴안고》 민음사, 2009.
한스 로슬링, 올라 로슬링, 안나 로슬링 뢴룬드 《팩트풀니스》 김영사, 2024.
피터 프랭코판 《실크로드 세계사》 책과함께, 2019.
자오성웨이, 리샤오위 《주르날 제국주의》 현실문화, 2019.
이언 바루마, 아비샤이 마갤릿 《옥시덴탈리즘》 민음사, 2007.

문명의 충돌

새뮤얼 헌팅턴 ▸ 김영사

2022년, 러시아의 우크라이나 침공은 전 세계를 충격에 빠뜨렸습니다. 베를린 장벽의 붕괴와 냉전 종식 이후, 많은 사람들은 대규모 전쟁이 더 이상 일어나지 않을 거라 믿었고, 인류는 마침내 평화의 시대에 접어들었다고 여겼습니다. 그러나 이러한 낙관적인 믿음은 순식간에 무너졌고, 세계는 다시 전쟁의 공포와 불확실성 속으로 빠져들었습니다.

러시아–우크라이나 전쟁뿐만 아니라, 중동 이스라엘–팔레스타인 분쟁, 미얀마 군부의 쿠데타, 아프리카 수단 내전 등 세계 곳곳에서 무력 충돌이 끊이지 않고 있습니다. 이러한 비극적인 현실은 정치학자 새뮤얼 헌팅턴Samuel P. Huntington, 1927~2008의 《문명의 충돌》

을 떠올리게 합니다. 그는 이 책 서문에서 문명과 문명의 충돌은 세계 평화에 가장 큰 위협이며 문명에 바탕을 둔 국제 질서만이 세계 대전을 막을 수 있는 가장 확실하고 유일한 방어 수단이라면서 냉전이 끝난 시대에는 문명 간의 갈등이 새로운 국제 분쟁의 원인이 될 거라고 경고한 바 있습니다.

새뮤얼 헌팅턴은 미국의 저명한 정치학자이자 국제 관계 전문가로, 특히 비교 정치와 국제 정치 분야에서 큰 업적을 남긴 학자입니다. 1993년《Foreign Affairs》저널에 처음으로「문명의 충돌」논문을 발표하며 세계의 주목을 받았고, 1996년 이 논문을 확장하여《문명의 충돌》을 출간했습니다.

이 시기 프랜시스 후쿠야마의《역사의 종말》이 자유 민주주의의 승리를 낙관적으로 예견하며 주목받고 있었는데, 헌팅턴은 이를 반박했습니다. 그는 냉전 이후 정치적·경제적 대립에서 벗어나 문명적 요소로 세계 분쟁이 확대될 가능성을 경고했고, 이러한 그의 예측은 오늘날 현실이 되어 세계 전역의 전쟁과 갈등에서 그대로 드러나고 있습니다.

책의 내용을 간단하게 살펴보겠습니다. 헌팅턴은 1부에서 이데올로기 갈등이 끝난 이후의 세계는 문명 간 충돌로 재편되고 있다고 설명합니다. 사람들은 자신을 언어, 종교, 역사, 관습을 통해 규정하며, 이는 개인뿐만 아니라 국가 단위에서도 마찬가지로 적용됩니다. 결국 인류를 크게 구분하는 기준은 문명이 되며, 문명 정체성이 냉전 후의 세계 정치에서 갈등과 협력의 새로운 축으로 자리 잡게 됩니다. 이 책에서 헌팅턴은 문명을 가장 폭넓은 문화적 실체로 정의하고, 전 세계를 8개의 주요 문명으로 나눕니다. 특히 문명이 만나는 경계인 단층선에서 갈등이 집중되는데 이는 종교적·문화적 차이에서 비롯된 충돌로 설명됩니다.

그는 여기서 근대화와 서구화를 보편 문명으로 규정하는 개념에도 반대했습니다. 서구 문명의 가치가 세계 어디에서나 보편적으로 적용될 수 있다는 생각은 오히려 갈등을 부를 수 있으며, 각 문명이 자신들만의 방식으로 살아갈 권리가 있다고 주장했습니다. 따라서 문명 간의 차이를 인정하고 서로 존중하는 것이 중요하다고 강조했습니다.

2부에서는 서구의 쇠퇴와 비서구 문명들의 도전이 다뤄집니다. 헌팅턴은 서구 문명이 20세기 초반 절정에 달했지만, 이후 경제적, 인구적 변화로 인해 비서구 문명들이 부상하고 있다고 주장합니다. 특히 아시아 문명과 이슬람 문명이 대표적인 도전 세력으로 등장하고 있다고 보았는데요. 이들은 근대화는 수용하지만, 서구화는 거부하는 토착화 현상을 통해 고유의 문화적 정체성을 유지하려는 태도를 취합니다. 중국-대만 갈등은 중국 문명이 서구의 개입을 경계하면서 자신들의 문명적 정체성을 수호하려는 사례가 될 수 있겠습니다. 이 과정에서 서구 문명은 더 이상 지배적이지 않으며, 경제적·문화적 충돌이 점차 격화되고 있습니다.

헌팅턴은 3부에서 세계가 문화적 재편성을 겪고 있으며, 각 문명의 핵심국Core State이 외교적 협상과 질서 유지에서 중요한 역할을 한다고 봅니다. 서구 문명에서는 미국과 유럽이 핵심국의 역할을 담당하지만, 이슬람 문명에는 명확한 핵심국이 없어 내부 혼란을 겪고 있다 보았습니다.

고립국Lone State은 자신만의 문화적 정체성을 유지하면서 국제 사회에서 주변부에 위치하는 나라를 뜻하며, 대표적으로 에티오피아 같은 나라가 있습니다. 분열국Torn State은 문명적 정체성에 대한 혼란을 겪고 있는 국가들로, 예를 들어 터키와 멕시코가 이 범주에 속합니다. 한 문명에 속해 있으면서도 다른 문명으로 넘어가려는 갈등을 겪고 있지요. 이들은 서구 문명과의 연결을 강화하려고 시도하면서도 자국 내에서 반발을 받고 있습니다.

가장 유명한 4부에서는 서구와 비서구 문명 간의 본격적인 충돌을 다룹니다. 헌팅턴은 특히 이슬람과 서구, 중국과 서구 간의 갈등을 중점적으로 분석합니다. 서구 문명은 자유 민주주의와 시장 경제를 중심으로 하는 가치 체계를 세계에 확산시키려 하지만, 비서구 문명은 이를 거부하고 자신들의 고유한 문명적 가치를 유지하려는 경향이 있습니다.

헌팅턴은 단층선 전쟁Fault Line Wars과 핵심국 전쟁Core State Wars의 개념을 사용하여 문명 간의 충돌을 설명합니다. 단층선 전쟁은 서로 다른 문명에 속한 인접 국가나 그룹 간의 국지적 충돌을 말하며, 주로 이슬람 문명이 다른 문명과 맞닿은 경계에서 발생하는 경우가 많습니다. 핵심국 전쟁은 문명의 중심에 있는 주요 국가들 간의 전면전을 의미하며, 이는 문명의 세력 균형이 변화할 때 발생할 가능성이 높다고 주장합니다.

5부에서는 세계 정치의 미래와 문명 간의 상호 작용을 다룹니다. 헌팅턴은 서구 문명이 쇠퇴할 가능성을 경고하며, 비서구 문명들과의 충돌에서 서구가 패배할 수도 있다고 우려합니다. 그는 서구가 자신들의 보편주의적 관점을 다른 문명에 강요하려는 시도가 위험하다고 강조하며, 이러한 보편주의는 필연적으로 제국주의로 이어질 수 있다고 경고합니다.

또한 헌팅턴은 다문명 세계에서 공존의 원칙과 자제의 원칙이 중요하다고 제시합니다. 문명 간의 협력과 타협을 통해 갈등을 해결하는 것이 세계 평화를 유지하는 중요한 방법이라고 강조합니다. 동시에 서구 문명은 다른 문명들을 서구화하려는 시도 대신, 서구 고유의 가치와 제도를 유지하고 수호하는 방향으로 나아가야 한다고 주장합니다.

이 책의 서술 방식은 체계적이고 논리적이며, 복잡한 개념을 명확하게 설명하려는 저자의 노력이 돋보입니다. 헌팅턴은 논리적인 흐름을 따라가며 독자에게 새로운 세계 질서의 틀을 제시하는데, 특히 문명 간의 갈등과 상호 작용을 설명하는 방식이 꽤 설득력 있습니다.

또한, 그는 다양한 역사적 사례를 들어 자신의 주장을 뒷받침하며 각 문명이 어떻게 형성되고 서로 어떻게 충돌하는지를 구체적으로 설명합니다. 이러한 사례들은 독자의 이해를 돕고, 무거운 주제임에도 불구하고 책을 읽는 과정에서 흥미를 느끼게 합니다.

물론 전반적으로 술술 읽히는 책은 아닙니다. 이 책은 방대한 역사적, 정치적 분석과 개념어들로 구성되어 있어, 읽는 데 높은 집중력과 이해력이 요구됩니다. 그러나 국제 정치와 문명에 대한 관심, 세계 정세에 대한 흥미가 있는 독자라면 책의 흐름을 따라가기 어렵지 않을 겁니다.

다만, 헌팅턴의 이론은 몇 가지 비판을 받아 왔습니다. 우선 문명을 8개로 구분한 그의 이론은 세계의 복잡성을 지나치게 단순화한 측면이 있다는 지적을 받습니다. 이슬람 문명 내의 종파 갈등이나 아프리카, 라틴 아메리카의 다원적 문화를 하나의 문명으로 묶는 건 현실을 충분히 반영하지 못했다는 겁니다.

또한, 헌팅턴의 이론은 서구 문명의 우월성을 강조하고, 서구 중심적 시각을 가지고 있다는 비판을 받습니다. 특히 비서구 문명에 대한 서구의 제국주의적 착취와 억압을 간과하고 있다는 점이 문제로 지적되고 있습니다. 그리고 그는 문명 간 갈등을 피할 수 없는 필연적인 것으로 보며, 문명 간 협력 가능성을 충분히 고려하지 않았다는 비판을 듣기도 합니다.

특히 헌팅턴이 놓친 중요한 요소는 '인간'의 역할이라 볼 수 있겠는데요. 헌팅턴은 푸틴, 시진핑, 부시 행정부와 같은 정치적 인물들이 국제 정세에 미칠 영향을 정확히 예측하지 못했으며, 국제 관계의 변동에서 개인 리더십의 중요성을 간과했다는 지적을 받기도 합니다.

이러한 비판에도 불구하고, 《문명의 충돌》은 냉전 후 세계가 평화로 나아갈 것이라는 낙관적인 전망이 지배적이던 시기에, 서늘한 경고의 메시지를 던진 중요한 작품으로 남아 있습니다. 국제 정세를 단순히 정치적, 경제적 관점이 아닌 문명적 차원에서 이해하려는 시도 자체가 의미 있는 통찰을 제공했으며, 오늘날에도 많은 학자들이 헌팅턴의 이론을 토대로 논의하고 있습니다.

오늘날 우리는 헌팅턴이 예언했던 문명 간 충돌의 현실을 목격하고 있습니다. 러시아-우크라이나 전쟁, 이스라엘과 하마스 간의 갈등, 중국과 대만의 긴장 등 이러한 갈등은 단순한 국경 문제를 넘어 문화적, 종교적 차이에서 비롯된 것입니다. 헌팅턴은 문명 간의 차이를 인정하고, 이를 바탕으로 대화와 협력을 모색해야 한다고 주장했는데요. 지구 곳곳을 피폐하게 만드는 계속된 전쟁으로 많은 이들이 고통받고 있습니다. 다름을 인정하고 공존을 모색하자는 주장은 치열한 현실 문제 앞에서 이상적으로 들릴 수 있습니다. 실제로 국가와 민족 간 이해관계가 첨예하게 얽힌 상황에서 '서로를 이해하자'라는 접근만으로는 한계가 있기 때문입니다. 그럼에도 우리는 갈등 해결을 위한 실천적 방안을 계속 모색해야 하며, 하루빨리 평화를 되찾을 수 있도록 노력해야 합니다. 우리는, 무엇을 할 수 있을까요?

도서 분야	역사	관련 과목	세계사, 역사로 탐구하는 현대 세계	관련 학과	역사학과, 문화인류학과, 국제관계학과, 철학과

고전 필독서 심화 탐구하기

▸ **기본 개념 및 용어 살펴보기**

개념	의미
문명 정체성	사람들이 자신을 특정 문명에 속한다고 인식하는 정체성임. 종교, 언어, 역사, 관습 등을 바탕으로 구성됨.
단층선	서로 다른 문명이 맞닿아 있는 경계 지역으로 갈등과 충돌이 발생하기 쉬운 지점임. 이곳에서 주로 문화적 갈등이 일어남.
서구의 쇠퇴	서구 문명의 경제적, 정치적 영향력이 약해지고 있음을 나타내는 개념임. 서구의 가치 확산이 도전에 직면하고 있음.
비서구 문명의 부상	아시아, 이슬람 등의 비서구 문명이 경제적, 인구적 성장과 함께 국제 무대에서 중요성이 커지고 있음.
토착화	비서구 문명이 근대화를 수용하되, 서구화는 거부하고 자국의 전통적 문화를 유지하려는 현상임.
핵심국	문명 내에서 가장 중요한 역할을 하는 국가로, 해당 문명 내 질서를 유지하고 외교적 협상을 주도하는 국가임.
고립국	다른 국가들과 문화적 유사성이 거의 없는 국가로, 국제 정치에서 주변부 역할을 함. 예시로 에티오피아 등이 있음.
분열국	내적 갈등을 겪으며 문명적 정체성을 확립하지 못한 국가임. 터키나 멕시코가 그 예임.

단층선 전쟁	문명 간 경계에서 발생하는 국지적 충돌로 특히 종교적, 문화적 차이에서 비롯된 갈등이 많음.
핵심국 전쟁	문명의 중심 국가들 간의 전면전을 의미하며 문명 간 세력 균형의 변화에 의해 촉발됨.
보편주의	서구 문명의 가치가 세계적으로 적용될 수 있다고 주장하는 입장임. 헌팅턴은 이를 제국주의로 이어질 수 있는 위험 요소로 봄.
자제의 원칙	문명 간의 평화를 유지하기 위해 각 문명이 다른 문명의 갈등에 개입하지 않아야 한다는 원칙임.
공존의 원칙	문명들이 상호 존중과 협력을 통해 갈등을 해결해야 한다는 원칙임. 다 문명 세계에서 지속 가능한 평화를 이루는 방법임.

▶ 시대적 배경 및 사회적 배경 살펴보기

'문명의 충돌'은 냉전이 종식된 1990년대 세계 정치와 사회의 변화를 배경으로 하고 있다. 냉전 시기에는 동서 이념 대립이 세계 질서를 규정했지만, 소련이 붕괴하면서 미국 중심의 단극 체제가 형성되었다. 많은 사람들은 프랜시스 후쿠야마의 '역사의 종말'에서 나타난 것처럼 자유 민주주의와 자본주의의 승리로 세계가 평화롭게 발전할 거라고 기대했다. 그러나 헌팅턴은 그러한 낙관적 전망에 반대하며, 이념보다는 문명 간의 충돌이 새로운 세계 질서를 정의할 것이라고 주장했다. 그는 특히 서구 문명과 비서구 문명, 즉 이슬람 세계와 중국 같은 문명 간의 갈등이 더욱 두드러질 것이라고 보았다.

사회적으로는 세계화가 경제적 통합을 가져오며, 동시에 문화적 갈등이 심화되던 시기였다. 이슬람 근본주의의 부상은 서구와 이슬람 세계 간의 갈등을 부추겼으며, 냉전 이후 민족과 문명 정체성이 다시 부각되면서 유고슬라비아 내전 등과 같은 민족 분쟁이 빈번하게 발생했다. 헌팅턴은 이러한 흐름을 근거로 서구적 가치가 보편화되지 않고 비서구 문명들이 자신들만의 문화적 정체성을 지키며 서구와 충돌할 것으로 예측했다. 특히, 비서구 문명이 서구화와는 다른 방향으로 근대화되면서, 서구 패권에 대한 도전은 더욱 심화될 것이라고 보았다.

현재에 적용하기

헌팅턴은 문명 간의 갈등이 불가피할 수 있으며, 이 갈등이 세계 정치와 질서에 큰 영향을 미친다고 경고한다. 국제 갈등과 전쟁에 관한 다양한 뉴스를 살펴보고, 그 갈등의 배경에 있는 문화적, 종교적, 역사적 요인들을 분석해 보자. 이를 바탕으로 복합적인 시각을 형성하는 기회를 갖고, 글로벌 시민으로서 자신의 역할을 고민하고 실천할 수 있는 길을 모색해 본다.

생기부 진로 활동 및 과세특 활용하기

▶ 책의 내용을 진로 활동과 연관 지은 경우(희망 진로: 국제학과)

국제 인권 전문가를 꿈꾸며 국제 관계와 인권 관련 이슈에 대한 폭넓은 이해를 바탕으로 지속적인 탐구를 이어 나가고 있음. '문명의 충돌(새뮤얼 헌팅턴)'을 읽고, 문명 간 갈등과 해결을 모색하는 교내 '세계 시민 학교'를 기획하고 운영함. 다양한 국제 이슈를 연구하고, 그중 인권 문제를 주제로 한 발표와 토론을 주도함. 프로젝트 활동으로 '국제 인권 포럼'을 기획하여 친구들과 함께 인권 문제를 다루는 영화나 다큐멘터리를 시청한 후, 각국의 인권 실태와 그 원인에 대해 비판적으로 분석하고 의견을 나누는 시간을 가짐. 또한, 인권과 관련된 국제기구와 NGO의 활동을 조사하여 실제로 인권 문제 해결에 어떤 영향을 미치는지 탐구함. 팀 활동 수행 중 탁월한 리더십을 발휘하며 다른 친구들의 의견을 수렴하고, 더 나아가 현재의 국제 인권 문제를 해결하기 위한 구체적인 방안까지 제시함. 이후 다양한 문명 간의 갈등이 세계 인권 문제에 어떤 영향을 미치는지 분석하는 최종 프로젝트 보고서 작성을 주도함. 이 과정에서 UN 인권 선언과 국제법 사례를 연구하고, 현재의 인권 문제 해결을 위한 정책적 접근법에 대해 비판적 시각을 갖게 됨.

▸ 책의 내용을 중국어 교과와 연관 지은 경우

'대만 문제와 미중 무역 전쟁을 통한 동아시아 국제 정세 분석'이라는 주제로 심화 학습을 진행함. '문명의 충돌(새뮤얼 헌팅턴)'을 읽고, 저자가 제시한 이론을 바탕으로 대만 문제와 미중 무역 전쟁이 함의한 문명 간의 충돌을 분석함. 특히 '대만 해협의 국제적 갈등'을 주제로 탐구를 진행하며, 대만이 중국과 서구(특히 미국) 사이에서 어떤 역할을 하는지를 심도 있게 다룸. 이 과정에서 대만의 전략적 중요성과 중국의 '일국양제' 정책에 대한 입장을 비판적으로 분석하고, 중국어 자료를 활용해 정리해 제출함. 나아가 '대만과 중국의 미래: 국제적 갈등 속의 해결 방안 모색'이라는 발표에서 대만의 독립을 둘러싼 중국의 정치적 입장과 그로 인한 동아시아 정세 변화를 중국어로 설명하였음. 대만 문제를 다룬 이 발표는 대만 해협에서의 군사적 긴장과 국제 사회의 대만에 대한 태도를 비판적으로 분석하는 내용을 담아 깊이 있는 탐구와 주도적인 발표로 이어졌음. 또한, 중국의 경제적 성장과 미국의 견제가 국제 경제 질서에 미치는 영향을 분석하고, 중국의 '중국제조 2025' 정책과 미국의 경제 제재 전략을 중국어 자료를 통해 탐구함. '미중 무역 전쟁이 함의하는 문명의 충돌' 발표를 진행하며, 무역 갈등이 세계 경제와 각국의 경제 정책에 미치는 영향을 깊이 있게 설명함. 이를 통해 국제 정세에 대한 분석 능력을 강화하였으며, 중국어를 활용한 자료 분석 및 발표 능력을 증명함.

후속 활동으로 나아가기

▶ 헌팅턴의 이론을 바탕으로 현대 사회에서 발생하는 문화적 갈등 사례, 예를 들어 이슬람과 서구 문명 간의 대립, 미중 갈등, 난민 문제 등을 조사하여 보고서를 작성해 보자.

▶ 책을 읽은 뒤 문명 충돌을 다룬 다큐멘터리를 시청한 후, 현재 국제 관계에 대한 자신만의 생각을 담은 에세이를 작성해 보자.

▶ 최근 전개되고 있는 문명 갈등을 하나 선정한 뒤, 이를 해결하기 위한 정책적 방안을 모색하는 토론 활동을 진행해 보자. 다양한 국가의 입장을 반영한 정책을 구상하고 평화로운 공존 방법을 모색한다.

▶ 헌팅턴의 문명 충돌 이론을 비판적으로 검토하고 현대 국제 관계를 해석하는 대안을 조사한 뒤, 나만의 견해를 정립해 보자.

함께 읽으면 좋은 책

프랜시스 후쿠야마 《역사의 종말》 한마음사, 1997.

헨리 키신저 《세계 질서》 민음사, 2016.

하랄트 뮐러 《문명의 공존》 푸른숲, 2000.

재레드 다이아몬드 《문명의 붕괴》 김영사, 2005.

존 J. 미어샤이머 《강대국 국제정치의 비극》 김앤김북스, 2017.

세르히 플로히 《러시아 우크라이나 전쟁》 글항아리, 2024.

미국의 민주주의

알렉시스 드 토크빌 ▸ 한길사

1831년, 프랑스의 귀족이자 25살의 청년 판사였던 알렉시스 드 토크빌Alexis de Tocqueville, 1805~1859은 친구인 귀스타브 드 보몽과 함께 미지의 세계, 미국 뉴욕에 도착했습니다. 그들의 공식적인 여행 목적은 미국의 형무소 제도와 교화 시설을 연구하는 것이었습니다. 그러나 토크빌이 실제로 관심을 가졌던 건 미국 민주주의의 작동 원리였습니다. 프랑스가 혁명 후 정치적 불안정으로 민주주의를 제대로 실현하지 못한 상황에서, 그는 미국이 어떻게 민주주의를 안정적으로 운영하고 있는지를 탐구하고 싶었습니다.

그들은 9개월 동안 미국 전역을 여행하며 앤드류 잭슨 대통령, 개척자, 원주민 등 다양한 사람들을 만나 대화를 나누고, 미국 민주주의가 어떻게 운영되고 있는지를 관찰했습니다. 토크빌은 이 경험을 바탕으로 1835년《미국의 민주주의》1권을 출판하였습니다. 이 책은 출간되자마자 학문적, 대중적으로 큰 반향을 일으켰습니다. 그해 영국에서 번역되어 출판되며 토크빌은 존 스튜어트 밀과 헨리 리브 같은 영국의 대표적인 지식인들과도 교류하게 됩니다. 이후 1840년에 2권을 출판하며 그의 사상은 더욱 깊어졌지요.

　토크빌은《미국의 민주주의》1권에서 주로 미국의 정치적 구조, 법률적 평등, 그리고 민주주의 제도에 대한 분석을 중심으로 다루었습니다. 그는 미국이 법적으로 평등하고 계급이 없는 사회라는 점을 강조하며, 이를 유럽과 비교했습니다. 특히 청교도 정신에 기초하여 사회적 도덕성을 형성하고, 혁명을 겪지 않고도 민주주의를 유지하고 발전시킨 미국의 사례를 독특하게 바라보았습니다. 그러면서 미국 민주주의의 핵심 요소로 지방 자치를 강조합니다. 주민들이 자발적으로 모여 공공의 문제를 논의하고 해결하는 장으로 시민 참여의 중요한 기반이 되었다는 겁니다. 아울러 사법 제도 역시 민주주의를 유지하는 데 중요한 역할을 한다고 보았는데요. 특히 배심원 제도를 통해 일반 시민들이 법률 과정에 직접 참여함으로써 법치주의와 시민 의식이 강화된다고 강조했습니다. 토크빌은 미국에서 관찰한 평등화 경향을 전 세계적인 역사적 추세이자 시대정신으로 보았습니다.

2권에서는 1권에서 다룬 정치적 제도를 넘어서 문화, 예술, 종교, 가족 구조 등 민주주의가 사회의 다양한 측면, 예컨대 사상과 감정, 습관에 미치는 영향을 더 폭넓게 분석했습니다. 특히 토크빌은 민주주의 사회에서 개인주의와 물질주의가 자연스럽게 발달할 수밖에 없다는 점을 강조하며 이로 인한 사회적 문제들을 분석했습니다. 이러한 개인주의와 물질주의의 부작용을 극복하기 위해서는 시민의 자발적인 참여와 공동체 의식이 필요합니다. 또한 민주주의가 문화, 예술, 종교, 가족 구조 등에 미치는 영향을 분석했는데요. 특히 종교는 도덕적 지침을 제공하여 개인주의와 물질주의로부터 사회를 보호하는 역할을 한다고 보았습니다.

여기서 중요한 개념이 등장합니다. 토크빌은 민주주의의 역설로, 평등이 지나치게 강조될 때 개인들이 자유를 자발적으로 포기할 수 있다는 점을 경고했습니다. 토크빌은 '다수의 전제'를 단순한 정치적 억압으로 보지 않고, 시민들이 평등과 질서를 위해 자유를 자발적으로 포기하는 '민주적 전제'의 형태로 나타난다고 분석했습니다. 이는 다수의 전제가 사회적 압박과 동질화 경향에서 비롯된다는 점에서 매우 독창적인 통찰이라 할 수 있습니다.

토크빌은 평생 민주주의와 조건의 평등화 경향이 역사의 불가피한 흐름임을 받아들이고, 이를 자유와 어떻게 조화시킬지에 대해 깊이 고민하였습니다. 그가 살던 당시 유럽은 프랑스 혁명의 여파로 인해 자유와 평등, 민주주의에 대한 열망이 매우 강한 시기였습니다. 그러나 토크빌은 앞서 살폈던 것처럼 자유와 평등이 상호 모순될 수 있다고 보았으며, 민주주의 사회에서 평등을 과도하게 추구할 때 자유를 기꺼이 포기하는 경향이 나타날 수 있다고 경고했습니다. 이러한 자유의 포기가 만연하고 조건의 평등이 지배적인 사회는 전제주의적인 정치로 치달을 위험이 있다는 겁니다. 또한, 개인주의, 대중의 여론에 대한 무비판적 수용, 정치적 무관심 등이 결합할 경우 민주적 전제주의가 심화할 가능성도 무시할 수 없습니다.

이에 토크빌은 평등화된 민주 사회에서 개인의 자유를 조화시키는 방법을 미국에서 찾고자 한 것입니다. 그는 유럽과 달리 미국에서 활성화된 지방 자치와 자발적인 결사체, 그리고 시민의 공공 의식을 긍정적으로 평가했습니다. 이러한 제도들은 시민이 공적인 일에 참여하고 권력을 분산시킴으로써, 민주주의 사회에서 자유를 보호하고 전제주의로부터 개인을 지키는 중요한 방패 역할을 한다고 보았습니다.

토크빌은 뛰어난 정치적 통찰력을 지닌 사상가로, 마치 예언자와 같은 면모를 보였습니다. 그는 책에서 민주주의의 장점과 한계를 면밀히 분석하며 중요한 통찰을 제시했습니다. 특히 그가 우려했던 자유의 자발적 포기, 평등에 대한 열망, 다수의 전제, 로비와 정경유착 등의 문제는 오늘날 여러 민주주의 국가에서 실제로 나타나고 있어 그의 분석이 시대를 초월하여 유효하다는 점을 보여 줍니다.

그러나 몇 가지 비판도 존재합니다. 첫째, 그는 평등화가 민주주의의 핵심 경향이라는 점을 강조했으나, 자본주의 사회에서 발생하는 경제적 불평등 문제를 충분히 인식하지 못했다는 비판이 있습니다. 토크빌은 민주주의가 발전하면서 부의 분배가 더 평등해질 거라고 보았지만, 실제로 자본주의는 오히려 빈부 격차를 심화시켰습니다. 둘째, 그는 민주주의의 역설적 위험성인 '다수의 전제'를 경고하며 여론과 대중의 무비판적 수용에 대해 비판했지만, 이러한 경향을 해결할 구체적이고 실질적인 방안에 대해서는 다소 모호한 입장을 보였습니다. 그리고 종교의 역할에 대해 지나치게 긍정적으로 평가한 점에 대한 지적도 있습니다. 그는 종교가 도덕적 기반을 제공함으로써 민주 사회에서 개인주의와 물질주의를 완화하는 중요한 역할을 한다고 보았으나, 종교 자체가 내포한 권위주의적 요소나 갈등의 잠재적 원인에 대해서는 충분히 다루지 않았습니다. 마지막으로 토크빌은 미국 사회의 민주적 제도를 긍정적으로 평가했지만, 그의 분석이 당시 미국의 노예 제도나 여성의 권리문제 등 실질적인 민주주의의 한계를 간과한 점도 비판받고 있습니다.

그럼에도 불구하고 《미국의 민주주의》가 우리 삶을 둘러싼 민주주의의 가능성과 한계를 함께 제시한 훌륭한 역작임은 확신합니다. 그의 통찰은 오늘날에도 여전히 우리 사회에 많은 시사점을 던져 줍니다. 토크빌은 민주주의가 평등과 자유를 촉진하는 동시에, 개인주의와 물질주의로 인해 사회적 유대가 약화될 수 있다는 점을 경고했습니다. 우리는 민주주의 사회에서 평등을 추구하면서도 자유를 잃지 않을 수 있을까요? 아니면 평등을 위해 자유를 어느 정도 희생할 수밖에 없는 걸까요? 우리에게는 자유와 평등 사이에서 균형을 맞추는 선택이 끊임없이 요구되며, 그 과정에서 민주주의의 본질을 잃지 않도록 경계할 수 있어야 합니다.

토크빌이 지적한 '다수의 전제'가 소수의 권리를 침해할 수 있다는 경고 또한 여전히 유효합니다. 다수가 옳다는 착각 속에서 소수의 목소리가 배제되고 억압되는 현상은 특히 온라인 사회와 정치에서 종종 일어나고 있습니다. SNS와 같은 디지털 플랫폼이 다수의 목소리를 확대하고 개인의 자유를 증대시키는 반면, 가짜 뉴스와 혐오 발언으로 인해 사회적 갈등을 심화시키고 있지요. 이러한 상황에서 우리는 어떻게 민주주의의 다양성과 공공성을 유지할 수 있을까요? 우리는 민주주의를 어떻게 지켜 나가야 할까요? 이제 토크빌의 경고를 현대적으로 재해석하여 깊이 있게 살필 필요성이 제기됩니다.

도서 분야	역사	관련 과목	세계사, 역사로 탐구하는 현대 세계	관련 학과	역사학과, 문화인류학과, 정치외교학과, 철학과

고전 필독서 심화 탐구하기

▶ 기본 개념 및 용어 살펴보기

개념	의미
민주주의	토크빌은 사회가 점점 더 평등해지는 것이 거스를 수 없는 역사의 흐름이라고 보았음. 특히 미국과 유럽의 사례를 통해 평등이 민주주의 사회의 핵심 가치라고 주장함. 그러나 이러한 평등이 자유와 조화를 이루어야 한다고 강조함.
자유와 평등의 갈등	토크빌은 자유와 평등이 상충할 수 있으며, 민주주의 사회에서 평등을 지나치게 강조하면 자유를 희생할 수 있음을 지적함. 평등과 자유 사이에서 균형을 유지하는 것이 민주주의의 핵심 과제임.
다수의 전제	다수의 의견이나 결정이 소수의 권리를 침해하는 현상을 의미함. 예를 들어, 51%가 49%의 의견을 무시하거나 억압하는 상황. 이는 민주적 전제주의로 이어질 수 있어 중요한 위험 요소임.
민주적 전제	시민들이 스스로 자유를 포기하고 평등만을 추구하는 현상을 의미함. 예를 들어, 안정과 평등을 위해 정부의 통제를 자발적으로 수용하는 경우. 이는 다수의 전제와는 다른 형태의 위험임.
개인주의	민주주의 사회에서 개인주의는 개인의 자유를 중시하는 경향을 나타내지만, 동시에 사회적 유대감의 약화와 고립을 초래할 수 있음. 이는 민주주의의 역설 중 하나임.
물질주의	토크빌은 민주주의 사회에서 물질주의가 팽배할 수 있다고 보았음. 개인들은 물질적 이익을 추구하면서 자유와 공공선을 소홀히 할 수 있으며, 이는 민주주의의 타락을 초래할 위험이 있음.
자발적 결사체	시민들이 자발적으로 결성하는 결사체는 개인주의로 인한 고립을 극복하고, 공공의 이익을 위해 협력하는 문화를 조성함. 이는 민주주의의 건강을 유지하는 데 필수적인 역할을 함.

지방 자치	행정의 탈중앙화는 중앙 정부의 권력 집중을 막고, 지방 자치가 활성화되어 시민들이 더 많은 자유와 책임을 느낄 수 있게 하는 기제로 작용함. 이는 민주주의 사회에서 중요한 제도적 장치임.
종교의 역할	미국의 특수한 사례로, 종교가 국가와 분리되면서도 사회 통합에 기여함. 종교는 도덕적 가치를 제공하여 지나친 개인주의와 물질주의를 견제하는 역할을 했음.

▶ 시대적 배경 및 사회적 배경 살펴보기

알렉시스 드 토크빌이 '미국의 민주주의'를 집필한 19세기 초반의 프랑스는 프랑스 혁명 (1789)과 나폴레옹 시대를 거치며 격동의 시기를 겪고 있었다. 혁명 이후, 나폴레옹은 유럽을 정복하며 권력을 장악했지만, 1815년 워털루 전투에서 패배한 후 몰락했다. 그의 몰락 이후, 프랑스는 왕정복고를 겪으며 부르봉 왕조가 다시 수립되었으나, 이는 정치적 안정을 이루지 못했다. 1830년 7월 혁명은 이러한 불만 속에서 발생하였고, 부르봉 왕조는 다시 무너졌으며 오를레앙 왕조(7월 왕정)가 등장했다. 하지만 새로운 왕정 역시 정치적 혼란과 사회적 갈등을 완전히 해소하지는 못했고, 이러한 혼란이 프랑스 사회 전반에 깔려 있었다. 이러한 배경에서 토크빌은 프랑스의 정치적 불안정과 사회적 갈등을 해결할 수 있는 민주주의의 가능성을 찾기 위해 미국의 정치 체제를 연구하게 되었다. 그는 미국 민주주의의 특성인 법적 평등, 지방 자치, 시민적 결사체 등을 연구하고 이를 프랑스에 적용할 가능성을 모색한 것이다.

현재에 적용하기

오늘날 우리의 민주주의는 새로운 도전들을 마주하고 있다. 예를 들어 대중의 감정에 호소하는 정치인들의 등장, 서로 다른 의견을 가진 사람들 사이의 심각한 갈등, 소셜 미디어에서 퍼지는 잘못된 정보 등이 문제가 되고 있다. 토크빌이 살았던 시대와는 다른 이러한 새로운 문제들 앞에서, 우리는 민주주의를 어떻게 더 건강하게 발전시킬 수 있을까? 특히 우리 학생들이 할 수 있는 구체적인 실천 방안에는 무엇이 있을지 생각해 보자.

생기부 진로 활동 및 과세특 활용하기

▸ 책의 내용을 진로 활동과 연관 지은 경우 (희망 진로: 정치외교학과)

'미국의 민주주의(알렉시스 드 토크빌)'에 나타난 민주주의의 발전 과정과 그 한계를 분석함. 당시 프랑스의 정치적 혼란과 미국 체제의 안정성을 비교 연구하였으며, 세계의 민주주의 발전을 주제로 발표를 진행함. 발표 후 현대 정치에서 '정치적 자유'와 '사회적 평등' 간의 균형을 어떻게 유지할 수 있는지에 대해 심화된 토론을 주도하였고, 한국의 지방 자치제 활성화 방안을 구체적으로 제시하고 현재 한국 정치 시스템에서의 정책적 개선 방향을 논의하는 후속 보고서를 작성함. 또한 정치적 참여와 사회적 유대에 대한 토크빌의 주장을 바탕으로, 학교 내 모의 정책 제안 토론회를 조직하여 학생들이 가상 사회 문제를 해결하는 정책 제안서 작성 활동을 기획함. 이 과정에서 정치적 무관심의 문제와 대의 민주주의의 한계에 대해 깊이 고민하였으며 참여 민주주의와 시민 결사체 활성화의 중요성을 주장함. 활동을 통해 다양한 시각을 포용하며 정책 제안 및 정치 참여 활성화의 방안을 구체화하는 리더십을 발휘함.

▸ 책의 내용을 윤리 교과와 연관 지은 경우

'미국의 민주주의(알렉시스 드 도크빌)'를 읽고 다수의 횡포와 소수 권리 보호에 대해 깊이 있는 보고서를 작성함. 토크빌이 경고한 다수의 전제 개념을 바탕으로, 민주주의 사회에서 다수의 의견이 소수의 권리를 침해할 수 있는 윤리적 갈등을 현대 사회의 사례와 연계하여 탐구함. 이를 통해 다수결 원칙이 소수의 목소리를 억압할 위험성을 비판적으로 고찰하였으며, 현대 민주 사회에서 윤리적 공정성과 소수 권리 보호의 중요성을 강조함. 특히 디지털 플랫폼에서 다수의 의견 형성과 여론이 소수 의견을 억압하는 문제를 중심으로 현대 윤리 문제를 분석하고 이를 해결하기 위한 정책적·윤리적 방안을 제시함. 또한, 토크빌의 사상을 기반으로 윤리적 딜레마 상황에서 다수와 소수가 공존할 수 있는 사회적 합의와 윤리적 기준 설정의 중요성을 논의하며, 공공선과 개인의 권리를 조화시키는 방안을 탐구함.

후속 활동으로 나아가기

▸ 현대 사회에서 다수의 횡포 문제를 분석한 후, 이에 대한 해결 방안을 모색하는 발표를 진행해 보자.

▸ 토크빌이 제시한 개인주의와 공동체 의식의 양면성을 현대 사회의 사례와 연결하여 정책 에세이를 작성해 보자.

▸ 디지털 사회에서의 정보 왜곡 문제를 주제로 연구 프로젝트를 수행하고, 이를 바탕으로 민주주의의 미래에 관해 토론하는 세미나를 개최해 보자.

▸ 다양한 정치적 견해를 가진 사람들과의 인터뷰를 통해 현대 민주주의의 현주소와 그 미래에 대해 조사하고, 보고서를 작성해 보자.

▸ 민주주의와 관련된 국제 교류 프로그램에 참여하여 다른 나라의 민주주의 실천 방안을 학습하고, 이를 바탕으로 우리 사회에 적용할 수 있는 방안을 제안해 보자.

함께 읽으면 좋은 책

존 스튜어트 밀 《**자유론**》 책세상, 2018.

F. 스콧 피츠제럴드 《**위대한 개츠비**》 문학동네, 2009.

마이클 샌델 《**당신이 모르는 민주주의**》 와이즈베리, 2023.

마이클 왈저 《**마이클 왈저, 정치철학 에세이**》 모티브북, 2009.

민주화운동기념사업회 《**한국의 민주주의와 자본주의**》 돌베개, 2016.

감시와 처벌

미셸 푸코 ▶ 나남

여러분은 오늘 아침, 몇 시에 일어났나요? 학교에는 몇 시까지 도착해야 했나요? 어제와 비슷한 시각에 일어나 정시에 학교에 도착하고 첫 수업도 시작했을 겁니다. 교실에 들어서면 선생님 말씀을 듣고, 종이 치면 수업이 끝납니다. 점심시간이 되면 지정된 시간에 맞춰 밥을 먹고, 다시 종이 울리면 수업이 이루어지는 교실로 돌아가야 하고요. 이처럼 하루를 규칙적인 시간표에 맞춰 살아가면서 우리는 언제나 무언가에 의해 통제되고 있습니다.

그런데 인간은 언제부터 알 수 없는 누군가에 의해 정해진 시간을 엄수하며 규율에 맞춰 살아가게 되었을까요? 우리에게는 너무도 자연스러운 이러한 생활 방식은 사실, 근대에 들어서면서 본격적으로 자리 잡았습니다. 미셸 푸코^{Michel Foucault, 1926~1984}는 자신의 저서《감시와 처벌》을 통해 근대 사회가 어떻게, 억압적인 힘이 아니라 '감시'와 '규율'을 통해 사람들의 행동을 미세하게 통제하게 되었는지를 탐구했습니다. 오늘날 학교에서의 시간표, 규칙, 그리고 규율 모두는 푸코가 말하는 근대의 규율 권력의 중요한 예시들이라 할 수 있습니다.

　미셸 푸코는 독특한 시각을 가진 철학자였습니다. 그는 우리가 당연하게 여기는 '진리'나 '지식'이 사실은 각 시대의 특징과 권력관계에 따라 다르게 만들어진다고 보았습니다. 예를 들어, 그의 박사 논문인 「광기의 역사」에서는 미친 사람, 즉 '광인'을 바라보는 시각이 시대마다 어떻게 달랐는지를 보여 주었습니다. 푸코는 두 가지 방식으로 연구를 진행했는데, 처음에는 마치 고고학자처럼 과거를 파헤쳐서 각 시대의 사람들이 세상을 어떻게 이해했는지 살펴보았습니다. 이런 연구를 통해 그는 진리와 지식이 시대마다 다르게 정의된다는 점을 밝혔고, 이를 '에피스테메'라는 개념으로 설명했습니다. 이후에는 연구 방식을 바꾸어, 과거에 형성된 지식과 권력이 현재 우리의 일상생활과 사회에 어떤 영향을 미치는지 집중적으로 연구했습니다. 이를 통해 우리가 당연하게 받아들이는 많은 것들이 사실은 특정한 역사적 과정을 거쳐 만들어졌다는 점을 보여 주었습니다.

《감시와 처벌》은 크게 네 부분으로 구성됩니다. 푸코는 이 책을 통해 근대 사회에서 신체가 어떻게 감시되고, 통제되는지 자세히 분석했습니다.

1부 '신체형'에서는 역사적으로 신체에 가해진 처벌에 대해 다루었습니다. 근대 이전의 형벌은 범죄자의 신체에 직접적인 고통을 가하고 이를 공개적으로 집행하여 군중에게 권력의 힘을 과시하는 방식이었습니다. 사지가 절단되거나 몸에 상징적 낙인이 찍히는 잔인한 처벌이 군중 앞에서 공개적으로 이루어졌고, 이를 통해 범죄를 예방하고 공포심을 조성했습니다. 근대에 이르면서 신체형은 점차 소멸하였으며, 형벌의 목적은 고통을 주는 것이 아니라 '교정과 감화를 통한 사회 복귀'로 변화하였습니다. 이에 따라 공개 처형은 사라지고, 처벌은 점차 비공개적이고 개인적인 방식으로 전환되었습니다. 근대적 처벌은 자유를 박탈하는 방식으로 변모했으며, 범죄자의 신체는 경제적 가치로서 노동력을 제공하는 도구로 간주되었습니다.

2부 '처벌'은 처벌의 변화가 신체형에서 정신과 마음, 성향에 작용하는 규율로 이동하는 과정을 다룹니다. 신체형이 사라짐에 따라 처벌의 목적은 더 이상 군중을 상대로 한 공개적 권력의 과시가 아니라, 범죄자를 교정하고 사회의 일원으로 다시 복귀시키는 것이 되었습니다. 감옥은 이를 위한 주요 도구로 자리 잡았습니다. 범죄자의 성향과 장래성에 따라 형량이 달라졌고, 이에 따라 재판 과정에는 정신의학자, 심리학자, 교육자들이 개입하게 되었습니다. 근대 형벌은 범죄자의 신체적 고통보다 정신적 교정을 강조하였으며, 범죄자들이 사회에 적응할 수 있도록 돕는 방향으로 나아갔지요. 이러한 변화는 범죄자의 인격을 존중하고, 형벌이 단순한 복수가 아닌 사회적 보호의 의미를 가지도록 하였습니다.

3부는 '규율'이라는 개념에 집중합니다. 규율은 18세기에 들어 신체의 순종을 강제하는 새로운 권력 기술로 등장하였습니다. 근대 사회에서 규율은 신체 활동을 면밀히 통제하고, 이를 통해 생산성을 극대화하는 방법으로 사용되었는데요. '규율 권력'은 개인을 감시하고 통제하며, 이를 통해 사회 질서를 유지하는 데 목적이 있었습니다. 푸코는 이러한 규율을 '순종적인 신체'를 만들어 내는 기술이라고 설명합니다. 규율은 시간표, 행동 통제, 신체의 동작과 공간의 분할을 통해 개인을 세부적으로 통제하며, 효율적이고 생산적인 주체로 만들어갑니다.

규율의 가장 대표적인 상징은 벤담의 '판옵티콘'입니다. 판옵티콘은 중앙에서 수감자를 감시할 수 있는 구조로, 감시자는 모든 수감자를 볼 수 있지만 수감자는 감시자를 볼 수 없는데요. 이러한 구조는 수감자들로 하여금 자신이 언제든지 감시당하고 있다는 의식을 내면화하게 하며, 그 결과 스스로 규율을 따르게 만듭니다. 판옵티콘은 단순한 감옥 구조를 넘어 병원, 학교, 군대 등 사회의 다양한 시스템에 적용되어 규율 권력의 작동 방식을 보여 줍니다.

규율은 개인을 효율적으로 통제하는 데 그치지 않고, 그들의 정신까지도 교정하는 역할을 합니다. 일상적인 삶에서 미세하게 작동하는 권력은 학교, 병원, 공장, 군대 등 일상적인 제도들을 규율에 따라 학생과 노동자를 감시하며, 이를 통해 그들이 규칙을 따르도록 만들었습니다. 또한 규율은 단순히 강제하는 것이 아니라 합리적인 시스템으로 포장되어 개인들이 규율에 자발적으로 따르게 됩니다. 푸코는 이러한 미시 권력을 현대 사회의 권력이 작동하는 주요 메커니즘으로 보며, 개인들이 내면적으로 권력의 지배를 받아들일 수밖에 없도록 설계되었다고 설명합니다.

4부에서는 '감옥'이라는 제도가 근대 사회에서 어떻게 중요한 역할을 하는지를 다룹니다. 감옥은 단순히 범죄자를 감금하는 것이 아니라 범죄자의 신체와 정신을 감시하고 통제하여 사회의 규범을 맞추도록 만드는 장치로 작동하게 됩니다. 그러나 푸코는 감옥이 범죄를 교화하는 데 성공하지 못했다고 비판합니다. 범죄자들은 감옥 내에서 규율과 감시를 받으며, 격식과 통제만을 강요받아 오히려 사회와의 단절을 경험하게 되지요. 그 결과 감옥이 범죄자로서의 정체성을 더 강화하게 했다고 지적합니다.

푸코의 《감시와 처벌》은 현대 사회의 통제 메커니즘을 비판적으로 살피는 중요한 텍스트로, 사회 이면에 존재하는 억압성과 권력 구조를 파악하는 데 크게 기여하였습니다. 이 책은 현대 사회에서 감시와 규율이 어떻게 작동하고 있는지를 설명하며, 우리가 어떻게 스스로를 통제하고 있는지에 대한 새로운 시각을 제시했습니다. 이에 사회학, 철학, 정치학, 역사학 등 다양한 학문 분야에서 지속적으로 논쟁거리가 되며, 막강한 영향력을 행사하고 있습니다.

다만 이 책의 이론을 두고 '저항의 가능성'에 관한 비판을 받기도 합니다. 푸코는 규율과 감시가 너무도 미세한 방식으로 작동하기 때문에 인간이 이 권력 구조에서 벗어나는 게 거의 불가능하다는 점을 강조합니다. 동시에 이러한 자각이 변화의 가능성을 열어줄 수 있다고도 말합니다. 문제는 이 규율 권력 속에서 개인이 어떻게 저항할 수 있는지에 대한 구체적인 방법론이 부족하다는 것입니다. 이로 인해 그의 이론은 비판적 인식의 중요성을 강조하면서도 변화의 구체적인 방향이나 실천적 전략을 모색하지 못했다는 평가를 받기도 합니다.

그럼에도 불구하고 푸코의 이론은 감시 사회의 본질을 파헤치고, 우리가 일상적으로 받아들이고 있는 규율과 통제의 문제를 인식하게 했다는 데서 큰 의미를 지닙니다. 그가 예언한 것처럼 이 책은 페미니즘, 포스트 식민주의, 문화 연구 등 다양한 분야에 큰 영향을 미쳤으며, 우리 사회의 구조적 모순을 비판적으로 성찰하는 데 중요한 토대가 되었습니다.

　푸코의 글은 어렵고 무겁지만, 아름답습니다. 철학적 깊이와 독창적인 관점을 바탕으로, 세상을 비판적으로 재정립하는 그만의 탁월한 능력을 보여 줍니다. 한 구절 한 구절이 독자를 사유의 세계로 이끌어 내고, 우리가 살아가는 사회의 이면을 날카롭게 분석하도록 만듭니다. 《감시와 처벌》도 그렇습니다. 시간표에 맞춰 생활하고, 모두가 지켜야 하는 규칙에 따르며 끊임없이 평가받는 상황은 이미 우리에게 너무도 자연스럽게 자리 잡고 있습니다. 물론 함께 살아가는 세상에서 일정한 규칙은 필요합니다. 하지만 가끔은 우리가 스스로를 지나치게 통제하고, 그로 인해 스스로에게 가혹해지는 경우도 종종 보입니다. 여러분은 혹시 자신도 모르게 따르고 있는 규율이 있나요? 그 규율이 나를 감시하고 통제하고 있다는 생각을 해 본 적은요? 여러분도 푸코의 이론을 통해 스스로를 '자각'하고 세상을 날카롭게 살피는 아름다운 경험을 할 수 있기를 바랍니다.

도서 분야	역사	관련 과목	세계사, 사회문화	관련 학과	역사학과, 사회학과, 철학과, 문화인류학과, 심리학과

고전 필독서 심화 탐구하기

▶ 기본 개념 및 용어 살펴보기

개념	의미
신체형의 소멸	신체형은 과거에는 범죄자에게 신체적인 고통을 가해 군중에게 권력의 힘을 과시하는 주요 처벌 방식이었으나, 근대로 접어들면서 소멸하게 되었다. 푸코는 신체형의 소멸을 시민들이 형벌의 잔인성에 의문을 제기한 데서 비롯되었다고 본다. 그 결과 처벌의 목적은 단순한 고통의 부과에서 교정과 감화로 변화했으며, 형벌 집행 과정도 더 이상 공개되지 않게 되었다.
근대적 형벌	근대적 형벌은 신체에 직접적인 고통을 가하는 대신 자유를 박탈하는 방식으로 변모하였다. 신체를 경제적 가치와 노동력의 도구로 바라보며, 범죄자를 교정하고 사회에 다시 적응할 수 있도록 만드는 데 중점을 두었다. 따라서 근대적 형벌은 개인의 자유를 제한함으로써 신체형과는 다른 차원의 처벌을 통해 권력을 행사하였다.
교정과 감화	근대적 형벌의 핵심 목표는 범죄자를 교정하고 감화하여 다시 사회의 일원으로 만들려는 데 있다. 범죄자를 단순히 처벌하는 것을 넘어서, 그들이 사회에서 정상적으로 기능할 수 있도록 재교육과 치료를 중점적으로 다루었다. 이는 형벌이 범죄자 개인의 성향, 심리적 상태 등을 고려하게 된 배경이 되며 범죄자의 장래성에 따라 처벌의 강도를 달리하는 방식으로 발전하였다.
규율 권력	규율 권력은 신체에 가해지는 물리적 고통 대신, 규율과 감시를 통해 사회를 통제하는 근대적 권력 형태다. 학교, 군대, 공장 등 다양한 사회 구조 내에서 규율 권력은 개인을 효율적으로 통제하며, 이를 통해 사회 질서를 유지하고 생산성을 높인다. 규율은 개인이 스스로 규칙을 따르도록 내면화시키며 이는 감시와 처벌을 통해 강화된다.

감시와 처벌 · 미셸 푸코

판옵티콘	판옵티콘은 벤담이 설계한 감옥 구조로, 중앙에서 수감자를 감시하는 방식으로 규율과 감시를 극대화한 모델이다. 수감자는 자신이 언제나 감시당하고 있다는 의식을 내면화해 감시자가 실제로 존재하지 않더라도 스스로 규율을 따르게 된다. 이러한 감시 체제는 단순히 감옥뿐만 아니라 학교, 병원, 공장 등 다양한 사회 시스템으로 확장되어 규율 권력의 효과적인 작동 방식을 보여 준다.
규범화	규범화는 근대 사회에서 권력이 개인을 통제하는 중요한 방식 중 하나다. 규범화는 사회가 설정한 규범을 기준으로 개인의 행동을 평가하고, 이를 통해 개인을 '정상'과 '비정상'으로 구분한다. 규율 권력은 규범화 과정을 통해 개인을 규칙에 맞추도록 유도하며, 규범을 어기는 개인은 처벌이나 교정의 대상이 된다. 이를 통해 사회는 규범을 강화하고, 개인은 규범에 맞추어 행동하게 된다.

▶ 시대적 배경 및 사회적 배경 살펴보기

미셸 푸코의 '감시와 처벌'은 1975년에 출간된 작품으로, 당시 사회적 배경을 반영한 중요한 도서다. 1960년대와 1970년대는 전 세계적으로 급격한 변화와 사회적 불안이 공존하던 시기였다. 특히 1968년 프랑스에서 발생한 68혁명은 대학생들과 노동자들이 기존 체제에 반기를 들며 일어난 대규모 시위였다. 이 혁명은 자본주의와 공산주의 체제 모두에 대한 불신을 표출하며 새로운 사회 질서를 요구하는 움직임이었다.

푸코는 이러한 시대적 흐름 속에서 권력과 통제에 대한 질문을 던졌다. 68혁명은 비록 사회를 근본적으로 바꾸지는 못했지만, 사람들에게 기존 권력 구조에 대한 의문을 불러일으키고, 여성 인권, 생태 문명, 반전 운동 등 다양한 사회 운동의 계기를 마련했다. 푸코는 이런 사회적 변화에 깊은 영향을 받았으며 단순한 억압적 권력이 아닌, 현대 사회의 미세하고 보이지 않는 권력 작동 방식을 연구하게 되었다.

당시 사회는 냉전 체제의 긴장 속에서 억압과 감시가 극대화되었고, 푸코는 이를 통해 규율 권력이 어떻게 사회 전반에 걸쳐 작동하는지 분석했다. 학교, 병원, 감옥, 군대 등 모든 제도가 인간의 신체와 행동을 감시하고 규율하는 구조로 변화하면서 사람들은 스스로 권력의 규율에 순응하게 되었다. 이는 단순히 외부에서 강제되는 통제가 아니라, 내면화된 감시로 사람들의 일상에 깊이 자리 잡았다.

푸코의 이러한 통찰은 루이 알튀세르의 이데올로기 연구와도 연관이 있다. 알튀세르는 사람들의 신념과 사회 질서를 유지하는 힘이 단순히 억압이 아니라 학교나 종교, 가정과 같은 이데올로기적 장치를 통해 사람들 스스로 사회 질서에 종속된 주체로 형성된다고 보았다. 푸코 역시 이러한 맥락에서, 현대 사회의 권력이 외부의 강제보다는 스스로 통제하는 주체를 만들어 내는 방식으로 작동한다고 주장했다.

당시 페미니즘 운동 역시 푸코의 권력 이론에 영향을 받아, 여성의 신체와 성별 구분이 어떻게 사회적으로 규율되고 통제되는지 탐구했다. 푸코의 연구는 신체가 단순한 생물학적 객체가 아니라 사회적 권력의 영향을 받아 형성된다는 점을 강조하며, 현대 페미니즘 연구의 중요한 기반이 되었다.

푸코의 시대적 배경에서 중요한 또 다른 요소는 서구 중심주의와 식민주의 비판이다. 푸코의 권력 이론은 이후 오리엔탈리즘과 같은 연구로 이어져, 서구가 비서구 사회를 어떻게 권력적 관점에서 재현하고 통제했는지를 분석하는 데 기여했다. 푸코는 서구 사회가 만들어 낸 담론과 권력관계를 비판적으로 탐구하면서 지배적인 사회 구조에 내재된 균열을 밝혀냈다.

푸코는 현대 사회가 사람들을 정상이라는 틀에 맞추기 위해 어떻게 규범을 만들고 이를 사람들에게 내면화시키는지 분석했다. 학교나 사회에서 자신에게 요구되는 규칙 중에서 비판적으로 생각해 볼 수 있는 규범을 몇 가지 선택하고, 그 규범이 자신에게 어떤 영향을 미치는지에 대해 친구들과 토론해 보자.

▶ **책의 내용을 진로 활동과 연관 지은 경우**(희망 진로: 교육학과)

'감시와 처벌(미셸 푸코)'을 읽고, 학교 내에서 규율과 감시가 어떻게 작동하고 있는지를 탐구하며 이를 교육학적 시각에서 분석하는 심화 활동을 진행함. 판옵티콘 개념을 학교 환경에 적용해, 교내 규칙과 학급 운영 방식, 그리고 성적 평가 체계 등 다양한 제도에서 학생들이 스스로 규율을 내면화하는 과정을 관찰하고 분석함. 교사와 학교 시스템이 학생들의 행동을 감시하고 규율하는 방식이 학생들의 자율성과 창의성 발현에 어떠한 영향을 미치는지 비판적으로 고찰함. 이를 바탕으로 학생들이 자율적으로 사고하고 창의적인 활동을 펼칠 수 있는 교육 환경의 중요성을 강조하며, 현 교육 제도에서 개선할 수 있는 점들에 대한 구체적인 제안서를 작성함. 평가 방식의 유연성, 학급 내 학생 주도의 자치 활동 확대, 교내 규율의 목적과 투명성 확보 등을 포함하여 보다 학생 중심적인 교육 환경 조성 방안을 제시함. 이 과정에서 현대 학교가 단순히 학습을 위한 공간이 아니라 규율과 감시의 시스템 속에서 학생들의 자유로운 사고와 행동을 제한할 수 있다는 점을 발견하고, 미래의 교육자로서 교육 제도를 전반적으로 개선하고자 하는 목표를 구체화하며 진로 탐색을 심화함.

▸ 책의 내용을 역사 교과와 연관 지은 경우

'도서관에서 역사하기 프로젝트'에서 '감시와 처벌(미셸 푸코)'의 내용을 역사적 사건에 적용하는 심화 탐구 활동을 진행함. 산업 혁명 시기 노동 계급 형성과 공장 시스템 내에서 노동자들의 신체와 행동이 어떻게 통제되었는지를 푸코의 미시 권력 개념에 적용하여, 자본주의 사회에서 노동자들이 규율을 내면화하는 방식을 탐구함. 대규모 공장이 노동자의 노동 시간을 철저히 관리하고, 규율을 통해 효율성을 극대화하려 한 사회적 구조를 비판적으로 분석함. 또한, 푸코의 규범화 개념을 바탕으로 식민주의 시기 서구 열강이 식민지국들에 서구적 규범을 강제하며 그들의 문화와 전통을 '미개'로 규정했던 방식을 탐구함. 서구 중심의 시각으로 식민지 사회를 재편하고 통제하려 했던 역사를 통해, 식민지 주민들이 어떻게 서구적 규범을 내면화하고 동화되었는지를 분석함. 이를 바탕으로 권력이 단순한 물리적 억압이 아니라, 사회적 규율과 통제를 통해 작동한다는 푸코의 이론을 역사적으로 구체화하며 깊이 있는 탐구를 수행함. 권력과 통제의 다양한 방식이 현대 사회와 교육 현장에도 어떻게 영향을 미칠 수 있는지를 스스로 성찰하고, 역사와 철학적 이론을 연계한 학문적 연구의 중요성을 깨달음.

후속 활동으로 나아가기

▸ 학교에서 일어나는 규율을 관찰하고, 이러한 규율이 학생들의 행동을 어떻게 통제하는
지 분석한 보고서를 작성해 보자.

▸ 근대 감옥 시스템과 현대의 감시 장치 CCTV를 비교 조사하여, 푸코의 감시 이론이 현
대 사회의 감시 장치와 어떻게 연결되는지를 분석하여 발표해 보자.

▸ '감시와 처벌'을 읽고, 자신의 일상에서 감시가 어떻게 이루어지고 있는지 발견해 보는
독후감을 작성하며 푸코의 이론을 개인적 경험에 적용해 보자.

▸ 현대 사회의 감시 기술(디지털 감시 등)에 대한 연구를 통해 기술이 권력과 통제에 미치
는 영향을 분석하고 비판적으로 고찰하는 내용의 칼럼을 작성해 보자.

함께 읽으면 좋은 책

미셸 푸코 《헤테로토피아》 문학과지성사, 2023.

미셸 푸코 《권력과 공간》 문학과지성사, 2023.

미셸 푸코 《광기의 역사》 나남, 2020.

미셸 푸코 《주체의 해석학》 동문선, 2007.

피에르 부르디외 《언어와 상징권력》 나남, 2020.

사토 요시유키 《권력과 저항》 난장, 2012.

질 들뢰즈 《들뢰즈의 푸코》 그린비, 2019.

안토니오 그람시 《그람시의 옥중수고》 거름, 1999.

혁명의 시대

에릭 홉스봄 ▸ 한길사

　18세기 말, 유럽은 근본적인 변화를 맞이했습니다. 영국의 산업 혁명은 인간의 노동과 생산 방식을 완전히 바꾸었고, 프랑스 혁명은 왕정 귀족 사회를 무너뜨리며 새로운 정치 질서를 만들어 냈습니다. 이 두 혁명은 그저 단순한 사건이 아니었습니다. 저명한 역사학자 에릭 홉스봄Eric Hobsbawm, 1917~2012은 이 두 혁명을 '이중혁명'이라 불렀습니다. 이는 단순한 기술 혁신이나 정치적 변혁을 넘어서서 근대 사회의 기틀을 마련한 중요한 전환점이었습니다. 이러한 변혁은 유럽을 넘어 전 세계에 영향을 미치며, 19세기를 '장기 19세기'로 불리게 만든 결정적인 이유가 되었습니다.

　홉스봄은 이 시기를 통해 자유주의적 자본주의가 세계적으로 확산되고, 부르주아 계층이 지배권을 장악해 나가는 과정을 면밀히 분석했습니다. 그에 따르면, 19세기는 부르주아가 세계를 이끌었던 시대였으며 이 변화의 결과로 지금의 서양 사회의 기본 틀이 형성되었습니다. 그 과정에서 우리는 오늘날의 민주주의와 자본주의 체제가 어떻게 탄생했는지, 그리고 이 혁명들이 어떻게 오늘날 우리에게 영향을 미치는지를 알 수 있습니다.

에릭 홉스봄은 20세기 중요한 역사학자 중 한 명으로, 변혁의 순간을 깊이 있게 분석한 마르크스주의적 역사가입니다. 그의 대표작인 4부작 시리즈 중 첫 번째 책인《혁명의 시대》는 1789년부터 1848년까지를 다루며, 이중혁명이 어떻게 세계를 변화시켰는지를 설명하고 있습니다.

홉스봄은 1917년 이집트 알렉산드리아에서 태어나 독일과 영국에서 자랐습니다. 유대인 출신이었던 그는 1930년대 나치 집권 이후 가족과 함께 영국으로 이주했습니다. 그리고 이곳에서 역사학자로서의 경력을 시작했습니다. 케임브리지대학교에서 역사학을 전공한 그는 런던대학교 버크벡 칼리지에서 교수로 재직하며 수많은 저서를 남겼습니다. 그의 연구는 주로 근대사와 노동사에 초점을 맞추었으며, 특히 마르크스주의적 시각을 바탕으로 사회 경제적 변화와 혁명을 분석했습니다. 홉스봄 4부작은 혁명의 시대(1789~1848년), 자본의 시대(1848~1875년), 제국의 시대(1875~1914년), 그리고 극단의 시대(1914~1991년)로 구성되어 있으며, 근현대 세계의 변화를 포괄적으로 다루고 있습니다.

《혁명의 시대》는 1789년 프랑스 혁명과 함께 시작된 근대 사회의 대격변을 전체사적인 관점에서 거시적으로 다룹니다. 프랑스 혁명은 정치적 혁명의 상징으로, 구체제를 타파하고 근대 민주주의의 기틀을 마련했습니다. 산업 혁명은 경제적 혁명으로, 농업 사회에서 산업 사회로의 전환을 이끌며 자본주의의 기반을 형성했습니다. 그는 프랑스 혁명과 산업 혁명을 통해 정치적, 경제적 변화가 상호 작용하며 근대 세계를 형성했다고 주장합니다. 두 혁명은 서로 별개의 사건이었음에도 각각 자본주의 사회의 정치와 경제를 정의하는, 분리되지 않는 통합 혁명이라는 것입니다.

책의 구성은 1부 전개 과정, 2부 결과로 간결하지만, 내용은 묵직합니다. 1부는 프랑스 혁명과 산업 혁명이 유럽 사회에 미친 영향을 중심으로 이중혁명이 어떻게 전개되었는지를 설명합니다. 18세기 후반 세계는 압도적으로 농업 중심이었습니다. 산업 혁명은 단순한 기술 혁신이 아니라 사회적 구조를 재편하였고, 홉스봄은 이를 자본주의 발전의 시발점으로 평가합니다. 산업혁명 초기에는 급격한 변화를 일으키지 못했지만, 자본주의적 생산 방식이 점차 확대되면서 유럽 사회를 근본적으로 바꾸었다는 것입니다.

프랑스 혁명(1789~1848)은 절대 왕정과 봉건 귀족 체제를 무너뜨리며 자유와 평등이라는 혁명적 이념을 확산시켰습니다. 홉스봄은 프랑스 혁명이 정치적 변화뿐만 아니라 민족주의 운동에도 큰 영향을 미쳤다고 분석합니다. 유럽 전역에서 정치 체제를 변화시키고, 민족국가 형성의 기틀을 마련했다고 보았습니다.

2부에서는 이중혁명이 가져온 결과를 분석합니다. 홉스봄은 먼저 토지 문제를 강조하며, 자본주의 발전의 기초가 되었던 토지 소유 구조가 각국에서 어떻게 변화했는지를 설명합니다. 더불어 산업화가 진행되면서 노동 계층의 빈곤이 심화되었습니다. 산업 혁명은 대규모 노동자를 양산했고, 노동 계급의 처우는 매우 열악했습니다. 홉스봄은 이러한 빈곤이 사회주의 사상과 노동 운동의 발달로 이어졌다고 설명합니다. 이 시기에는 자유주의와 사회주의 등 다양한 이념이 근대 사회를 형성하는 데 중요한 역할을 했습니다. 또한, 예술과 과학도 이 시기의 변화 속에서 발전했습니다. 홉스봄은 낭만주의를 이중혁명이 가져온 사회적 변화의 반영으로 보며, 당시 과학이 산업 혁명에 큰 영향을 받았다고 분석합니다.

1848년 프랑스 2월 혁명은 이중혁명의 정점이자 새로운 시대 변화를 예고하는 중요한 사건이었습니다. 홉스봄은 2월 혁명이 근대 자본주의와 민족 국가 체제를 확립하는 데 중요한 역할을 했다고 설명하고, 이중혁명이 근대 세계 형성에 미친 영향을 깊이 있게 분석하며 마무리하고 있습니다. 하지만 홉스봄은 단순히 '이중혁명'

의 해방적이거나 혁신적인 성격만을 강조하지는 않았습니다. 그는 이 거대한 혁명들이 궁극적으로 부르주아 자유주의적 사회의 승리를 알리는 사건이었다고 분석합니다. 즉 유럽의 부르주아 계층이 구체제를 상징하던 귀족 계급을 몰아내고, 새롭게 등장한 노동 계급의 도전을 억제하며 세계 질서를 주도하는 계급으로 자리 잡았다는 점을 강조하고 있습니다.

방대한 시대를 정리해 《혁명의 시대》로 집필해 낸 홉스봄은 20세기 위대한 역사학자라는 평가에 걸맞게 엄청난 역사적 자료를 바탕으로 근대 사회의 복잡한 변화를 체계적으로 설명하는 능력이 매우 뛰어납니다. 그의 마르크스주의적 시각은 사회 경제적 변화의 중요성을 강조하며, 기존의 정치 중심 역사 서술과는 차별화된 접근을 제공합니다. 현대 사회의 뿌리가 무엇인지 탐구하고자 하는 사람들에게 유익한 통찰을 제공하며, 시대를 조망하는 거시적인 시야가 시사하는 바도 큽니다.

특히 홉스봄은 다방면에 관심을 가진 역사학자로 알려져 있는데요. 농민사, 노동 계급사와 같은 계급 형성에 관련된 주제들부터 자본주의 발전과 관련된 경제사 분야에서도 뛰어난 저작을 남겼으며 문화 비평가로서 '재즈'에 대한 문화사를 저술하기도 했습니다. 광범한 관심사를 반영하듯 그가 쓴 《혁명의 시대》 역시 정치사, 사건사 중심의 구태의연한 서술 체계에서 벗어나 민중의 생활상까지 생생하게 다루어 흥미를 돋웁니다. 여기에는 역사의 진정한 면모는 '인간'이 엮어 내는 거라는 그의 서술 철학이 그대로 반영되어 있지요.

그러나 홉스봄의 분석이 기반한 마르크스주의적 시각에 대한 비판도 존재합니다. 이는 자본주의의 한계를 강조하는 반면, 자본주의의 긍정적 측면에 대해서는 상대적으로 덜 다루고 있다는 겁니다. 아울러 유럽 중심적인 편협한 시각에서 쓰였다는 지적도 있습니다. 특히 서유럽을 중심으로 세계가 형성되었다는 관점을 바탕으로 한 근대사 3부작은 이러한 유럽 중심주의적 역사 해석의 대표적인 예로 볼 수 있지요. 그러나《극단의 시대》저술을 전후로, 홉스봄의 시각은 변화했습니다. 그의 후기 저작에서는 브릭스BRICS(브라질, 러시아, 인도, 중국, 남아프리카)와 같은 신흥국과 비서구 지역의 중요성을 더 인정하고, 세계를 바라보는 시각이 다원화되었음을 엿볼 수 있습니다.

이러한 점에서 여러분 또한 현대 세계의 복잡성을 더 다양한 관점에서 이해하며 책을 읽어 나가면 좋겠습니다. 소외되었던 다른 지역과 민중의 이야기에서 시작해 여성사, 환경사, 디지털 혁명과 같은 현대적 주제들을 종합하여 21세기의 도전을 폭넓게 이해해 보는 겁니다.《역사에 대해 생각하기》의 저자 사라 마자는 역사학의 전통적인 질문인 '역사란 무엇인가'는 이제 '누구의 역사인가'로 초점을 이동할 필요가 있다고 주장합니다. 역사 속에서 소외된 이들의 목소리와 경험을 적극적으로 탐구하고 반영함으로써 더 포괄적이고 다원적인 역사 서술을 만들어가야 한다는 겁니다.

여러분이 생각하기에 역사는 누구의 이야기인가요? 깊이 고민하며 책을 읽어 나간다면, 역사를 보는 시야가 한층 넓어지고 풍부해질 것입니다.

도서 분야	역사	관련 과목	세계사, 역사로 탐구하는 현대 세계	관련 학과	역사학과, 문화인류학과, 국제학과, 정치외교학과

고전 필독서 심화 탐구하기

▶ **홉스봄 4부작 살펴보기**

도서명	내용
혁명의 시대 The Age of Revolution (1789~1848)	1789년 프랑스 혁명과 영국의 산업 혁명을 중심으로 이중혁명이 어떻게 근대 사회를 형성했는지를 분석한 책이다. 홉스봄은 이 시기를 '혁명의 시대'로 규정하고, 두 혁명이 정치적·경제적 체제에 미친 영향을 탐구하고 있다. 프랑스 혁명은 구체제를 무너뜨리고 민주주의와 부르주아의 시민권을 확립하며 정치적 변화를 이끌었고, 산업 혁명은 자본주의적 경제 체제를 확립하며 세계 경제의 판도를 바꿨다. 이 책은 또한 민족주의, 사회주의, 노동 운동, 근대 예술과 과학의 발전이 이중혁명 이후 유럽과 전 세계로 확산된 과정을 설명하고 있다. 이중혁명은 근대 사회의 기초를 마련한 중요한 전환점이었으며, 그 여파는 세계적으로 퍼져 나갔다.
자본의 시대 The Age of Capital (1848~1875)	1848년부터 1875년까지 자본주의가 본격적으로 확립되고 세계적으로 확산된 시기를 다룬다. 이 시기 자본주의는 유럽을 넘어 세계 각지로 퍼져 나갔고, 자본의 논리가 세계 경제를 지배하게 되었다. 산업화와 도시화가 가속화되었으며, 대규모 자본 투자가 이루어지면서 경제적 변영이 찾아왔다. 그러나 자본주의 내부의 모순도 서서히 드러났으며, 노동 계급의 형성과 함께 사회적 불평등이 심화되었다. 이 책에서는 자본주의의 확립과 확산이 가져온 사회적, 경제적 변화를 분석하며 특히 자본주의의 성공과 그로 인해 발생한 사회적 긴장과 모순을 탐구하고 있다.

제국의 시대 The Age of Empire (1875~1914)	1875년부터 1914년까지 제국주의가 세계 질서를 재편한 시기를 다루고 있다. 이 시기 유럽의 열강들은 아프리카, 아시아 등지에서 식민지 경쟁을 벌이며 경제적·정치적 패권을 장악하려 했다. 제국주의적 확장은 세계를 경제적·정치적으로 재편했고, 이 과정에서 식민지 착취와 불평등이 심화되었다. 홉스봄은 제국주의가 자본주의와 긴밀히 연결되어 있으며, 유럽 열강 간의 제국주의 경쟁이 제1차 세계 대전의 주요 원인 중 하나였다고 분석하고 있다. 이 책은 또한 과학, 예술, 문화적 발전을 다루며, 이 시기 유럽 중심의 세계 질서가 어떻게 형성되었는지를 설명하고 있다.
극단의 시대 The Age of Extremes (1914~1991)	1914년부터 1991년까지의 시기를 다루며, 홉스봄은 20세기를 '극단의 시대'로 정의하고 있다. 제1차 세계 대전과 제2차 세계 대전, 대공황, 냉전 등 극단적인 사건들이 연이어 발생한 이 시기는 세계 역사에서 가장 혼란스럽고 파괴적인 시기였다. 홉스봄은 이 책에서 정치적 극단주의, 경제적 위기, 기술 발전, 대량 학살, 탈식민지화, 그리고 자본주의와 사회주의 간의 이데올로기적 대립을 분석하고 있다. 그는 20세기가 인류 역사에서 전례 없는 격변의 시기였으며, 이러한 극단적 변화가 현대 세계를 구성하는 데 결정적인 영향을 미쳤다고 설명하고 있다.

▶ 시대적 배경 및 사회적 배경 살펴보기

홉스봄 4부작은 근대 세계의 급격한 변화를 경험한 시대를 다루고 있다. '혁명의 시대(1962)', '자본의 시대(1975)', '제국의 시대(1987)'는 주로 1960년대부터 1980년대 사이에 출판되었다. 냉전 시대의 한창기에 쓰인 이 저서들은 마르크스주의 역사학의 영향을 강하게 받았다. 홉스봄은 단편적인 사건보다는 장기적인 역사적 변화에 초점을 맞추어 산업 혁명, 자본주의의 확산, 제국주의의 흥망성쇠 등의 거대한 흐름을 파악하고, 이것이 개인의 삶과 사회에 미친 영향을 분석하려 노력했다. 그는 특히 마르크스주의 역사가로서 사회 경제적 요인이 역사 발전에 미치는 영향을 강조하면서도, 보다 포괄적인 시각으로 역사를 분석하려고 노력했다.

한편, '극단의 시대(1994)'는 냉전 종식 이후의 세계 질서 변화에 대한 분석을 포함하고 있다. 홉스봄은 이 책에서 20세기를 '극단의 시대'라고 명명하며, 20세기가 겪었던 극심한 격변과 모순을 분석했다. 냉전 시대의 이데올로기적 대립이 완화되면서 역사학계는 이전보다 더 다양한 관점과 해석을 수용하는 분위기로 변화해 갔다. 홉스봄의 4부작은 이러한 시대적 흐름 속에서 역사를 종합적이고 비교적 객관적인 시각으로 분석하려는 시도였다.

현재에 적용하기

'혁명의 시대'는 이중혁명이 세계의 구조를 재편하면서 우리 사회의 기반을 마련했다고 주장한다. 홉스봄이 제시한 혁명적 변화의 한계와 오늘날의 경제적, 정치적 구조에 대해 깊이 생각해 보자. 예를 들어 이중혁명은 인간 사회에 진정한 진보를 가져왔다고 볼 수 있을지 고찰해 본다.

생기부 진로 활동 및 과세특 활용하기

▸ 책의 내용을 진로 활동과 연관 지은 경우 (희망 진로: 국제법무학과)

'혁명의 시대(에릭 홉스봄)'를 읽고 이중혁명이 근현대 세계에 미친 영향을 깊이 있게 탐구함. 프랑스 혁명과 산업 혁명이 정치적·경제적 체제 변화에 미친 영향을 분석하며, 오늘날 국제 사회의 구조적 불평등에 대한 문제로까지 고민의 폭을 확장함. '산업 혁명과 현대의 경제 불평등'이라는 주제로 독서 보고서를 작성하여 제출함. 또한 이중혁명 이후 부르주아가 권력을 장악한 역사적 사례를 바탕으로 '국제 경제 체제 속 권력 이동과 신흥 경제국의 역할'을 주제로 모의 유엔 대회에서 발제하였고, 이에 대한 논의를 주도적으로 이끌어 가며 국제 경제 질서와 정치적 체제 간의 상호 작용을 이해하는 깊이 있는 시각을 보여 줌. 국제적 관점에서 경제 불평등과 민주주의 발전을 깊게 고민하게 되면서 교내 '세계 경제 포럼'을 조직하여 각국의 경제적 격차를 줄이는 방안을 토론하는 자리를 마련하기도 함.

▸ 책의 내용을 윤리 교과와 연관 지은 경우

'혁명의 시대(에릭 홉스봄)'를 읽고 13장 '이네올로기: 현세' 내용을 윤리 수업 중 학습한 고전적 자유주의, 공리주의와 연관 지어 비판적으로 탐구함. 홉스봄이 설명한 이중혁명 과정에서 자본주의의 확산이 진정한 자유와 평등을 실현했는지에 대해 고민하고, '자본주의와 정의' 토론 활동에서 애덤 스미스의 '보이지 않는 손' 개념이 사회적 불평등과 깊은 연관이 있었다고 주장함. 공리주의적 관점에서 산업 혁명 이후 노동 계층의 고통을 해석하며, 고전적 자유주의가 개인의 자유와 다수의 행복을 동시에 실현할 수 있는지에 대해 깊이 있는 탐구를 전개하는 독서 보고서를 작성함. 또한, 휘그주의자들이 주장한 역사적 진보관에 대한 비판을 제시하며, 역사적 변화가 반드시 긍정적인 결과를 가져오는 것은 아님을 인식함.

후속 활동으로 나아가기

▸ 홉스봄의 4부작에서 다룬 각 시대를 중심으로 연구 프로젝트를 구성하여 발표하는 활동을 진행해 보자.

▸ 프랑스 혁명과 산업 혁명을 주제로 역사 연극을 준비하고, 그 과정을 통해 주요 사건과 개념을 이해해 보자.

▸ 프랑스 혁명 이후 민주주의의 발전 과정을 윤리적 시각에서 분석하며, 현대 민주주의 사회의 갈등을 해결하기 위한 방안을 모색하여 카드 뉴스를 제작해 보자.

▸ 산업 혁명이 가져온 노동자의 권리 문제를 탐구하고, 현대 노동 환경에서의 사회 문제와 연결하여 소논문을 작성한다. 이를 바탕으로 노동자의 권리 보호 방안에 대한 발표를 진행해 보자.

▸ 이중혁명이 사회에 미친 영향을 분석하고, 긍정적인 측면과 부정적인 측면을 탐구하는 보고서를 작성해 보자.

함께 읽으면 좋은 책

에릭 홉스봄 《역사론》 민음사, 2002.

에릭 홉스봄 《혁명가》 길, 2008.

이매뉴얼 월러스틴 《역사적 자본주의/자본주의 문명》 창비, 1998.

죄르지 루카치 《역사와 계급의식》 지만지, 2015.

로제 샤르티에 《프랑스혁명의 문화적 기원》 지만지, 2015.

에릭 홉스봄 《자본의 시대》 한길사, 1998.

에릭 홉스봄 《제국의 시대》 한길사, 1998.

에릭 홉스봄 《극단의 시대: 20세기 역사》 까치, 2009.

한국통사

박은식 ▸ 아카넷

일제 강점기, 나라를 빼앗긴 상황 속에서 한국의 역사학자들은 각기 다른 방식으로 민족의 정신을 지키고자 노력했습니다. 신채호는 민족주의 사관을 통해 역사적 주체로서 민족의 역할을 강조했고, 백남운은 사회 경제사적인 관점에서 역사를 분석하며 한국사의 독자적 발전론을 주장했지요. 정인보는 조선학 운동을 통해 민족의 문화와 정신을 되살리려는 노력에 앞장섰고, 진단학회를 중심으로 실증 사학이 강조되기도 하였습니다.

이처럼 당대 역사학자들이 우리의 '역사'를 연구한 이유는 그들에게 역사가 단순한 기록이 아닌 민족의 정신이었으며, 비록 국가의 형태가 사라질지라도 그 정신을 잃지 않는 한 언젠가는 나라를 되찾을 수 있다는 믿음이 있었기 때문입니다. 박은식朴殷植, 1859~1925 역시 이러한 신념을 바탕으로 역사를 통해 민족의 혼을 일깨우려 했습니다. 그는 종교, 국학, 국어, 국사는 혼魂(정신)에 속하고, 돈과 곡식, 병사와 전차, 성벽, 함선, 기계는 백魄(형체/몸)에 속한다고 할 수 있다면서, 나라에서 국사를 가르치게 되면 그 나라는 망하지 않으며 지금의 한국은 백이 죽었다고 할 수 있지만, 소위 혼이라는 것은 남아 있다고 말했습니다.

박은식은 일제의 침략 속에서 '역사는 곧 정신'이라는 신념을 가지고 나라의 형체는 사라졌지만, 역사가 살아 있다면 민족도 언젠가 부활할 수 있다고 믿었습니다. 그의 대표작인《한국통사》도 이러한 사상적 배경을 바탕으로 쓰였으며, 민족의 아픈 역사를 기록함으로써 후세에 그 정신을 전하려는 박은식의 강한 의지가 담겨있습니다. 이는 책의 제목에서도 드러나는데요.《한국통사》의 '통痛' 자는 '아플 통' 자로, 말 그대로 '한국의 아픈 역사'를 의미합니다. 박은식은 일제 강점기라는 민족의 비극을 기록하며, 우리 민족이 겪은 고통과 슬픔을 후대에 전하고자 이 제목을 선택한 겁니다.

박은식은 황해도 해주에서 태어나 조선 말기와 일제 강점기를 살아간 독립운동가이자 역사학자입니다. 유교적 전통 속에서 성장했지만, 점차 서구 문물과 근대적 사고에 눈을 뜨며 민족주의 역사학의 길을 걷게 됩니다. 1900년대 초반에는 성균관 경학원 강사와 한성사범학교 교관으로 활동하며 교육 개혁에 힘썼습니다. 그는 언론 활동을 통해 친일 내각을 비판하고, 유교 개혁을 통해 민인 중심의 유교로 바꿀 것을 주장하였습니다.

일제의 대한제국 강점 이후에는 해외로 망명하여 독립운동에 투신하였습니다. 압록강을 건너 만주로 향한 그는 나라를 잃은 슬픔을 원숭이도 슬피 울고 부엉이도 울어 댄다고 표현하며 망국의 비애를 절절히 느꼈습니다. 박은식은 중국 상하이 등지에서 활동하며 대한민국 임시 정부의 제2대 대통령을 역임하기도 했습니다. 그는 역사 연구에 몰두하여 우리 민족의 역사를 체계적으로 정리하고자 노력하였습니다. 그의 역사관은 역사는 민족의 혼이며, 역사를 잊지 않으면 나라를 되찾을 수 있다는 신념에 기반하고 있습니다.

《한국통사》는 1915년 박은식이 중국 상하이에서 출간한 한국 근대 역사서로 고종 즉위부터 1911년 105인 사건까지를 다루고 있습니다. 중국의 학자인 캉유웨이가 서문을 써 주었으며, 총 3편의 114장으로 구성되어 있지요. 이 책은 일제 강점기 동안 민족의 자주성과 독립 정신을 고취하는 데 크게 기여한 고전으로 평가받고 있습니다.

1편은 총 2장으로 우리나라의 지리적 환경과 역사적 계통을 다루고 있습니다. 한반도의 지리적 특징과 그로 인한 역사적 전개 과정을 설명하며 우리 민족의 뿌리와 정체성을 강조합니다. 또한 한국 역사의 대략적인 흐름을 소개하여 독자들이 이후의 내용을 이해하기 쉽게 구성하였습니다.

2편은 총 51장으로 구성되어 있으며 흥선 대원군의 집권과 개혁, 통상 수교 거부 정책, 그리고 개항과 개화기의 정치적 변화를 다룹니다. 대원군의 개혁이 갖는 의의와 한계를 분석하고, 임오군란, 갑신정변, 동학 농민 운동 등 중요한 사건들을 인과 관계에 따라 서술합니다. 또한 개혁 운동과 그에 따른 사회 변화, 그리고 열강의 압력 속에서 조선의 대응을 상세히 다룹니다.

3편은 총 61장으로 구성되어 있으며 대한제국의 성립과 일제의 침략 과정을 상세히 다루는 마지막 편입니다. 을사늑약, 한일 병합 조약 등 국권 상실의 과정을 서술하고, 이에 저항한 의병 운동과 애국 계몽 운동을 높이 평가합니다. 특히 안중근의 이토 히로부미 저격 사건을 열전 형식으로 생생하게 묘사하여 독립운동의 열기를 전달합니다. 또한 105인 사건을 통해 일제의 탄압과 한국인들의 저항을 상세히 기록하였습니다.

박은식은 이 책에서 전통적인 역사 서술 방식인 기전체나 편년체에서 벗어나 사건 중심의 서술 방식을 채택하였습니다. 각 사건의 원인과 결과를 분석하고 인과 관계를 명확히 하여 근대적 역사 서술 방법론을 적용했습니다. 또한 각 장의 말미에 자신의 논평을 덧붙여 역사적 평가를 제시하고 있습니다.

《한국통사》는 일제의 감시와 탄압 속에서 집필되었기 때문에 자료 수집에 어려움이 있었습니다. 따라서 일부 역사적 사실의 정확성이나 해석에 한계가 있을 수 있습니다. 특히 1편에서 신화와 역사의 구분이 명확하지 않다는 지적도 있습니다. 또한 박은식의 강한 민족주의적 관점은 역사적 사건을 객관적으로 분석하기보다는 민족의 자긍심을 고취하는 데 초점을 맞추고 있습니다. 이는 다양한 시각에서 역사를 바라보는 것을 제약한다는 비판이 있습니다.

그러나《한국통사》는 일제 강점기라는 암울한 시대에 우리 민족의 혼을 지키기 위한 노력의 결실이었습니다. 박은식은 역사를 망각하지 않고 제대로 쓰면 언젠가 나라를 찾을 수 있다는 희망을 전했습니다. 이에 일제는 이 책의 국내 유입을 막기 위해 검열과 탄압을 강화하였습니다. 그들은 이 책이 한국인들의 항일 의식을 고취시키는 것을 우려하여 출판과 배포를 철저히 금지하였습니다. 하지만 이러한 탄압 속에서도 이 책은 해외 한인 사회와 국내의 지식인들 사이에서 몰래 읽히며 독립운동에 큰 영향을 미쳤습니다.

박은식은 사회 진화론과 제국주의적 민족주의를 비판하며, 인류의 평화와 공존을 추구하는 대동 사회를 이상으로 삼았습니다. 그가 추구한 민족주의는 배타적인 민족주의가 아니라, 인류 전체의 발전과 상생을 지향하는 사상이었습니다. 오늘날에도 전쟁과 갈등으로 망국의 고통에 처한 난민들이 곳곳에 존재합니다. 지난 2015년 시리아의 난민 아기 쿠르디가 지중해 한복판에서 사망한 비극적인 사건을 기억하나요? 국가의 보호를 받지 못하는 수많은 사람들이 고국을 잃고 위험한 길을 선택해야만 하는 절망적인 상황이 펼쳐지고 있습니다. 모두의 평화를 추구했던 박은식의 가르침을 떠올리며 우리는 무엇을 할 수 있을지 생각해 보는 기회를 가져보면 좋겠습니다.

도서 분야	역사	관련 과목	한국사	관련 학과	역사학과, 역사교육과, 철학과

▶ **일제의 식민 사관과 국사 연구 살펴보기**

역사관		내용	주요 특징
일제의 식민 사관		일본 제국이 조선을 정당하게 식민지화했다고 주장하며, 한국의 역사를 왜곡하고 한국의 자주성을 부정한 역사관임.	정체성론, 타율성론, 당파성론 등 한국 민족의 자주성을 부정하고 일본의 통치를 정당화함.
		↕	
국사 연구	민족 주의 사학	한국 민족의 저항과 독립운동을 중심으로 서술, 박은식과 신채호 등이 주창. 1930년대는 조선학 운동을 전개한 정인보, 문일평 등이 주창함.	한국의 독립과 자주성을 강조하며 민족의 저항 정신을 중요시함.
	사회 경제 사학	역사적 사건을 사회적, 경제적 구조와 연관 지어 해석, 백남운 등이 주창. 식민사관의 정체성론을 비판함.	민중의 삶과 경제적 구조를 중시하며, 사회적 배경을 중점적으로 해석함.
	실증 사학	역사적 사실을 객관적으로 분석하고, 문헌과 사료를 바탕으로 역사적 진실을 밝히려는 접근임.	문헌학적 방법을 중시하고, 객관적 사실을 바탕으로 역사적 진실을 추구함.

▶ **시대적 배경 및 사회적 배경 살펴보기**

'한국통사'는 일제 강점기라는 암울한 시대적 배경 속에서 탄생했다. 이 책은 1910년 대한제국이 일본에 강제 병합된 이후, 조선이 주권을 상실한 상황에서 민족의 정체성과 자주성을 지키기 위한 노력의 일환으로 집필되었다. '한국통사'는 고종 즉위부터 1911년 105인 사건까지의 한국 근대사를 다루고 있으며, 조선 말기와 일제 강점기에 걸친 역사를 기록하여 민족적 저항과 독립운동의 필요성을 강조했다. 특히 이 책은 한국 민족의 저항 정신을 체계적으로 정리하여 후대에 민족의 정체성을 일깨우고자 했다.

'한국독립운동지혈사'는 '한국통사'의 연장선에서, 독립운동의 역사를 더욱 구체적으로 기록한 저서다. 1919년 3·1운동을 비롯해 일제에 맞서 싸운 독립운동가들의 투쟁을 자세히 다루며, 그들의 희생과 헌신을 통해 한국 민족이 끝까지 자주독립을 포기하지 않았다는 것을 강조한다. 이 책은 한국 독립운동의 피로 얼룩진 역사를 기록하여, 독립을 위한 투쟁이 얼마나 치열하고 고통스러웠는지를 생생하게 전달한다.

'한국통사'와 '한국독립운동지혈사'는 박은식의 민족주의적 역사관을 바탕으로 일제의 폭압과 민족의 저항을 역사적으로 정리한 중요한 기록물들이다. 이 책들은 단순한 역사 서술을 넘어서 망국의 현실 속에서 민족정신을 보존하고 미래의 독립을 준비하는 역할을 했다.

현재에 적용하기

조선어학회의 활동, 역사학자들의 국사 연구, 종교계와 문학과 예술을 통한 저항 운동 등 일제 강점기에 전개된 문화적 저항 운동의 사례를 조사하고 관련 내용을 친구들과 공유해 보자.

생기부 진로 활동 및 과세특 활용하기

▸ 책의 내용을 진로 활동과 연관 지은 경우 (희망 진로: 정치외교학과)

평소 제국주의 시기의 식민지를 둘러싼 국제 관계의 불법성에 관심이 많아 '한국통사(박은식)'를 읽고 일제 강점기 시기 일본의 국권 침탈 과정에서 발생한 불법적 측면을 깊이 있게 연구함. 특히 을사늑약과 한일 강제 병합 조약에서 일본이 국제법을 위반한 사례를 집중 조명하였으며, '일본의 국권 침탈과 국제법 위반 사례 분석'이라는 보고서를 작성함. 이 과정에서 다양한 역사적 자료와 법적 문헌을 면밀히 검토하여 당시 일본이 국제 사회에서 행한 불법 행위들을 구체적으로 분석함. 또한 105인 사건의 재심을 주제로 국제 모의재판을 주도적으로 기획하고 재구성함. 당시 일본의 불법 행위를 현대 국제법에 비추어 심판하고, 역사의 부당함을 국제적 정의의 관점에서 조명함. 이를 통해 역사적 사건을 국제적 시각으로 분석하는 능력을 키우고, 국제법과 인권의 중요성을 체득함. 이로써 국제 사회의 정의와 평화에 대해 깊이 있는 고민을 하는 계기를 가졌으며, 글로벌 리더로서 자질을 함양함.

▸ 책의 내용을 역사 교과와 연관 지은 경우

수업 중 민족주의 사학을 공부한 내용을 적용하기 위해 '한국통사(박은식)'와 '한국독립운동지혈사(박은식)'를 찾아 읽음. 또한 '조선상고사(신채호)'의 문체 및 구성과 비교하여 박은식의 민족주의 역사학의 특징을 정리하는 발표를 진행함. 특히 '국혼' 개념을 활용하여 민족의 역할과 저항의 의미에 대해 심층적으로 논의하고 독립운동의 주체로 호명된 '민족'이 당대 신문 기사나 사회적 담론에서 어떻게 개념화되고 있었는지 구체적으로 검토함. 이 과정에서 신문에서 연재되는 다양한 역사 소설 및 역사학 연구 자료들을 확인하였고, 민족주의 역사학이 단순히 역사를 기록하는 차원을 넘어, 당대 저항과 자주성을 고취하는 역할을 했음을 발견함. 이를 통해 역사적 사실을 분석하고 당대의 다양한 사료를 비판적으로 검토하였으며, 종합적인 학생 주도적 역사 탐구 활동의 수행을 통해 역사적 행위 주체성을 이해하고 함양함.

후속 활동으로 나아가기

▸ 독립운동가 박은식의 생애와 그의 저술을 연표로 정리해 보자.

▸ 민족주의 사학과 실증 사학 등 다양한 역사 연구 방법의 차이점을 분석하고, 각각의 역
  사적 의미를 토론해 보는 활동을 진행해 보자.

▸ '한국통사'에 서술된 역사적 사건들을 바탕으로 역사 다큐멘터리를 제작하는 활동을
  진행해 보자.

▸ 생성형 AI를 활용하여 '한국통사'에 제시된 역사적 사실들을 4컷 만화로 그려 온라인
  플랫폼에 공유해 보자.

▸ 모의 법정을 열어 독립운동가들이 받았던 불법적 재판과 일제의 억압을 재구성하는
  활동을 진행해 보자. 이를 통해 역사적 부정의를 직접 체험하고, 정의와 평화의 가치를
  새롭게 인식한다.

함께 읽으면 좋은 책

황현 《매천야록》 서해문집, 2006.

F. A. 매켄지 《대한제국의 비극/한국의 독립운동》 집문당, 2019.

신채호 《조선상고사》 비봉출판사, 2006.

박은식 《한국독립운동지혈사》 서문당, 2019.

박은식, 신규식 《박은식·신규식》 창비, 2024.

서영희 《일제 침략과 대한제국의 종말》 역사비평사, 2012.

<table>
<tr><td></td><td></td><td></td><td></td><td></td><td></td><td></td><td>국</td><td>화</td><td>와</td><td>칼</td></tr>
</table>

루스 베네딕트 ▸ 을유문화사

때는 1940년대, 제2차 세계 대전 중이었습니다. 주요 전범국이자 추축국의 일원으로 이미 패색이 짙었던 일본에서는 다음과 같은 내용의 방송이 송출되었습니다.

공중에서의 치열한 전투가 끝난 뒤, 전투기에서 내린 일본군 대위는 사령부에 전투 상황을 보고했다. 당당히 보고를 마친 뒤, 그는 갑자기 쓰러져 버렸다. 주변의 부하들이 급히 부축하여 그를 일으키려 했지만, 이미 대위의 몸은 차디찬 얼음처럼 딱딱했다. 상태를 보아하니 대위는 이미 한참 전에 숨이 멎었던 게 틀림없었다. 그렇다. 사령관에게 보고한 것은 이미 죽은 그의 '영혼'이 해 낸 일이었다. 군인으로서 그가 지녔던

투철한 책임감이 이러한 기적을 만들었던 것이다!

　일본과 전투를 벌이고 있던 미국은 이러한 내용이 조작된 거짓임을 누구나 알 수 있다고 생각했습니다. 그러나 일본인들은 이를 기적과도 같은 '사실'로 받아들이고 감동하였다고 합니다. '수행을 열심히 한다면, 강인한 정신은 없어지지 않는다'라는 믿음을 지니고 있었기 때문입니다.

　미국은 기존 그들의 관례와는 전혀 다른, 예측이 되지 않는 이러한 일본인들의 행위에 당황할 수밖에 없었습니다. 일본은 이제껏 미국이 상대해 온 적 중에서 '가장 낯선 적'이었습니다. 이에 미국 정부는 그들로서는 도저히 이해하기 어려웠던 적국敵國(적대 관계에 있는 나라) 일본의 행동 양식과 문화 등을 파악하는 것이 급선무라 여겼습니다. 당장의 전쟁을 종결하는 방식뿐만 아니라 앞으로 일본에 대한 외교 정책의 방향을 정하는 데 필요한 작업이라 생각했습니다.

　미국의 저명한 문화 인류학자 루스 베네딕트Ruth Benedict, 1887~1948가 1944년 6월부터 일본인의 행동과 그들의 문화를 연구하게 된 것은 바로 위와 같은 고민을 거듭하던 미국 정부(미국 국무부)의 긴박한 요청 때문이었습니다. 그 결과 쓰여진 책이 바로《국화와 칼》입니다. 즉,《국화와 칼》은 미국의 대일 정책 수립을 위한 보고서〈No.

25 일본인의 행동 패턴〉을 수정해서 완성한 책입니다.

　루스 베네딕트는 1887년 미국 뉴욕에서 태어났으며, 1921년 컬럼비아대학교에 입학, 스승인 프란츠 보아스$^{Franz\ Uri\ Boas}$ 아래에서 본격적으로 인류학 공부를 시작했습니다. 베네딕트는 인간의 문화는 마치 개인의 성격처럼 고유한 특징을 가지며, 모든 문화에는 일정한 '패턴'이 있다고 주장하였습니다. 저서《문화의 패턴》서문에 쓰인 표현대로 그녀는 문화를 '인성의 확대'라 보았습니다. 해당 문화권의 사람들이 일상적으로 행하는 사고방식과 행동의 일관적인 특성들이 서로 톱니바퀴처럼 맞물리며 조화를 이루어 문화의 유형을 형성한다는 겁니다.

　《국화와 칼》은《문화의 패턴》에서 제시한 방법론을 '일본'이라는 나라에 적용하려는 시도였습니다. 실제로《국화와 칼》의 부제가 '일본 문화의 유형$^{Patterns\ of\ Japanese\ Culture}$'이기도 합니다. 그런데 정작 베네딕트는 책을 쓰는 동안 단 한 번도 일본에 방문하지 않았다고 합니다. 전쟁이 지속되는 중이었으니 어쩔 수 없었지만, 인류학의 가장 기본적인 연구 방법인 '현지 조사'가 제대로 이루어지지 못한 셈입니다.

　베네딕트는 치명적일 수도 있는 단점을 보완하기 위해 미국에 거주하는 일본인들 및 외국인으로서 일본에 거주했던 사람들에 대한 대규모의 면담을 진행하였습니다. 또한, 일본 관련 문헌, 신문 스크

랩, 녹음물과 녹취록, 선행 연구자들의 생생한 체험담, 전시 선전물, 소설과 영화 등 방대한 일본 관련 자료들에 대한 세심한 검토도 병행하였습니다. 이에 평범한 일본인들의 소소한 일상을 심층적으로 살필 수 있었고, 직접 목격하고 함께 생활할 때 발생할 수 있는 연구자의 주관적인 관점이 배제되면서 오히려 더 객관적이고 엄밀한 연구가 가능했다는 평가를 받기도 하였습니다.

또한, 다소 어려울 수도 있는 내용을 다양한 사례와 예시, 이해하기 쉬운 비유 등을 활용하여 유려하게 풀어내는 등 책 전반에 걸쳐 뛰어난 문학적 소양이 돋보입니다. 이는 베네딕트가 인류학 공부 이전 영문학을 전공하고 시인으로 활동했던 이력이 배경이 되었으리라 짐작할 수 있습니다.

이 책은 전체 13개의 장으로 구성되어 있습니다. 베네딕트는 1장 '연구 과제-일본'에서 자못 비장한 태도로 문화 상대주의文化相對主義(다른 사회와 문화의 다양성을 인정하고 이해하는 견해)에 관한 자신의 견해를 표현하고 있습니다. 그녀는 상대의 문화를 이해하는 데 있어 '민족 간에는 차이가 있다'는 강인한 신념과 그 차이를 인정하는 관용성이 필요하며, 다른 문화의 관습이나 가치를 폄하하는 건 잘못된 것이라 이야기합니다.

또한, 전쟁 중의 일본인들이 보였던 정신에 대한 믿음, 천황에 대한 태도를 언급하고는(2장), 이후 일본인들이 어떤 문화를 가졌는지 그것의 핵심적인 요소들을 분석합니다.《국화와 칼》이 일본 문화의 대표적인 고전으로 손꼽히는 가장 큰 이유가 여기에 있습니다. 위계적 질서 의식(3장), 은恩(5, 6장), 의리義理(6~8장), 인정人情(9장) 등 이후 일본 문화를 이해하는 하나의 기준이자 분석의 틀이 되는 요소들을 최초로 제시했다는 것이지요.

특히 덕의 근본으로서의 '수치'와 '수치의 문화'(10장)를 '죄의 문화'와 대조하여 서술하고 있는데, 저자는 이를 일본의 중요한 문화유형으로 인식하고 있습니다. 당시 일본인들은 열세임에도 불구하고 기꺼이 전투를 수행하고 포로가 되기보다는 죽기를 자처했는데, 이것이 바로 수치를 죽음보다도 싫어하는 일본의 문화 때문이라는 것입니다. 베네딕트는 외부인에게 어떻게 보이는지에 민감한 일본인에게 수치심은 그들의 행동을 강제하는 중요한 원동력이 된다고 보고 있습니다.

자, 그럼 우리는《국화와 칼》을 어떤 태도로 읽어야 할까요? 보통 《국화와 칼》은 문화 상대주의적인 관점에서 잘 쓰인 선례로 거론되곤 합니다. 하지만 상기했다시피《국화와 칼》은 전쟁 수행과 향후의 정치적 목적에서 적국을 이해하고자 의뢰한 미국의 정책 보고서를 기반으로 하고 있습니다. 이런 측면에서《국화와 칼》은 "군국주의 일본을 어떻게 다루면 미국적인 '평화 국가'로 인도할 수 있을까?"와 같은, 가치적인 측면에서는 오히려 반反문화 상대주의적인 책이라는 비판이 이루어지기도 합니다. 특히 수치의 문화에 대한 그녀의 해석은 이후 여러 학자에 의해 다소 도덕주의적인 분석이라며 논란거리가 되기도 하였습니다.

물론 베네딕트는 연구를 진행하는 내내 미국인의 시각을 최대한 지양하고자 노력했습니다. 그럼에도 불구하고 저자가 지닌 '위치성'이라는 것은 참 배제되기 어렵습니다. 그녀가 끼고 있는 렌즈가 어떤 색과 선명도를 지녔는지, 그리고 독자인 자신은 어떤 위치에서서 이 글을 어떻게 받아들였는지 비교·분석하며 읽어 나간다면, 특히 그 배경과 목적을 떠올리며 글을 비판적으로 이해하려 노력한다면, 더욱 훌륭한 독서가 될 수 있을 겁니다.

도서 분야	역사	관련 과목	세계사, 동아시아 역사 기행	관련 학과	역사학과, 역사교육과, 정시외교학과, 국제학부, 일어일문학과, 일본문화학과

▶ '국화', '칼'의 의미 살펴보기

일본인이 손에 든 아름다운 '국화'는 일본 문화의 아름다움, 정교함, 예의 등을 상징하며, '칼'은 무사도, 명예, 전쟁 등 일본 문화의 또 다른 측면을 나타낸다는 해석이 지배적이었다. 일본인의 모순적이고 이중적인 측면을 제목에서부터 지적한다는 것이다. 그러나 한편에서는 국화는 일본인들이 자신을 검열하고 절제하는 의지로, 칼은 자기 행위에 대한 책임 의식의 메타포Metaphor(비슷한 특성을 가진 대상의 은유, 비유)로 쓰이고 있다는 목소리도 있다. 승전국의 연구자로서 본인이 지녔을지도 모르는 편견을 끊임없이 경계하는 저자의 연구 태도를 떠올리면서, '국화'와 '칼'의 상징성 역시 보다 깊게 고찰해 볼 필요가 있다.

▶ 시대적 배경 및 사회적 배경 살펴보기

1941년 일본의 진주만 공격으로 미국이 참전, 일본과 미국 사이에 태평양 전쟁이 시작되었다. 이후 1945년 미국은 히로시마와 나가사키에 원자 폭탄을 투하하여 일본의 무조건 항복을 이끌어 냈다. 이에 전후 미국은 일본의 점령군으로서 일본의 재건을 돕고 새로운 정부 체제 수립을 지원해야 하는 입장이 되었다. '국화와 칼'은 일본 사회의 재구성이라는 과제를 부여받은 미국에게 일본을 깊게 이해하는 지침이 되었다. 예컨대 베네딕트는 천황을 중심으로 하는 일본의 가치 체계가 일본 사회의 안정과 질서를 유지하는 데 중요하다고 지적하였는데, 미국 정부는 그의 영향을 받아 일본의 천황제를 유지하도록 결정하고 전통적 가치를 존중하는 가운데서 개혁을 실시하도록 하였다. 이러한 천황제 유지 결정은 미국과 일본 양국 관계에는 긍정적이었으나, 전쟁의 책임에서 천황 등을 면피시키고 일본 내 군국주의의 청산을 방해했다는 비판을 받는다.

현재에 적용하기

루스 베네딕트는 일본 문화를 심도 있게 연구하며 문화 상대주의의 중요성을 강조했다. 문화 상대주의, 문화 사대주의, 자문화 중심주의 등의 실제 사례를 조사하고, 다양한 문화를 이해하는 올바른 태도가 무엇일지 생각해 보자.

생기부 진로 활동 및 과세특 활용하기

▸ 책의 내용을 진로 활동과 연관 지은 경우(희망 진로: 일어일문학과)

평소 일본의 문화적 특성과 그것을 배태해 온 역사적 맥락에 관심이 많은 학생임. 역사 교사의 추천으로 '국화와 칼(루스 베네딕트)'을 읽고, 이전에 읽었던 '일본 사회의 인간관계(나카네 지에)'와 그 내용을 비교·분석하는 일본 문화 탐구 보고서를 작성, 제출함. 일본의 종적인 인간관계와 사회 구조를 전반적으로 연구했던 나카네 지에와 다르게, 루스 베네딕트는 미국 문화와 '차이'를 보이는 일본 문화에 주목하고 있음을 지적하고, 이를 연구자의 연구 목적이 달랐기 때문만이 아니라 연구자들이 처한 학문적 배경과 시대의 차이에서 기인했다고 추론한 점이 인상적임. 아울러 두 서적에 나타난 일본 문화의 특징을 일목요연하게 정리하고 본인이 생각하는 일본 문화의 특성을 덧붙여 '일본 문화를 규정하는 키워드 10'을 제시함. 서적과 논문 등을 통해 조사한 내용을 분석하고 종합하는 역량이 뛰어나며, 국내 역서에서 잘 이해되지 않는 부분은 일어로 된 원서를 찾아 직접 번역하고 이해하려는 모습이 돋보임.

▸ 책의 내용을 사회 교과와 연관 지은 경우

문화 인류학자인 루스 베네딕트의 일본 문화 연구 보고서인 '국화와 칼(루스 베네딕트)'을 읽고, 사회·문화 연구 보고서 '떡볶이와 국밥: 우리 학교 학급 문화의 패턴'을 작성하여 제출함. 학급 구성원과의 심층 면담과 FGI, 학급 일기 등의 문헌 자료를 활용한 깊이 있는 질적 연구를 통해 학급별 문화를 떡볶이형과 국밥형으로 유형화하여 비교, 기술한 점이 돋보임. 보고서 내용에 대한 프리젠테이션에서 내가 속하지 않은 집단 문화를 연구하는 과정을 세세하게 공유하고, 문화의 형성 배경과 그 요소들을 면밀하게 분석하여 발표함.

후속 활동으로 나아가기

- ▶ '국화와 칼'에서 제시하는 일본 문화와 우리 문화의 공통점과 차이점을 비교 분석하여 모둠원들과 토의해 보자.
- ▶ 제2차 세계 대전의 원인과 과정, 결과를 조사하여 당시 사진과 영상물을 활용한 온라인 타임라인을 제작해 보자.
- ▶ 일본은 제2차 세계 대전의 전범국인가, 원자 폭탄으로 인한 피해국인가? 학급 구성원들과 토론 후 논술문을 작성해 보자.
- ▶ 전후 일본에 대한 미국의 점령 정책을 조사해 보자. 특히 샌프란시스코 평화 조약의 조항들이 동아시아 각국에 어떠한 영향을 미쳤는지를 정리한다.
- ▶ 타국 혹은 타민족의 문화를 문화 상대주의적 관점에서 이해하고 조사하여 '문화 존중 관광 상품'을 기획, 개발해 보자.

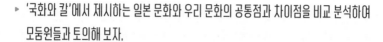
함께 읽으면 좋은 책

루스 베네딕트 《문화의 패턴》 연암서가, 2008.
에드거 스노 《중국의 붉은 별》 두레, 2013.
존 다우어 《패배를 껴안고》 민음사, 2009.
나카네 지에 《일본 사회의 인간관계》 소화, 2002.
마거릿 미드 《루스 베네딕트》 연암서가, 2008.

아리랑

님 웨일즈, 김산 ▸ 동녘

'아리랑, 아리랑, 아라리요.' 한국의 대표적인 민요 아리랑은 단순한 노래 이상의 의미를 지닙니다. 아리랑은 수세대에 걸쳐 한국인들이 고통과 고난을 노래한 저항의 상징이었고, 일제 강점기에는 많은 독립운동가들이 이 노래를 부르며 민족의 아픔과 독립에 대한 열망을 담았습니다.

김산金山, 1905~1938 역시 아리랑을 부르며 조국의 독립을 꿈꾸었던 혁명가 중 한 사람이었습니다. 그의 삶을 통해 우리는 아리랑이 단순한 민요가 아니라 억압에 맞선 저항의 상징이자, 혁명을 꿈꾸는 이들의 심장을 울리는 소리였다는 것을 알 수 있습니다.

김산은 이 애끓는 노래가 조선의 모든 감옥에 메아리쳤으며, 이

윽고 죽기 전에 마지막으로 이 노래를 부를 수 있는 최후의 권리는 누구도 감히 부정할 수 없게 되었다고 말했습니다. 김산은 아리랑을 단순한 노래로만 받아들이지 않았습니다. 아리랑은 그에게 죽음의 노래이지만, 패배의 노래는 아니었습니다. 그는 이 노래 속에 민족의 고통, 분노, 그리고 해방에 대한 희망을 담았고, 중국과 조선을 오가며 혁명의 길을 걸었습니다. 그러한 그의 이야기는 님 웨일즈 Nym Wales, 1907~1997와의 협력을 통해 《아리랑》이라는 책으로 남았고, 그의 목소리는 오늘날에도 우리에게 깊은 울림을 주고 있습니다.

《아리랑》은 김산의 생애를 기록한 중요한 자서전입니다. 이 책은 김산이 직접 쓴 자서전이 아니라, 미국 출신의 언론인 님 웨일즈가 김산과 나눈 대화를 바탕으로 작성된 구술 기록입니다.

김산의 본명은 장지락張志樂(또는 장지학張志鶴)이며, 김산이라는 이름은 그의 정체를 숨기기 위해 님 웨일즈가 만든 가명입니다. 님 웨일즈도 본명이 아니라 필명으로, 그녀의 본명은 헬렌 포스터 스노 Helen Foster Snow입니다. 그녀는 중국의 혁명, 항일 운동과 국공 내전 등을 취재한 미국의 저널리스트로, 《중국의 붉은 별》을 쓴 남편 에드거 스노와 함께 중국 공산당의 활동을 서양에 알리는 데 기여했습니다.

김산은 1905년 평안북도 용천군에서 태어나 3·1 운동에 참여하며 일찍이 항일 운동에 뛰어들었습니다. 어린 시절 어머니가 일본

순사에게 구타당하는 사건을 목격한 트라우마는 그의 항일 의식을 각성시키는 계기가 되었습니다. 이 사건은 김산의 삶에 깊은 영향을 미쳤고, 그는 어머니의 고통을 통해 제국주의에 대한 항거를 결심하게 되었습니다. 김산은 신흥 무관 학교를 거쳐 중국 황포 군관 학교에서 수학하였고, 이후 공산주의 사상에 매료되어 중국과 조선의 독립운동을 위해 헌신하게 되었습니다.

김산은《아리랑》에서 나의 생애는 실패의 연속이었고, 우리나라의 역사도 실패의 역사였으나, 나 자신에 대해서만큼은 승리하였고 역사를 창조하는 인간에 대한 신뢰를 잃지 않았다면서 자신의 삶을 회고합니다. 이 문장은 김산의 생애와 철학을 한 문장으로 압축한 표현으로, 그는 자신의 실패에도 불구하고 자신에 대한 믿음을 잃지 않았고, 역사를 만들어가는 인간에 대한 신뢰를 끝까지 간직했다고 말하고 있습니다.

김산은 일본 유학 시절 관동 대지진과 그로 인한 대학살을 목격하고 큰 충격을 받았으며, 이후 공산주의 혁명에 투신합니다. 그는 중국으로 건너가 중국 공산당에 가입하였으며, 황포 군관 학교에서 교관으로 일했습니다. 또한, 펑파이가 주도한 해륙풍 소비에트의 운동에 참여하고, 당시 지주들을 대상으로 하는 인민재판에 관여하기도 했습니다. 이 외에도 조선혁명청년동맹의 기관지《혁명동맹》의 부주필을 맡아 혁명 활동을 이어갔습니다.

김산은 1936~1937년, 님 웨일즈를 만나기 전까지 중국과 조선의 독립운동을 위해 끊임없이 투쟁했습니다. 그는 상하이, 베이징, 광둥 등 중국 여러 지역을 오가며 조선의 독립과 중국 공산당 세력을 연결하려고 했습니다. 그는 중국에서 활동하는 조선인 독립운동가들을 조직하고, 조선민족해방동맹을 창설하는 등 중요한 역할을 했습니다. 이러한 활동은 김산이 국제주의적 관점에서 조선의 독립을 바라보고 있었다는 것을 보여 줍니다.

　1938년, 김산은 억울하게 트로츠키주의자이자 일본의 간첩이라는 누명을 쓰고 당시 중국 공산당 내의 파벌 싸움으로 인해 처형되었습니다. 묻힐 뻔한 김산의 삶과 혁명적 활동이 후대에 알려지게 된 것은《아리랑》을 작업해 둔 덕분이었습니다.

　김산은 님 웨일즈에게 당시 조직 보호를 위해 한동안 출판을 미뤄 달라는 부탁을 했고, 이에 님 웨일즈는 1941년 미국에서《아리랑》을 출판하였습니다. 이 책은 이후 전 세계 여러 언어로 번역되어 출판되었고, 특히 한국에서는 일본어판으로 비밀리에 퍼지면서 1970년대 유신 독재 체제에 맞서 싸우던 대학생들 사이 애독서가 되기도 하였습니다.

　1983년, 중국 공산당 중앙 위원회는 김산이 일본의 간첩이나 사상 변절자가 아니었음을 공식적으로 인정하고 그의 명예를 회복했습니다. 또한, 대한민국 정부는 2005년 김산에게 건국 훈장 애족장을 추서하였으며, 그의 아들 고영광은 그 과정에서 아버지의 명예 회복을 위해 큰 역할을 했습니다.

《아리랑》은 인터뷰 내용을 기록한 책이다 보니 술술 읽히고 재미있습니다. 님 웨일즈의 훌륭한 필력 때문도 있지만, 무엇보다 김산이라는 매력적인 사내의 캐릭터성이 대단합니다. 글 곳곳에 님 웨일즈의 애정이 묻어나는 것은 그 때문일 것입니다. 또한 이 책은 항일 운동과 공산주의 운동에 대한 귀중한 기록입니다. 특히 당시 중국과 조선 독립운동가들의 활동, 공산당 내부의 갈등, 그리고 김산이 만난 한국 독립운동의 주요 인물들(이동휘, 안창호, 김원봉 등)을 생생하게 기록하고 있어 역사적 사료로서의 가치가 매우 높습니다.

또한 이 책은 김산이 직접 겪은 3·1 운동, 관동 대학살, 중국에서의 항일 운동 등은 당시의 역사적 사건들을 개인의 삶 속에서 생생하게 그려 내고 있습니다. 김산이 회고한 경험들은 당시 한국과 중국의 독립운동 상황을 더욱 입체적으로 이해하는 데 큰 도움이 됩니다.

김산은 조선과 중국 양국의 독립을 위해 자신의 삶을 바친 혁명가였습니다. 비록 그의 생애는 짧고 비극적이었지만, 그의 혁명적 열정과 사상은 님 웰일즈와 함께 정리한 《아리랑》을 통해 살아남아 우리에게 깊은 울림을 주고 있습니다.

김산의 이야기는 오늘날 우리로 하여금 자신의 삶과 사명을 돌아보게 합니다. 《아리랑》 서두 추천의 글을 쓴 리영희 교수는 '무엇을 하며 살 것인가?', '어떻게 살 것인가?'의 질문을 자신에게 던지며 삶의 해답을 찾아 헤매던 때, 이 책에 담긴 김산에게서 답변을 찾았다고 합니다.

하나뿐인 인생입니다. 여러분은 어떻게 살아갈 것입니까? 김산의 삶과 투쟁을 읽으며 질문에 대한 답을 찾아가 보길 바랍니다.

도서 분야	역사	관련 과목	한국사, 동아시아 역사 기행	관련 학과	역사학과, 문화인류학과, 신문방송학과, 정치외교학과

고전 필독서 심화 탐구하기

▶ 장지락(김산) 연보 살펴보기

년도	내용
1905	평안북도 용천군 출생, 본명 장지락張志樂.
1919	3·1운동 평양 시위 참가, 체포 후 3일 구금. 일본으로 유학.
1920	대한민국 임시 정부 '독립신문' 사에서 교정과 식자 작업. 이동휘, 안창호 등과 교류.
1921	안창호의 추천으로 남개대학에 입학하였으나 자퇴 후 북경행.
1922	북경 협화의과대학 입학. 상해로 가서 조선의열단 단원, 무정부주의자 동지들과 교우.
1923	공산주의 청년단 가입, 김원봉 등과 창일당 조직, 고려 공산당(이르쿠츠파) 북경지부 설립.
1925	중산대학 정치학부에서 중국 공산당 활동.
1926	광주에서 조선혁명청년연맹 창립.
1927	광주봉기 참가, 광주 소비에트 정부에서 무기 발급 책임.
1929	한국독립당 북경촉성회 대표, 박용만 살해한 이해명 변호.
1930	중국 공산당 북경시위원회 조직부장으로 활동. 일본 경찰에 체포.
1932	북경 하북성 제2사범학교에서 교편 잡고 역사, 지리 강의.
1933	국민당 경찰에 체포, 일본총영사관-조선으로 압송.

1934	북경에서 조선민족해방동맹 구성 활동.
1935	중공 하북성 위원회 지하 활동, 학생들 지도.
1936	남경, 상해에서 조선민족해방동맹 성립.
1937	아들 고영광 출생, 연안에서 님 웨일즈와 '아리랑' 집필 시작.
1938	강생에 의해 트로츠키주의자 혐의로 체포, 처형당함.
1941	'아리랑' 영문판 뉴욕 출판.
1946	한국 잡지 '신천지'에 '아리랑' 연재.
1953	'아리랑' 일본문판 도쿄 출판.
1977	'아리랑' 중국문판 홍콩 출판.
1983	중국 공산당에 의해 명예 회복, 혁명 공로 인정.
1984	'아리랑' 한글 초판 서울 출판.

▶ 시대적 배경 및 사회적 배경 살펴보기

'아리랑'은 중국에서 공산당원으로 활동한 김산(본명 장지락)의 삶을 다룬 자서전으로, 한 동안 국내에서 출간될 수 없었다. 반공을 국시로 내세운 박정희 정권 시기, '조선인 공산 주의 혁명가'의 생애를 다룬 책은 공식적으로 논의될 수 없었기 때문이다. 1970년대에 들어서야 일본어판 '아리랑'이 김지하, 김정남 등 민주화 운동가들 사이에서 읽히기 시작했다. 그러다 1984년, 노동 운동가로 은신 중이던 송영인(당시 가명 조우화)이 미국판 '아리랑'을 번역해 출간했는데 출간 3개월 후 출판사 동녘의 이건복 사장은 기관에 불려 갔고, 책은 '용공서적'으로 분류되어 판매 금지 처분을 받았다. 이후 동녘 출판사는 여러 차례 수색과 압수를 겪어야 했다.

1990년, 리영희 교수를 통해 '아리랑'의 공동 저자인 님 웨일즈가 생존해 있다는 사실을 알게 된 이건복 사장은 즉시 그녀에게 연락해 당시의 출판 상황을 설명하고 양해를 구했다. 이후 정식 출판 계약을 체결하고, 1992년에는 김산의 사진, 리영희 교수의 추천사, 조지 토튼의 해설이 포함된 개정판이 출간되었다. 번역자인 송영인은 2005년 개정 3판에서야 본명을 사용할 수 있었다.

현재에 적용하기

김산은 조선과 중국을 아우르는 혁명가로, 국제적인 연대와 협력을 통해 조국의 독립을 이루려 했다. 당대 김산과 같이 국제적인 연대를 위해 노력한 동아시아의 독립운동가들을 조사해 보자.

▸ 책의 내용을 진로 활동과 연관 지은 경우(희망 진로: 미디어영상학과)

역사 예능 프로그램을 제작하는 프로그램 제작자가 되기를 희망하는 학생임. '아리랑 (님 웨일즈, 김산)'을 감명 깊게 읽고, 독립운동가 장지락(김산)의 생애와 그의 투쟁을 다룬 아리랑을 주제로 숏폼 콘텐츠 10편을 시리즈로 제작하여 온라인 플랫폼에 연재함. 각 콘텐츠는 장지락과 님 웨일즈의 만남, 3·1 운동 참여, 안창호와의 인연, 중국 공산당 활동, 억울한 죽음과 명예 회복 등 그의 주요 생애 사건을 다룸. 이를 통해 대중에게 장지락의 삶과 독립운동의 의의를 알리는 데 기여하고자 하였음. 짧은 영상 속에서 장지락의 복잡한 삶과 감정을 효과적으로 전달하기 위해 주제별로 간결하면서도 핵심적인 메시지를 전하는 기획에 집중함. 제작 과정에서 역사적 사실을 정확하게 전달하기 위해 다수의 자료를 조사하고, 시청자에게 친숙한 방식으로 각색하는 데 노력하였음. 역사적 사건을 효과적으로 전달하는 미디어의 중요성과 역할을 깊이 이해하고, 역사적 인물을 현대에 맞게 재조명하는 미디어 콘텐츠 제작자로서의 역량을 키움.

▸ 책의 내용을 음악 교과와 연관 지은 경우

한국의 대표적인 민요인 아리랑의 다양한 버전을 활용하여 창작 음악을 만드는 프로젝트를 진행함. 평소 역사에 관심이 많아 아리랑의 다양한 선율과 지역적 변주를 분석한 후, 전통 아리랑을 현대적으로 재해석하기 위해 AI 음악 생성 프로그램을 활용하여 다양한 아리랑 버전을 조합하고 새로운 선율을 창작함. '아리랑(님 웨일즈, 김산)'을 읽고, 장지락의 독립운동가로서의 삶을 간결하게 표현할 수 있는 음악적 요소들을 곁들여 새로운 작품을 완성함. 만주 지역에서 김산의 아리랑, 한강 앞에 선 김산의 아리랑, 연안의 동굴에서 들려오는 김산의 아리랑 등 각기 다른 시공간에서 느낄 수 있는 아리랑의 정서를 담아냄. 이를 통해 아리랑의 역사적 의미와 민족 정서를 현대적으로 전달하는 방법을 배웠으며, 역사적 인물인 장지락의 삶을 음악으로 해석하여 작품으로 발표함으로써 역사와 예술을 융합하는 새로운 접근을 시도함.

후속 활동으로 나아가기

▸ 김산의 혁명적 사상과 그의 활동이 오늘날 한국 사회에 어떤 영향을 미쳤는지 탐구해 보자.

▸ 김산 외에도 연안, 만주 등 해외에서 활동했던 다른 독립운동가들의 국제적 활동을 연구하고, 이들의 활동이 조선 독립운동에 미친 영향을 분석해 보자.

▸ 김산을 비롯한 여러 독립운동가의 삶을 재조명하는 다큐멘터리를 기획하고 제작하여, 독립운동의 중요성을 알리는 활동을 진행해 보자.

▸ 님 웨일즈, 에드거 스노 등 당시 한국이나 중국 등의 독립운동을 조명한 서양인들을 찾아보고, 그들의 활동을 정리하여 발표해 보자.

함께 읽으면 좋은 책

정병욱 《식민지 불온열전》 역사비평사, 2013.

임경석 《독립운동 열전》 푸른역사, 2022.

정운현 《조선의 딸, 총을 들다》 인문서원, 2016.

양우조, 최선화 《제시의 일기》 우리나비, 2019.

김구 《백범일지》 돌베개, 2002.

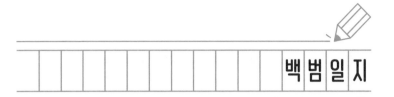

백범일지

김구 ▸ 돌베개

　서울 용산구에 위치한 효창공원은 한국 독립운동사에서 중요한 의미를 지닌 장소입니다. 이곳에는 대한민국 임시 정부의 주석이자 우리 민족의 독립을 위해 평생을 바친 백범 김구金九, 1876~1949를 비롯해 윤봉길, 이봉창 등 독립운동가들의 묘역이 자리하고 있습니다. 특히 김구의 삶과 사상을 계승, 발전시키기 위해 설립한 '백범 김구기념관'이 공원 내에 자리하고 있어 김구의 발자취를 따라가며 역사적 사건들을 생생하게 느낄 특별한 기회를 제공하고 있습니다.

　김구의 자서전《백범일지》는 생명의 위협 속에서 시작된 기록입니다. 처음에는 자녀들에게 유서를 남기려는 의도로 썼지만, 점차 자신의 어린 시절부터 독립운동까지의 선 생애를 기록하는 방대한 자서전으로 발전했습니다. 이에 《백범일지》는 상권과 하권으로 나뉘며, 1929년에 완성된 상권은 주로 구한말의 정세와 김구의 어린 시절, 동학과 의병 활동, 그리고 독립운동의 초기 과정을 다루고 있습니다. 1942년에 완성된 하권은 본격적인 독립운동을 중심으로 한 내용이 담겨 있습니다. 이후로도 이 책이 세상에 나오는 데는 시간이 걸렸습니다. 1947년, 김구의 아들 김신金信이 국사 원본을 출판하며 독자들에게 공개되었으며, 그 이래로 오늘날까지 많은 사람들에게 읽히고 있습니다. 김구의 인생은 그 자체로 극적인 서사이자 감동적인 이야기가 되어 독자들을 깊이 사로잡습니다.

김구의 호인 '백범白凡'은 매우 소박하면서도 깊은 뜻을 담고 있습니다. 백범은 백성 중의 범인凡人 즉, '평범한 사람'을 의미합니다. 그는 자신의 이름에 '백성'이라는 뜻을 담아, 자신을 특별한 인물이 아닌 국민의 일원으로 여겼습니다. 이는 그가 평생을 걸쳐 추구한 자주독립의 꿈과 더불어, 자신을 겸손하게 낮추며 민족을 사랑한 마음을 잘 보여 줍니다.

김구는 황해도 해주 외곽의 가난한 집안에서 태어났습니다. 어려운 가정 형편 속에서도 그는 교육과 지식의 중요성을 깨닫고, 강한 신념을 품고 자라났습니다. 그는 자신의 결핍을 인식하며, 이것이 결국 독립운동에 헌신하는 원동력이 되었습니다.

특히 그의 인생은 1896년의 치하포 사건 이후로 크게 변화되는

데요. 바로 김구가 일본군 중위를 살해함으로 인해 투옥된 사건입니다. 이 사건은 그가 처음으로 독립운동가로서 행동한 결정적인 순간이었으며, 감옥 생활 동안 김구는 자신의 신념을 확고히 다졌습니다. 그는 감옥에서조차 당당하게 일본 관료들을 맞서며 "나는 왜놈을 죽였다."라고 외쳤습니다. 백범일지에는 이 사건을 묘사하지만 김구의 내면 감정이 잘 드러나지는 않습니다. 대신 그는 그 당시의 행동을 냉정하게 기록하고 있습니다. 이러한 서술 방식은 김구가 자신의 개인적 감정을 억누르고, 오직 독립운동이라는 대의에 집중했음을 보여 줍니다.

김구는 동학의 평등사상에 깊이 공감하여 동학 농민 운동에 참여합니다. 동학 운동의 실패 이후, 그는 절에 들어가 승려 생활을 하기도 하고 이 과정에서 많은 내적 방황을 겪습니다. 하지만 김구는 곧 다시 독립운동을 위해 자신의 길을 찾습니다.

김구의 상하이 망명부터 하권이 시작됩니다. 그는 상하이에서 대한민국 임시 정부의 국무령을 지내며 독립운동을 이끌었습니다. 이봉창·윤봉길의 의거를 기획하여 일본 제국주의에 강력한 타격을 주었고, 임시 정부의 치안을 담당하며 독립운동의 질서를 잡아나갔습니다. 1940년에는 한국광복군을 창설하고 연합군과 협력하여 무장 투쟁을 이어갔습니다. 그는 외교적 노력과 군사 활동을 병행하며 독립운동을 주도하였습니다.

해방 이후, 김구는 남북의 분단을 막고 통일된 독립 국가를 이루기 위해 남북 협상을 시도했습니다. 하지만 그의 노력은 현실적인 정치적 한계를 넘어서지 못했고, 결국 그는 암살당하면서 꿈을 이루지 못한 채 생을 마감했습니다. 《백범일지》의 마지막에는 그가 꿈꾼 이상적인 나라에 대한 '나의 소원'이 담겨 있습니다. '나의 소원'을 통해 그가 꿈꾼 나라는 경제적으로 남에게 의지하지 않고, 군사적으로 스스로를 지킬 수 있으며 문화적으로 독립된 나라였습니다. 여기서 김구가 말한 '문화의 힘'은 그의 철학을 상징합니다. 그는 한국이 인류의 보편적 가치를 실현하는 문화적 강국이 되기를 바랐습니다.

《백범일지》는 김구가 자신의 삶을 기록한 자서전입니다. 그러나 이 책을 단순한 역사 기록으로만 보기에는 한계가 있습니다. 김구는 이 책에서 개인적 감정보다는 그의 신념과 행동에 초점을 맞추어 기록하고 있습니다. 예를 들어 그의 딸의 죽음에 대한 서술은 한 줄에 불과하지만, 동료 독립운동가들의 죽음에 대해서는 수 페이지를 할애하며 애통해하는 모습이 나옵니다. 이러한 차이는 김구가 가족보다도 독립운동을 위한 대의를 우선시했음을 '텍스트'로 보여주려 한 의도를 반영하고 있습니다.

한편 김구의 민족주의에 대한 비판적인 시각도 존재합니다. 김구는 철저한 민족주의자로서 통일된 독립 국가를 이루기 위해 노력했지만, 당시의 국제 정세와 정치적 현실로 인해 한계에 부딪혔습니다. 남북 분단을 막기 위한 그의 시도가 얼마나 현실적이었는지에 대한 논의 또한 계속되고 있습니다.

그럼에도 불구하고 김구의 자서전 《백범일지》의 역사적 가치는 실로 대단합니다. 이는 그의 삶과 사상을 집대성한 중요한 기록입니다. 다양한 판본으로 전해져 내려오는 이 책은 그의 고난과 신념, 그리고 우리에게 남긴 메시지를 생생하게 전달합니다. "소원이 있다면, 첫째도 둘째도 셋째도 자주독립이라던 그의 말은 그가 한평생 추구했던 가치, 즉 조국의 자유와 독립을 위한 그의 결의를 담고 있습니다.

김구의 책은 삶을 관통하는 한 개인의 신념이 얼마나 중요한지를 보여 줍니다. 그는 자신의 신념을 끝까지 지키며 민족과 나라를 위해 헌신했습니다. 오늘날 《백범일지》를 읽는 건 단순한 과거의 역사를 학습하는 것을 넘어, 김구가 남긴 진정한 독립과 자주성을 향한 애정, 열망, 간절함, 그리고 그의 깊은 철학과 신념을 가슴으로 배우는 길이겠습니다.

도서 분야	역사	관련 과목	한국사	관련 학과	역사학과, 문화인류학과, 국제학과, 철학과

고전 필독서 심화 탐구하기

▶ **김구 연보 살펴보기**

년도	내용
1876	황해도 해주 출생. 본명은 창암.
1893	동학에 입도, 창수로 개명.
1894	동학 농민 운동에 참여, 황해도 해주성 공략 실패.
1895	진사 안태훈과 안중근을 만나며 의병 활동에 관여함.
1896	치하포 사건으로 일본인을 살해, 체포되어 해주옥에서 고문.
1898	탈옥 후 공주 마곡사에서 승려 생활.
1910	신민회 활동, 경술국치 이후 본격적인 독립운동 참여.
1911	신민회 105인 사건으로 징역, 이후 옥중에서 이름 구, 호 백범으로 개명.
1919	3·1운동 직후 상해로 망명, 임시 정부 초대 경무국장으로 취임.
1927	임시 정부 국무령으로 취임.
1929	'백범일지' 상권 탈고.
1931	한인 애국단 조직.
1932	이봉창 의거 주도, 윤봉길 의거로 중국 정부의 지원을 받음.
1940	한국 독립당 발족, 한국광복군 창설, 임시 정부 주석 취임.
1942	'백범일지' 하권 집필.
1945	해방 후 임시 정부 국무위원과 함께 귀국.
1948	김규식과 평양으로 가서 남북 회담 참석.
1949	경교장에서 안두희에게 암살당함. 효창공원에 안장됨.

▶ 시대적 배경 및 사회적 배경 살펴보기

'백범일지'는 19세기 말에서 20세기 중반에 이르는 격동의 시기에 김구의 삶과 독립운동 과정을 기록한 자서전이다. 이 시기는 조선 말기부터 일제 강점기, 그리고 대한민국 임시 정부 수립과 광복까지의 역사를 포함하며 한국 민족사에서 중요한 전환점이 된 시기이다.

- **조선 말 동학 운동**: 김구는 조선 말기 사회적 혼란 속에서 동학에 입문하고 동학 농민 운동에 참여하였다. 당시 조선은 내부적으로 왕권이 약화되고, 매관매직과 같은 부정부패가 만연한 상황이었으며 외세의 침략과 압박으로 정치적, 사회적 불안이 극에 달했다. 김구의 삶에서 동학 운동은 민족적 자각과 평등사상에 큰 영향을 미쳤다.

- **일제 강점기와 독립운동**: 1910년 한일 병합 조약으로 시작된 일제 강점기는 김구의 독립운동가로서의 삶을 더욱 강렬하게 만들었다. 이 시기 김구는 대한제국의 주권을 되찾기 위해 국내외에서 의병 활동을 시작으로, 대한민국 임시 정부에서 경무국장으로 활약하며 독립운동의 중심에 있었다. 김구는 이봉창과 윤봉길의 의거를 계획하며 일본 제국주의에 맞선 독립운동을 주도하였다.

- **대한민국 임시 정부 활동**: 임시 정부의 경무국장으로 활동하면서 김구는 독립운동가들을 조직하고 독립군을 훈련하는 등 해외에서 독립운동을 지속하였다. 그는 일제의 탄압을 피하고자 상하이, 항저우, 충칭 등지에서 활동하며, 대한민국 임시 정부의 주석으로서 광복을 위해 끊임없이 노력하였다. 김구는 특히 '자주독립'을 강조하며, 독립 후에도 정치적·경제적·군사적 자립을 위한 비전을 제시하였다.

- **'백범일지'의 출판과 판본**: '백범일지'는 김구가 임시 정부에서 활동하며 그의 두 아들

에게 유서의 의미로 기록한 자서전이다. 김구는 1929년 상권을 탈고하고, 1942년 하권을 완성하였다. 이 자서전은 1947년 그의 아들 김신이 출판한 '국사 원본'을 통해 대중에게 널리 알려졌다. 춘원 이광수가 윤문한 이 판본은 간결하고 유려한 문체로 다듬어져 있어 대중들이 쉽게 읽을 수 있는 특징을 가진다. 이후 도진순 교수가 현대 독자들이 쉽게 이해할 수 있도록 원문의 비문과 고어를 수정한 판본이 오늘날 가장 많이 읽히는 버전으로 자리 잡고 있다. 도진순은 김구의 사상과 철학을 현대에 정확히 전달하기 위해 원문의 의미를 최대한 살리는 작업을 진행하였다.

현재에 적용하기

김구가 '백범일지'에 남긴 수많은 문장에는 깊은 신념과 철학이 담겨 있다. 마음을 울린다고 생각하는 중요한 문장을 필사하면서 김구의 생각과 의지를 내면화해 보자. 필사한 문장과 함께 자신의 다짐이나 결심을 함께 기록하는 습관을 들이는 것도 좋다.

생기부 진로 활동 및 과세특 활용하기

▶ 책의 내용을 진로 활동과 연관 지은 경우(희망 진로: 미디어영상학과)

'백범일지(김구)'를 읽고 뮤지컬의 형식으로 재해석하는 프로젝트를 수행함. 김구의 독립운동 정신과 자주독립의 열망을 다룬 장면들을 중심으로 극의 주요 테마를 구성하였으며, 직접 주요 넘버를 창작해 극의 감동을 더욱 깊이 있게 전달하고자 함. 국문학적 소양을 바탕으로 극본 일부와 주요 넘버를 창작하여 뮤지컬의 서사와 감정을 효과적으로 전달하기 위해 노력함. 뮤지컬은 김구가 독립운동을 위해 헌신한 순간들과 그의 내면적 갈등을 무대 위에 생생하게 담았으며, 역사적 인물의 이야기를 예술적 매체로 표현하는 창작의 과정에서 깊은 배움을 얻음. 또한, 뮤지컬을 기획하고 제작하는 과정에서 영상 촬영 및 편집 기술을 활용하여 작품을 영상으로 기록함. 영상미디어계열 진로와 관련하여 각 장면을 효과적으로 연출하고 촬영하는 데 집중하였으며 조명, 카메라 앵글, 음악 효과를 통해 극의 감동을 극대화함. 조명과 음향을 적절히 배합하여 김구의 인물적 상징성을 강조하는 장면을 연출함으로써 창의성과 영상미디어 기술 역량을 모두 보여줌.

▶ 책의 내용을 역사 교과와 연관 지은 경우

일제 강점기와 독립운동사에 대해 학습하고 이를 바탕으로 '백범일지(김구)'를 읽음. 김구의 일대기를 구체적으로 탐구하며, 독립운동가들의 사상과 신념을 깊이 있게 고찰함. 김구가 임시 정부 활동을 주도하며 이봉창, 윤봉길의 의거 등 한인 애국단 결성 배경 및 역사적 맥락을 이해하고, 민족 독립을 위한 헌신적인 노력을 분석함. 또한 '돌베개(장준하)'를 찾아 읽고, 백범일지와 돌베개를 연결하여 광복군 창설 및 활동을 깊이 있게 탐구하여 보고서를 작성함. 이후 한인 애국단과 광복군의 활동 내용을 가독성 좋게 정리하여 학급 내 게시물을 제작하고 급우들에게 관련 내용을 공유함. 이 과정에서 관련된 독립운동가들을 발굴하여 게시함.

후속 활동으로 나아가기

▸ 역사 아카이브를 적극적으로 활용하여 대한민국 임시 정부의 수립과 활동, 광복군 활동 등에 대한 당대 1차 사료를 수집하고 조사해 보고서를 작성해 보자.

▸ '암살', '봉오동 전투', '대장 김창수' 등 독립운동을 다룬 영화나 뮤지컬 등을 감상한 후, 역사 콘텐츠 감상문을 작성해 보자.

▸ '백범일지'를 읽고 당시 독립운동의 다양한 노선을 학습한 뒤 독립운동의 방향성에 대해 학급 친구들과 토론을 진행해 보자.

▸ 잊혀진 독립운동가들을 발굴, 조사하여 전시를 기획, 전시회를 운영해 보자.

▸ 김구의 사상을 바탕으로 현대 사회에서 필요한 '리더'의 모습을 정리하고, 리더십 모델을 창안하여 발표해 보자.

함께 읽으면 좋은 책

장준하 《돌베개》 돌베개, 2015.

정경모 《찢겨진 산하》 한겨레신문사, 2002.

최익현 외 《원문 사료로 읽는 한국 근대사》 필맥, 2014.

정운현 《친일파의 한국 현대사》 인문서원, 2016.

장위안칭 《김구와 난징의 독립운동가들》 공명, 2024.

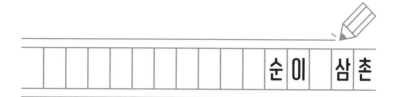

순이 삼촌

현기영 · 창비

　'나'는 이틀간의 휴가를 얻어, 음력 섣달 열여드레인 할아버지 제
삿날에 맞춰 8년 만에 고향으로 향했습니다. 그동안 바쁜 직장 생활
을 핑계로 조부모님의 제사에 참석하지 못해, 큰아버지와 사촌 길
수 형이 속으로는 무던히도 나를 원망하고 있을 거라고 생각했습니
다. 비행기로 단 50분 만에 도착한 고향 '제주도'는 너무나도 가까
웠습니다. 멍하니 시간을 보내다 보니, 고향에 도착한 것이 실감 나
지 않았습니다. 마치 내가 고향을 찾아온 것이 아니라 고향이 나를
찾아온 것처럼 어리둥절했습니다.

　사실 나의 고향 '서촌'은 나에게 깊은 우울과 찌든 가난만을 안겨
준 '죽은 마을'이었습니다. 기억 속 고향은 30년 전 군대의 소개 작

전으로 불에 탄 채 그대로였습니다. 그래서 고향을 외면하며 살아온 8년이었습니다. 마을에 도착하니 친척 어른들과 사촌들이 모두 모여 있었습니다. 그런데 순이 삼촌(제주에서는 면 친척을 부를 때 삼촌이라는 말을 붙임)이 보이지 않았습니다. 나는 길수 형에게 순이 삼촌의 소식을 물었습니다. 방 안의 분위기가 갑자기 얼어붙었습니다. 큰아버지는 어렵게 입을 열어, 순이 삼촌이 며칠 전에 죽었다고 전했습니다. 언젠가 집을 나갔고, 죽은 지 20일이 지나서야 발견되었는데 삼촌네 밭인 '옴팡밭'에 모로 누워 죽어 있었다고요.

나는 충격에 빠졌습니다. 순이 삼촌은 작년 한 해 간 우리 집에 와 있었고, 두 달 전까지만 해도 우리 집에서 밥을 해 주며 고생했습니다. 그러다 우리가 본인을 믿지 못한다며 계속 오해하시기에 갈등이 계속 생겨 다시 제주로 내려왔었습니다. 나는 이때 사위 장 씨로부터 처음으로 삼촌이 신경 쇠약과 환청에 시달리고 있었다는 걸 알게 되었습니다. 삼촌은 1949년 마을 소각 때 깊은 정신적 상처를 입어 군인이나 순경만 봐도 질겁하고 피했는데, 4~5년 전 콩 도둑으로 몰려 파출소에 끌려갈 뻔한 일로 증세가 심해졌다는 겁니다.

순이 삼촌은 30년 전 우리 마을에서 일어난 끔찍한 사건의 생존자였습니다. 그날, 군인들은 마을 사람들을 학교 운동장에 모으더니 강제로 끌고 가 총살했습니다. 만삭이었던 순이 삼촌은 옴팡밭 시체 더미 속에 파묻혀 겨우 살아남았고, 겹겹이 쌓인 시체 속에는 할머니에게 맡겨 두었던 오누이 자식들도 누워 있었습니다.

길수 형은 그날의 진실을 밝혀야 한다고 주장했지만, 어른들은 쓸데없는 일이라며 말렸습니다. 서북 청년단 출신이었던 고모부는 마을에 폭도들이 날뛰었다며 육지에서는 모두가 다 제주를 그렇게 보았다고 이야기했고 우리는 불편감을 감추지 않았습니다. 어른들은 참상을 잊지 않고 있었습니다. 마을 사람들은 아무 죄 없이 희생되었고, 삼촌은 제 손으로 오누이 자식들을 '옴팡밭'에 묻었습니다. '누가 뭐래도 그건 명백한 죄악이었는데도, 삼십 년 동안 여태 단 한 번도 고발되어 본 적이' 없었습니다. 누구의 위로를 받지 못한 그녀의 한 많은 삶은 결국 30년 전 그날부터 죽어 갔던 겁니다.

〈순이 삼촌〉은 1978년 9월, 계간지《창작과 비평》에 소설가 현기영玄基榮, 1941~이 발표한 중편 소설이었습니다. 제주 4·3 사건을 문학적으로 다룬 최초의 작품으로, 국가의 폭력과 억압에 시달렸던 민간인의 삶을 생생하게 그려내고 있습니다. 이 작품은 당시로서는 매우 민감한 주제였습니다. 4·3 사건은 수많은 민간인 희생자를 낳은 비극적인 역사적 사건이었지만, 당시 정부는 진실을 은폐하려고 했기 때문입니다. 작가는 4·3 사건을 소재로 소설을 썼다는 이유만으로 정보기관에 끌려가 모진 고문을 당하고, 작품이 수록된 책인《순이 삼촌》이 판매 금지 조치에 처하기도 했습니다.

제주 4·3 사건은 '1947년 3월 1일 경찰의 발포 사건을 기점으로 하여, 경찰·서북 청년단의 탄압에 대한 저항과 단선·단정 반대를 기치로 1948년 4월 3일 남로당 제주도당 무장대가 무장봉기 한 이래 1954년 9월 21일 한라산 금족지역이 전면 개방될 때까지 제주도에서 발생한 무장대와 토벌대 간의 무력 충돌과 토벌대의 진압 과정에서 수많은 주민이 희생당한 사건'입니다(제주 4·3 사건 진상 조사보고서). 한국 현대사의 중요한 비극 중 하나로, 미군정기부터 시작해 정부 수립 이후까지 7년여에 걸쳐 수많은 제주 주민이 희생당한 사건입니다. 6·25 전쟁 다음으로 인명 피해가 극심했는데, 약 2만 5천~3만여 명(추산)이 피해를 본 것으로 기록되고 있습니다. 경찰과 군대는 공산주의자들과 연관된 반란을 진압한다는 명분으로 대규모 학살을 자행했으며, 이로 인해 수만 명의 제주 주민이 목숨을 잃거나 크게 다쳤습니다.

당시 제주 주민들은 이념의 갈등 속에서 선택할 수 없는 상황에 놓여 있었고, 그로 인해 무고한 사람들이 희생되었습니다. 엄청난 숫자의 희생자를 만들어 제주 공동체 전체를 단숨에 파괴시킨 4·3 사건. '제주'는 국가가 저지른 이 폭력적인 사건 이후 외상 후 스트레스 장애에 시달렸을 뿐만 아니라, 피해자임에도 불구하고 '붉은 섬'으로 낙인찍혀 오랜 세월 고통과 핍박을 받아야 했습니다. 이 사건은 한동안 언급조차 금기시되었고, 제대로 된 진실이 밝혀지기까지는 수십 년이 걸렸습니다.

〈순이 삼촌〉은 이러한 제주 4·3 사건의 한복판에서 벌어진 일을 다루며, 비극 속에서 살아가는 제주 주민들의 삶을 우리에게 알렸습니다. 이 작품은 단순한 소설이 아니라, 당시 제주 주민들이 겪었던 현실을 바탕으로 한 기록이자 증언인 셈입니다.

　작가 현기영은 1941년 제주에서 태어났습니다. 1975년 동아일보 신춘문예로 등단한 이래 주로 제주도, 특히 1947년부터 1954년까지 지속된 제주 4·3 사건을 주제로 한 작품들을 발표해 왔습니다. 그의 작품집은 크게 3권이 있는데, 〈순이 삼촌〉은 1979년에 처음 출간된 그의 첫 번째 중단편 전집 《순이 삼촌》에 실려 있습니다. 현기영은 제주 4·3 사건 당시 7살의 어린아이였지만, 그 여파 속에서 살아간 세대로서 사건을 깊게 이해하고 있었습니다. 그는 4·3 사건을 단지 지역적인 비극이 아닌, 한국 현대사의 커다란 상처로 바라보고 그 고통을 고스란히 작품 속에 담아내려 하고 있습니다.

　〈순이 삼촌〉은 제주 4·3 사건이라는 잊힌 역사를 되살려 낸 중요한 문학적 재현이자 피해자 치유의 과정이었습니다. 4·3 사건은 오랜 시간 동안 공식적인 역사 기록에서 제대로 다루어지지 않았으며, 많은 이들에게 잊힐 뻔한 비극이었습니다. 〈순이 삼촌〉을 통해 우리가 잊지 말아야 할 역사적 사건이 다시금 떠올랐고, 그 속에서 인간의 존엄성과 정의의 중요성이 깊이 강조될 수 있었습니다. 또한 환청에 시달리는 순이 삼촌, 분노와 억울함 그리고 그와 동반된

죄책감을 느끼며 살아가는 마을 주민들의 모습을 통해 역사적 트라우마를 겪는 피해자들의 장애가 여실히 드러났으며, 이들에게 적절한 치유 과정이 제공되어야 함을 깨닫게 하였습니다.

이 작품은 최근 역사학계의 중요한 키워드인 공공역사의 개념을 떠오르게 합니다. 공공역사란, 학문적 연구나 공식 기록에 머무르지 않고 사회 구성원 모두가 함께 기억하고 공유하는 역사를 말합니다. 〈순이 삼촌〉과 같은 문학 작품은 그 자체로 역사적 사건을 기록하는 새로운 방식이자, 대중과 소통하며 그들에게 역사를 알리는 중요한 도구가 됩니다. 역사 문학은 단순히 사건을 설명하는 것이 아니라 그 사건을 살아간 사람들의 감정과 고통, 그리고 희망을 전달함으로써 독자들에게 더 깊은 공감을 불러일으킬 수 있습니다.

아울러 작품에 묘사된 폭력과 억압, 고군분투하는 삶의 이야기는 우리가 단순히 과거의 비극을 기억하는 것을 넘어, 그 역사 속에서 교훈을 얻고 현재의 사회를 더 나은 방향으로 이끌어 가기 위해 필요한 성찰을 제공합니다. 잊힐 뻔한 역사를 되살리고, 이를 대중의 기억 속에 새겨 넣음으로써 역사적 사건이 단지 과거의 일이 아니라 현재와 연결된 중요한 교훈이 된다는 것을 상기시키고 있습니다.

2024년 노벨 문학상은 《소년이 온다》, 《작별하지 않는다》 등을 집필한 우리나라 작가 '한강'에게 수여되었습니다. 스웨덴 한림원은 한강이 역사적 트라우마에 직면하면서 인간 삶의 취약성을 폭로

하는 내용의 강렬한 시적 산문을 써왔다며 그녀에게 높은 점수를 주었습니다. 한강은 〈순이 삼촌〉과 같이 국가폭력과 트라우마를 정면으로 다룬 소설들을 써 왔습니다. 노벨상은 폭력과 억압, 무고한 이들의 희생이 반복되지 않도록 다양한 노력을 통해 역사를 빚어온 그의 공로를 치하한 것입니다. 역사 속 비극을 마주하고 알린 작가들의 이러한 노력은 우리에게 인간의 존엄과 정의의 가치를 상기시키고, 잊힐 뻔한 역사를 공공의 기억 속에 오랫동안 살아 숨 쉬도록 만드는 중요한 역할을 하였습니다.

　여러분이 이러한 작품들을 통해 단지 과거를 돌아보는 것에 그치지 않고, 더 나은 세상을 만들기 위한 고민과 실천을 할 수 있었으면 좋겠습니다. 역사를 읽어 나감으로써 과거를 이해하고 현재를 성찰하여 따뜻한 미래를 만들어 나가는, 행동하는 역사적 주체가 될 수 있기를 바랍니다.

노서분야	역사	관련과목	한국사	관련학과	역사학과, 국어국문학과, 사회학과, 역사교육학과

▶ **국가폭력과 트라우마 살펴보기**

개념	정의	주요 특징	예시
국가폭력	국가 기관이 법적 권한이나 정치적 목적을 위해 물리적, 심리적 폭력을 행사하는 행위.	• 국가의 권위나 법적 구조를 통해 정당화됨. • 대규모, 조직적 폭력 가능. • 시민의 인권과 자유를 침해.	• 군사 독재 시절의 억압, 대규모 학살(예: 제주 4·3 사건, 광주 민주화 운동). • 강제 수용소, 경찰의 폭력 진압.
트라우마	개인이나 집단이 심각한 폭력, 위협적 사건을 경험한 후 정신적, 정서적으로 큰 고통을 받는 상태.	• 사건 이후에도 장기적인 정신적 충격과 고통 지속. • 불안, 악몽, 우울 등 후유증. • 집단적 트라우마 발생 가능.	• 전쟁 참전 군인의 외상 후 스트레스 장애 PTSD. • 학살 사건 생존자의 정신적 고통. • 자연재해나 전쟁, 학살 등 대규모 비극 경험 후 집단적 트라우마 발생.
국가폭력과 트라우마	국가폭력이 가해진 집단이나 개인이 트라우마를 겪는 현상.	• 폭력의 대규모성, 지속성에 따라 집단적 트라우마 확대. • 피해자뿐만 아니라 후대에도 영향 가능.	• 제주 4·3 사건으로 인한 제주 주민들의 집단적 트라우마. • 전쟁 후 강제 수용소 생존자들의 정신적 후유증.

▶ 시대적 배경 및 사회적 배경 살펴보기

북촌 사건은 1949년 1월 17일 제주도 제주시 조천읍 북촌리에서 발생한 비극적인 민간인 학살 사건이다. 이 사건은 제주 4·3 사건 중에서도 가장 참혹한 학살 중 하나로 알려져 있다. 제주 4·3 사건은 1947년부터 1954년까지 제주도에서 발생한 무력 충돌과 민간인 학살을 말한다. 이는 미군정 하에서의 경찰 탄압, 남한 단독 정부 수립 반대, 좌우 이념 갈등 등이 복합적으로 작용하여 일어난 사건이다.

북촌 사건의 배경에는 무장대의 활동에 대한 소문이 있었다. 1949년 1월 16일, 인근 지역에서 무장대가 출몰했다는 소문이 돌았고, 이에 국군 제2 연대와 서북 청년단 등이 다음 날 새벽 북촌리에 진입하였다. 주민들은 학교와 포구 등으로 집결되었고, 반란군에게 협조했다는 혐의로 무차별적인 총살을 당했다. 이 과정에서 300여 명의 무고한 주민들이 희생되었다. 학살 이후 마을은 불에 타 폐허가 되었으며 살아남은 주민들은 산속이나 다른 지역으로 피신해야만 했다.

현기영의 소설 '순이 삼촌'은 이러한 북촌 사건을 배경으로 한다. 작품은 학살 이후 트라우마에 시달리는 한 가족의 이야기를 통해 비극의 실상을 그려냈다. 소설 속의 '순이 삼촌'은 학살의 생존자로서 정신적인 고통을 겪다 결국 비극적인 선택을 하게 된다. 이 작품은 제주 4·3 사건의 참혹함을 국내에 처음 알린 문학 작품으로서, 오랜 기간 금기시되던 역사를 공론화하는 데 큰 역할을 했다.

북촌 사건은 국가 권력에 의해 자행된 민간인 학살의 대표적인 사례로서, 현대 한국사에서 반드시 기억해야 할 비극적인 사건이다. 사건 이후 피해자들과 그 가족들은 오랜 기간 진실을 말하지 못한 채 고통 속에 살아야 했다. 1990년대 이후 제주 4·3 사건에 대한 진상 조사와 희생자 명예 회복 운동이 활발해지면서, 북촌 사건의 실체도 점차 밝혀지게 되었다. 현재 북촌리에는 '북촌리 4·3사건 기념관'이 세워져 희생자들을 추모하고 역사를 기억하는 장소로 활용되고 있다.

　과거의 아픈 역사를 올바르게 이해하고 기억하는 건 미래 세대에게 평화와 인권의 중요성을 전달하는 데 큰 의미가 있다. '순이 삼촌'은 이러한 역사적 비극을, 문학을 통해 조명함으로써 사회적 인식 변화를 이끌어 냈다.

현재에 적용하기

국가가 주도한 폭력은 개인과 집단에 심각한 상처를 남기고 이로 인해 형성된 트라우마는 피해자뿐만 아니라 후대에도 영향을 미치며 사회 전반에 고통을 초래한다. 국내외 국가폭력과 관련된 사건들과 피해자들이 겪고 있는 트라우마를 치유하기 위한 노력을 조사해 보자.

생기부 진로 활동 및 과세특 활용하기

▶ 책의 내용을 진로 활동과 연관 지은 경우 (희망 진로: 역사학과)

학교 내 독서 토론 동아리에서 '순이 삼촌(현기영)'을 주제로 한 심층 토론회를 주도적으로 기획하여 '국가폭력과 민간인 학살의 역사적 교훈'이라는 주제로 발표를 진행함. 이를 통해 국가폭력이 개인과 사회에 미치는 영향과 그로 인한 트라우마에 대해 논의하는 자리를 기획하여 마련함. 토론회에서 제주 4·3 사건뿐만 아니라, 현대 사회에서 유사한 폭력이 발생할 가능성과 이를 예방하기 위한 사회적 노력의 중요성에 대한 문제의식을 환기시킴. 이후 제주 4·3 사건의 역사적 중요성을 알리기 위한 특별 전시회를 기획함. 전시회에서는 사건과 관련된 역사적 자료를 수집하고, 피해자들의 증언을 바탕으로 한 패널을 구성함. 나아가 전시회 부대 행사로 제주 4·3 사건을 주제로 한 다큐멘터리 상영회와 현기영 작가의 인터뷰 영상을 함께 상영하여 많은 학생이 문학과 역사를 함께 이해할 수 있도록 함.

▶ 책의 내용을 국어 교과와 연관 지은 경우

'순이 삼촌(현기영)'을 읽고 국가폭력의 비극적인 측면을 깊이 이해하며, 연계된 독후 활동을 진행함. 제주 4·3 사건과 유사한 세계사의 국가폭력 사례를 조사한 후, 새로운 문학 작품을 창작함. 특히 캄보디아의 킬링필드 등 대규모 학살 사건을 중심으로 국가폭력과 그로 인해 고통받은 민간인의 삶을 생생하게 묘사한 창작 소설을 집필함. 이 과정에서 문학작품을 통해 역사적 사건을 드러내는 방법을 탐구하며, 개인적 경험과 집단적 비극을 연결하는 서사 구조를 설계함. 순이 삼촌에서 묘사된 피해자들의 심리적 트라우마를 본인의 창작 작품에서도 반영하여, 독자가 피해자의 감정을 깊이 공감할 수 있도록 하는 데 중점을 둠. 창작한 소설은 교과 연계 문학의 밤 행사에서 '국가폭력 속 잊힌 목소리들'이라는 주제로 발표되었으며, 교사와 학생들로부터 역사적 깊이와 문학적 완성도에서 큰 호평을 받음.

후속 활동으로 나아가기

▸ 국가폭력에 관련된 자료를 추가로 조사하여 다양한 국가에서 발생한 폭력 사건들을 비교 분석하는 연구 보고서를 작성하고, 국가폭력 피해자의 트라우마를 치유하는 방법을 주제로 교내 세미나를 개최해 보자.

▸ 제주 4·3 사건이나 다른 국가폭력 사건의 피해자 증언을 기록하는 활동에 참여해 그들의 이야기를 구술 자료로 정리하여 이를 온라인 플랫폼에 공유해 보자.

▸ 국제 평화 기념일이나 관련 국가적 기념일에 맞춰 국가폭력의 역사적 사례를 알리고, 평화의 중요성을 강조하는 캠페인을 기획하여 친구들과 함께 학교나 지역 사회에서 전개해 보자.

▸ 제주 4·3 평화공원 혹은 다른 국가폭력 관련 역사 현장을 직접 답사하여, 답사 후 보고서를 작성해 보자.

함께 읽으면 좋은 책

제주4·3평화재단, 《4·3이 머우꽈?》 2018.

현기영 《지상에 숟가락 하나》 창비, 2018.

한강 《작별하지 않는다》 문학동네, 2021.

한강 《소년이 온다》 창비, 2014.

심진규 《섬, 1948》 천개의바람, 2022.

김숨 《떠도는 땅》 은행나무, 2020.

하금철 외 《아무도 내게 꿈을 묻지 않았다》 오월의봄, 2019.

김상숙 외 《한국 현대사와 국가폭력》 푸른역사, 2019.

명문대 입학을 위해 반드시 읽어야 할

생기부 고전 필독서 30 | 역사 편 |

초판 1쇄 발행 2024년 12월 10일

지은이 송수연
펴낸이 민혜영
펴낸곳 데이스타
주소 서울시 마포구 월드컵로 14길 56, 3~5층
전화 02-303-5580 | **팩스** 02-2179-8768
홈페이지 www.cassiopeiabook.com | **전자우편** editor@cassiopeiabook.com
출판등록 2012년 12월 27일 제2014-000277호

• 데이스타는 ㈜카시오페아 출판사의 어린이·청소년 브랜드입니다.
• 잘못된 책은 구입하신 곳에서 바꿔 드립니다.
• 책값은 뒤표지에 있습니다.